Kuntzmann

Prüfungstraining für
Bilanzbuchhalter

Band 2:
Berichterstattung
Recht
Kosten- und Leistungsrechnung
Finanzwirtschaftliches Management

 Online-Version inklusive!

Stellen Sie dieses Buch jetzt in Ihre „digitale Bibliothek" in der NWB Datenbank und nutzen Sie Ihre Vorteile:

- ► Ob am Arbeitsplatz, zu Hause oder unterwegs: Die Online-Version dieses Buches können Sie jederzeit und überall da nutzen, wo Sie Zugang zu einem mit dem Internet verbundenen PC haben.

- ► Die praktischen Recherchefunktionen der NWB Datenbank erleichtern Ihnen die gezielte Suche nach bestimmten Inhalten und Fragestellungen.

- ► Die Anlage Ihrer persönlichen „digitalen Bibliothek" und deren Nutzung in der NWB Datenbank online ist kostenlos. Sie müssen dazu nicht Abonnent der Datenbank sein.

Ihr Freischaltcode:

BETVGJRVCYFKWGPFHBQCEK

Kuntzmann, Prüfungstraining für Bilanzbuchhalter, Bd. 2

So einfach geht's:

(1.) Rufen Sie im Internet die Seite **www.nwb.de/go/online-buch** auf.

(2.) Geben Sie Ihren Freischaltcode in Großbuchstaben ein und folgen Sie dem Anmeldedialog.

(3.) Fertig!

Alternativ können Sie auch den Barcode direkt mit der **NWB Mobile** App einscannen und so Ihr Produkt freischalten! Die NWB Mobile App gibt es für iOS, Android und Windows Phone!

Die NWB Datenbank – alle digitalen Inhalte aus unserem Verlagsprogramm in einem System.

NWB Bilanzbuchhalter

Prüfungstraining für Bilanzbuchhalter

Band 2:

► Berichterstattung

► Recht

► Kosten- und Leistungsrechnung

► Finanzwirtschaftliches Management

Von

Dipl.-Betriebswirt (FH) LL.M. Jörg Kuntzmann

unter Mitarbeit von

Dipl.-Kaufmann Wolfgang Kopsch,
Dipl.-Betriebswirt Jochen Langenbeck und
Rechtsanwalt Thomas Ostermeyer

10., vollständig überarbeitete und erweiterte Auflage

nwb

Kein Produkt ist so gut, dass es nicht noch verbessert werden könnte. Ihre Meinung ist uns wichtig! Was gefällt Ihnen gut? Was können wir in Ihren Augen noch verbessern? Bitte verwenden Sie für Ihr Feedback einfach unser Online-Formular auf:

www.nwb.de/go/feedback_bwl

Als kleines Dankeschön verlosen wir unter allen Teilnehmern einmal pro Quartal ein Buchgeschenk.

ISBN 978-3-482-**49830**-5

10., vollständig überarbeitete und erweiterte Auflage 2015 - 1. unveränderter Nachdruck 2017

© NWB Verlag GmbH & Co. KG, Herne 1980
www.nwb.de

Satz: Griebsch & Rochol Druck GmbH & Co. KG, Hamm
Druck: M.J. Raak GmbH, Frankfurt/Main

VORWORT ZUR 10. AUFLAGE

Mit der vorliegenden 10. Auflage des Prüfungstrainings für Bilanzbuchhalter Band 2 wurden die Aufgaben und Lösungen an den derzeit prüfungsrelevanten Rechtsstand angepasst. Außerdem wurden wieder einige neue Aufgaben aufgenommen. Da das Buch neben der reinen Prüfungsvorbereitung auch der Auffrischung und Wiederholung dienen soll, sind einige Aufgaben vorhanden, die für die Bilanzbuchhalterprüfung nach dem Rahmenplan nicht relevant sind. Diese sind folgendermaßen gekennzeichnet:

[1] Zusatzaufgabe ohne Bezug zur Prüfungsverordnung

Damit haben die Autoren ein aktuelles und umfassendes Hilfsmittel für die Fächer Berichterstattung (volks- und betriebswirtschaftliche Grundlagen, Jahresabschlussanalyse), Recht, Kosten- und Leistungsrechnung sowie Finanzwirtschaftliches Management (Finanzwirtschaft und Planungsrechnung) der Bilanzbuchhalterprüfung erstellt (Aufgaben zu den weiteren Fächern werden in Band 1 behandelt).

Da die Verfasser als Dozenten und Prüfer im Bereich der Bilanzbuchhalterausbildung tätig sind oder waren, orientieren sich die 194 Übungsaufgaben am Rahmenlehrplan und an ehemaligen Klausuraufgaben. Durch die Angabe von Punkten, einer Zeitvorgabe für jede Übung und die ausführlichen Lösungshinweise ist mit diesem Buch ein optimales Training möglich. Außerdem sind die Aufgaben in drei verschiedene Schwierigkeitsgrade eingeteilt, sodass eine bessere Einschätzung der eigenen Leistung möglich ist.

Die einzelnen Stufen werden folgendermaßen dargestellt:

* einfache Aufgaben

** mittlere Aufgaben

*** schwere Aufgaben

Außer für Bilanzbuchhalter ist dieses Buch auch als Prüfungsvorbereitung für Studenten an Universitäten und Fachhochschulen sowie zur Vorbereitung auf die Steuerfachwirtprüfung geeignet, da dort in den oben genannten Fächern meist ein ähnlicher Themenkreis geprüft wird. Auch für Praktiker der Finanzverwaltung, der Steuerberatung und des Rechnungswesens kann dieses Buch als Auffrischungs- oder Wiederholungskurs dienen.

Für Anregungen und Hinweise zu diesem Werk sind die Autoren auch in Zukunft dankbar.

Kiel, im Dezember 2014   Jörg Kuntzmann

INHALTSVERZEICHNIS

Vorwort zur 10. Auflage	V
Inhaltsverzeichnis	VII
Abkürzungsverzeichnis	XIX

A. Einleitung	**1**
I. Personengesellschaft	1
II. Kapitalgesellschaft	1
III. Angaben für beide Gesellschaften	2

B. Berichterstattung	**3**

Fall 1	Volkswirtschaftliche Grundlagen 1[1]	3
	6 Punkte * 5 Minuten	
Fall 2	Volkswirtschaftliche Grundlagen 2[1]	3
	8 Punkte * 7 Minuten	
Fall 3	Volkswirtschaftliche Grundlagen 3[1]	3
	12 Punkte ** 10 Minuten	
Fall 4	Soziale Marktwirtschaft	4
	14 Punkte ** 12 Minuten	
Fall 5	Wirtschaftskreislauf	4
	14 Punkte ** 12 Minuten	
Fall 6	Volkswirtschaftliche Gesamtrechnung 1	5
	18 Punkte *** 15 Minuten	
Fall 7	Volkswirtschaftliche Gesamtrechnung 2	6
	18 Punkte *** 15 Minuten	
Fall 8	Bruttoinlandsprodukt	6
	18 Punkte ** 15 Minuten	
Fall 9	Bruttonationaleinkommen	7
	10 Punkte * 8 Minuten	
Fall 10	Markt und Preis 1	7
	12 Punkte ** 10 Minuten	
Fall 11	Markt und Preis 2	8
	20 Punkte ** 17 Minuten	
Fall 12	Wettbewerb 1	8
	12 Punkte ** 10 Minuten	

Fall 13   Wettbewerb 2[1]   8
           24 Punkte   ***   20 Minuten

Fall 14   Geld und Kredit 1[1]   9
           12 Punkte   *   10 Minuten

Fall 15   Geld und Kredit 2[1]   10
           14 Punkte   **   12 Minuten

Fall 16   Inflation[1]   10
           14 Punkte   **   12 Minuten

Fall 17   Preisindex[1]   10
           12 Punkte   *   10 Minuten

Fall 18   Zahlungsbilanz[1]   11
           18 Punkte   ***   15 Minuten

Fall 19   Konjunkturzyklen   11
           14 Punkte   *   12 Minuten

Fall 20   Stabilitätsgesetz 1   12
           8 Punkte   *   7 Minuten

Fall 21   Stabilitätsgesetz 2   12
           14 Punkte   *   12 Minuten

Fall 22   Fiskalpolitik   13
           12 Punkte   *   10 Minuten

Fall 23   Tarifpolitik[1]   13
           18 Punkte   **   15 Minuten

Fall 24   Mitbestimmung[1]   13
           18 Punkte   **   15 Minuten

Fall 25   Sozialversicherung[1]   14
           8 Punkte   *   7 Minuten

Fall 26   EU-Aufbau[1]   14
           14 Punkte   ***   12 Minuten

Fall 27   Europäische Zentralbank[1]   15
           14 Punkte   ***   12 Minuten

Fall 28   Produktionsfaktoren   15
           14 Punkte   *   12 Minuten

Fall 29   Betriebswirtschaftliche Steuerungsgrößen   15
           10 Punkte   *   8 Minuten

Fall 30   Rechtsformen[1]   15
           12 Punkte   **   10 Minuten

Fall 31   Organisation 1[1]   16
           14 Punkte   *   12 Minuten

Fall 32   Organisation 2[1]   16
           14 Punkte   **   12 Minuten

Fall 33   Organisation 3[1]   17
           5 Punkte   *   4 Minuten

Fall 34   Strukturbilanz 1   17
           50 Punkte   **   45 Minuten

Fall 35   Bewegungsbilanz 1   19
           35 Punkte   **   30 Minuten

Fall 36   Kennzahlen 1   21
           18 Punkte   *   16 Minuten

Fall 37   Strukturbilanz 2   21
           60 Punkte   ***   55 Minuten

Fall 38   Kennzahlen 2   24
           25 Punkte   *   22 Minuten

Fall 39   Kapitalflussrechnung[1]   25
           35 Punkte   ***   30 Minuten

Fall 40   Vergleichsrechnungen   28
           17 Punkte   *   15 Minuten

Fall 41   Bewegungsbilanz 2   29
           22 Punkte   *   20 Minuten

Fall 42   Interpretation von Kennzahlen   30
           35 Punkte   *   30 Minuten

Fall 43   Eigenkapitalrichtlinien   31
           14 Punkte   **   12 Minuten

Fall 44   Rating   31
           22 Punkte   **   20 Minuten

Fall 45   Auswirkungen der Eigenkapitalrichtlinien   31
           14 Punkte   *   12 Minuten

C. Recht   32

Fall 1   Geschäftsfähigkeit: Der Yuppie   32
           12 Punkte   **   10 Minuten

Fall 2   Geschäftsfähigkeit: Samantha Fox   32
           6 Punkte   *   5 Minuten

Fall 3   Stellvertretung: Der Bücherwurm   33
           6 Punkte   **   5 Minuten

Fall 4   Stellvertretung: Der Familienbetrieb   33
           24 Punkte   ***   20 Minuten

Fall 5   Stellvertretung: Der Prokurist   34
           12 Punkte   *   10 Minuten

Fall 5   (Ergänzung) Stellvertretung   34
12 Punkte   *   10 Minuten

Fall 6   Willenserklärung: Die Kündigung   34
12 Punkte   *   10 Minuten

Fall 6   (Ergänzung) Willenserklärung   35
24 Punkte   **   20 Minuten

Fall 7   Anfechtung: Der grüne Käfer   35
6 Punkte   *   5 Minuten

Fall 8   Anfechtung: Der Kupferstich   36
6 Punkte   *   5 Minuten

Fall 8   (Ergänzung) Anfechtung   36
6 Punkte   *   5 Minuten

Fall 9   Abstraktionsprinzip: Nepper, Schlepper, Bauernfänger   36
18 Punkte   **   15 Minuten

Fall 10   Abstraktionsprinzip: Perfect   37
12 Punkte   **   10 Minuten

Fall 11   Abstraktionsprinzip: Autos   37
4 Punkte   *   3 Minuten

Fall 11   (Ergänzung) Abstraktionsprinzip   37
6 Punkte   *   5 Minuten

Fall 11   (Ergänzung 2) Allgemeiner Teil des BGB   38
6 Punkte   *   5 Minuten

Fall 12   Entstehung von Schuldverhältnissen: Das Geschäftsessen   38
12 Punkte   **   10 Minuten

Fall 13   Kaufmännisches Bestätigungsschreiben: Die Eisschränke   38
12 Punkte   **   10 Minuten

Fall 14   Kaufmännisches Bestätigungsschreiben: Lichtblicke   39
12 Punkte   **   10 Minuten

Fall 14   (Ergänzung) Allgemeines Schuldrecht   39
6 Punkte   **   5 Minuten

Fall 15   Aufrechnung: Der Zwischenhändler   39
12 Punkte   **   10 Minuten

Fall 16   Aufrechnung: Die drohende Insolvenz   40
12 Punkte   **   10 Minuten

Fall 16   (Ergänzung) Aufrechnung   40
6 Punkte   *   5 Minuten

Fall 17   Verzug: Das ungeliebte Auto   40
6 Punkte   **   5 Minuten

Fall 18   Verzug: Späte Ware   41
6 Punkte   **   5 Minuten

Fall 19   Unmöglichkeit: Blitzschnell   41
            18 Punkte   **   15 Minuten

Fall 20   Unmöglichkeit: Transportprobleme   41
            18 Punkte   **   15 Minuten

Fall 20   (Ergänzung) Unmöglichkeit   42
            6 Punkte   *   5 Minuten

Fall 20   (Ergänzung 2) Zurückbehaltungsrecht   42
            6 Punkte   *   5 Minuten

Fall 20   (Ergänzung 3) Gattungs- und Wahlschuld   42
            6 Punkte   *   5 Minuten

Fall 20   (Ergänzung 4) Factoring   42
            12 Punkte   *   10 Minuten

Fall 21   Positive Vertragsverletzung: Der Dozent   43
            9 Punkte   **   7 Minuten

Fall 22   Positive Vertragsverletzung: Diener zweier Herren   43
            12 Punkte   **   10 Minuten

Fall 23   Nachvertragliche Pflichten: Der Lehrer   43
            12 Punkte   **   10 Minuten

Fall 24   Schadensersatzrecht: Valerie und Valera   44
            12 Punkte   **   10 Minuten

Fall 25   Schadensersatzrecht: Der Hühner-Fall   44
            12 Punkte   **   10 Minuten

Fall 26   Kaufvertrag: Die Stereoanlage   44
            12 Punkte   **   10 Minuten

Fall 27   Kaufvertrag: Der Spediteur   45
            12 Punkte   **   10 Minuten

Fall 27   (Ergänzung) Gefahrtragung im Kaufvertragsrecht   45
            6 Punkte   *   5 Minuten

Fall 28   Kaufvertrag: Funkstille   45
            18 Punkte   ***   15 Minuten

Fall 29   Kaufvertrag: Die Schrankwand   46
            18 Punkte   ***   15 Minuten

Fall 29   (Ergänzung) Gewährleistung im Kaufvertragsrecht   46
            6 Punkte   *   5 Minuten

Fall 30   Kaufvertrag: Der Kunsthändler   46
            12 Punkte   *   10 Minuten

Fall 31   Kaufvertrag: Der Golf   47
            12 Punkte   *   10 Minuten

Fall 31   (Ergänzung) Leasingvertrag   47
            24 Punkte   **   20 Minuten

Fall 32   Dienstvertrag: Zum Erfolg verdammt   48
           9 Punkte   *   7 Minuten

Fall 33   Werkvertrag: Die kalte Heizung   48
           9 Punkte   *   7 Minuten

Fall 34   Werkvertrag: Ohne Durchblick   49
           18 Punkte   *   15 Minuten

Fall 34   (Ergänzung) Werkvertrag   49
           12 Punkte   **   10 Minuten

Fall 35   Geschäftsführung ohne Auftrag: Cats   49
           18 Punkte   ***   15 Minuten

Fall 36   Bürgschaft: Der gute Freund   50
           12 Punkte   **   15 Minuten

Fall 36   (Ergänzung) Bürgschaft   50
           9 Punkte   **   7 Minuten

Fall 37   Sicherungsübereignung: Die gute Säge   51
           12 Punkte   **   10 Minuten

Fall 38   Gesetzlicher Eigentumserwerb: Rohstoff   51
           12 Punkte   **   10 Minuten

Fall 39   Rechtsgeschäftlicher Eigentumserwerb: Guter Glaube   51
           12 Punkte   **   10 Minuten

Fall 40   AGB: Ariba   52
           24 Punkte   **   20 Minuten

Fall 41   Die Lammfelldecke   52
           12 Punkte   **   10 Minuten

Fall 42   Handelsgesetzbuch: Die Hansens   53
           12 Punkte   **   10 Minuten

Fall 43   Handelsgesetzbuch: Der Geschäftsführer   53
           18 Punkte   **   15 Minuten

Fall 44   Handelsgesetzbuch: OHG ade   53
           18 Punkte   **   15 Minuten

D. Kosten- und Leistungsrechnung   55

Fall 1   Abgrenzungen in der Ergebnistabelle   55
           20 Punkte   *   24 Minuten

Fall 2   Kalkulatorische Abschreibung   56
           7 Punkte   *   9 Minuten

Fall 3   Ermittlung kalkulatorischer Zinsen   56
           17 Punkte   *   20 Minuten

Fall 4   Vor- und Nachverrechnung   57
          10 Punkte   *   12 Minuten

Fall 5   Einfacher Betriebsabrechnungsbogen   58
          30 Punkte   *   36 Minuten

Fall 6   Kostenträgerzeitrechnung   60
          33 Punkte   **   40 Minuten

Fall 7   Bezugskalkulation   61
          4 Punkte   *   5 Minuten

Fall 8   Verkaufskalkulation im Handel   61
          12 Punkte   *   14 Minuten

Fall 9   Zuschlagskalkulation   61
          21 Punkte   *   25 Minuten

Fall 10   Zweistufige Divisionskalkulation   62
          4 Punkte   *   5 Minuten

Fall 11   Mehrstufige Divisionskalkulation   63
          20 Punkte   *   24 Minuten

Fall 12   Einstufige Äquivalenzziffernkalkulation   63
          17 Punkte   *   21 Minuten

Fall 13   Mehrstufige Äquivalenzziffernkalkulation   64
          20 Punkte   *   24 Minuten

Fall 14   Unterschiedliche Kalkulationsverfahren   65
          10 Punkte   *   12 Minuten

Fall 15   Kuppelkalkulation nach dem Restwertverfahren   65
          13 Punkte   *   15 Minuten

Fall 16   Kuppelkalkulation als Verteilungsrechnung   66
          12 Punkte   *   15 Minuten

Fall 17   Maschinenstundensatzrechnung   66
          30 Punkte   **   36 Minuten

Fall 18   Handelskalkulation   67
          15 Punkte   *   18 Minuten

Fall 19   Teilkostenrechnung   68
          20 Punkte   **   24 Minuten

Fall 20   Break-Even-Analyse und Preisuntergrenze   69
          13 Punkte   **   16 Minuten

Fall 21   Optimale Sortimentsgestaltung   69
          31 Punkte   **   38 Minuten

Fall 22   Kalkulation von Zusatzaufträgen und Fremdbezug   70
          14 Punkte   **   17 Minuten

Fall 23   Deckungsbeitragsrechnung   71
          10 Punkte   *   12 Minuten

Fall 24   Preis-Mengen-Politik   71
           20 Punkte   **   24 Minuten

Fall 25   Mehrstufige Deckungsbeitragsrechnung   72
           8 Punkte   *   10 Minuten

Fall 26   Flexible Normalkostenrechnung   73
           16 Punkte   **   19 Minuten

Fall 27   Starre Plankostenrechnung   73
           10 Punkte   **   12 Minuten

Fall 28   Variatorrechnung[1]   74
           5 Punkte   *   6 Minuten

Fall 29   Grenzplankostenrechnung   74
           15 Punkte   **   18 Minuten

Fall 30   Kostenverhalten   75
           26 Punkte   ***   31 Minuten

Fall 31   Kurzfristige Erfolgsrechnung   75
           22 Punkte   **   26 Minuten

Fall 32   Abweichungsanalysen 1   76
           19 Punkte   ***   23 Minuten

Fall 33   Abweichungsanalysen 2   76
           28 Punkte   ***   34 Minuten

Fall 34   Prozesskostenrechnung 1   77
           13 Punkte   **   16 Minuten

Fall 35   Prozesskostenrechnung 2   77
           10 Punkte   **   10 Minuten

Fall 36   Zielkostenrechnung (Target Costing)   78
           38 Punkte   ***   45 Minuten

Fall 37   Kostenmanagement   79
           12 Punkte   **   15 Minuten

Fall 38   Qualitätskriterien[1]   79
           10 Punkte   ***   12 Minuten

Fall 39   Eignung von Kostenrechnungsverfahren   80
           16 Punkte   ***   20 Minuten

Fall 40   Mehrstufiger Betriebsabrechnungsbogen   80
           35 Punkte   *   42 Minuten

E. Finanzwirtschaftliches Management   83

Fall 1   Factoring 1   83
          18 Punkte   **   15 Minuten

Fall 2   Abschreibungsgegenwerte   83
          12 Punkte   *   10 Minuten

Fall 3   Investitionsentscheidung 1   84
          12 Punkte   ***   10 Minuten

Fall 4   Finanzierungsentscheidung   84
          20 Punkte   **   17 Minuten

Fall 5   Investitionsbeurteilung   85
          20 Punkte   **   17 Minuten

Fall 6   Factoring 2   86
          18 Punkte   **   15 Minuten

Fall 7   Unternehmensübernahme   87
          20 Punkte   ***   17 Minuten

Fall 8   Innenfinanzierung   88
          20 Punkte   ***   17 Minuten

Fall 9   Investitionsentscheidung 2   89
          15 Punkte   *   12 Minuten

Fall 10   Entscheidungsprozess   91
          10 Punkte   **   8 Minuten

Fall 11   Immobilienfonds[1]   91
          10 Punkte   **   8 Minuten

Fall 12   Renditen   91
          15 Punkte   **   12 Minuten

Fall 13   Festdarlehen   92
          15 Punkte   ***   12 Minuten

Fall 14   Allgemeinwissen 1   92
          12 Punkte   *   10 Minuten

Fall 15   Allgemeinwissen 2   93
          12 Punkte   *   10 Minuten

Fall 16   Akkreditiv   93
          20 Punkte   ***   18 Minuten

Fall 17   Investitionsentscheidung 3   94
          12 Punkte   **   10 Minuten

Fall 18   Kapitalbedarfsrechnung 1   95
          15 Punkte   *   12 Minuten

Fall 19   Rendite[1]   96
          15 Punkte   *   12 Minuten

Fall 20	Kapitalbedarfsrechnung 2		96
	15 Punkte	** 12 Minuten	
Fall 21	Annuitätendarlehen		97
	15 Punkte	** 12 Minuten	
Fall 22	Lohmann-Ruchti-Effekt		97
	20 Punkte	** 18 Minuten	
Fall 23	Investitionsentscheidungsprozess		98
	15 Punkte	*** 30 Minuten	
Fall 24	Anleihe		98
	18 Punkte	** 15 Minuten	
Fall 25	Finanzierungsentscheidung		99
	18 Punkte	** 15 Minuten	
Fall 26	Hauptversammlung		100
	24 Punkte	** 20 Minuten	
Fall 27	Einzahlungs-Überschüsse		100
	12 Punkte	** 10 Minuten	
Fall 28	Finanzierungsregeln		101
	12 Punkte	** 10 Minuten	
Fall 29	Grundpfandrechte 1		101
	10 Punkte	* 8 Minuten	
Fall 30	Cashflow		102
	22 Punkte	** 18 Minuten	
Fall 31	Kostenvergleichsrechnung		103
	30 Punkte	** 25 Minuten	
Fall 32	Skonto		104
	15 Punkte	* 12 Minuten	
Fall 33	Grundpfandrechte 2		104
	20 Punkte	** 18 Minuten	
Fall 34	Zahlungsverkehr		105
	15 Punkte	* 12 Minuten	
Fall 35	Zinssicherung		105
	15 Punkte	** 12 Minuten	
Fall 36	Leasing		105
	20 Punkte	** 18 Minuten	
Fall 37	Cap		106
	20 Punkte	** 18 Minuten	
Fall 38	Scheck-Wechsel-Verfahren		106
	25 Punkte	*** 22 Minuten	
Fall 39	Finanzplanung		107
	20 Punkte	** 18 Minuten	

Fall 40   Basel II   108
           15 Punkte   *   12 Minuten

Fall 41   Ersatzinvestition   108
           12 Punkte   *   10 Minuten

Fall 42   Finanzierungsarten   108
           30 Punkte   **   25 Minuten

Fall 43   Kapitalerhöhung   110
           24 Punkte   **   20 Minuten

Fall 44   Zession   110
           24 Punkte   **   20 Minuten

Fall 45   Stille Gesellschaft   111
           15 Punkte   *   12 Minuten

Fall 46   Kurssicherung   111
           15 Punkte   **   20 Minuten

Fall 47   Kapitalflussrechnung   112
           15 Punkte   **   25 Minuten

Fall 48   SEPA   113
           10 Punkte   **   25 Minuten

Fall 49   Auslandszahlungsverkehr   113
           20 Punkte   **   30 Minuten

Fall 50   Geldwäschegesetz   113
           10 Punkte   **   25 Minuten

Fall 51   Liquidität   114
            20 Punkte   **   25 Minuten

Fall 52   Selbstfinanzierung 1   115
           15 Punkte   **   30 Minuten

Fall 53   Selbstfinanzierung 2   115
           20 Punkte   **   30 Minuten

Fall 54   Rücklagen   116
           15 Punkte   **   25 Minuten

Fall 55   Annuitätenmethode   116
           15 Punkte   **   25 Minuten

Fall 56   Investitionsrechnung   117
           20 Punkte   ***   40 Minuten

Fall 57   Kapitalwertmethode   118
           15 Punkte   ***   30 Minuten

Fall 58   Finanzierungsentscheidung   119
           15 Punkte   ***   40 Minuten

Fall 59	Wechsel		120
	10 Punkte	∗∗ 25 Minuten	
Fall 60	Außenhandelsfinanzierung		120
	15 Punkte	∗∗ 35 Minuten	
Fall 61	Basel III		120
	10 Punkte	∗∗ 20 Minuten	
Fall 62	Forward Rate Agreement		121
	15 Punkte	∗∗ 25 Minuten	
Fall 63	Futures[1]		121
	10 Punkte	∗∗ 20 Minuten	
Fall 64	Finanzplan		121
	25 Punkte	∗∗∗ 40 Minuten	
Fall 65	Kapitalbedarfsrechnung 3		122
	20 Punkte	∗∗∗ 30 Minuten	

F.	**Lösungen**	**124**
I.	Berichterstattung	124
	Lösung zu Fall 1 bis 45	124
II.	Recht	167
	Lösung zu Fall 1 bis 44	167
III.	Kosten- und Leistungsrechnung	193
	Lösung zu Fall 1 bis 40	193
IV.	Finanzwirtschaftliches Management	233
	Lösung zu Fall 1 bis 65	233
	Stichwortverzeichnis	**289**

ABKÜRZUNGSVERZEICHNIS

A

A	Annuität
A_0	Anschaffungsauszahlung
AbF	Abzinsungsfaktor
Abs.	Absatz
Abschr.	Abschreibung
AEU-Vertrag	Vertrag über die Arbeitsweise der Europäischen Union
AG	Aktiengesellschaft
AG-Anteil	Arbeitgeberanteil
AGB	Allgemeine Geschäftsbedingungen
aLL	aus Lieferung und Leistung
AuF	Aufzinsungsfaktor
Aufw.	Aufwendungen
AV	Anlagevermögen

B

B	rechnerischer Wert des Bezugsrechts
BAB	Betriebsabrechnungsbogen
Bestandsmehr.	Bestandsmehrung
Bestandsmind.	Bestandsminderung
Bestandsver.	Bestandsveränderungen
Betriebserg.	Betriebsergebnis
BDSG	Bundesdatenschutzgesetz
BGB	Bürgerliches Gesetzbuch

C

C_0	Kapitalwert
CE	Communauté Européenne (EU)

D

DSF	Diskontierungssummenfaktor (Barwertfaktor)

E

Eigenl.	Eigenleistung
EK	Eigenkapital
Ertr.	Erträge
EU	Europäische Union
EZB	Europäische Zentralbank

F

FK	Fremdkapital

G

GE	Geldeinheit(en)
GK	Gesamtkapital
GmbH	Gesellschaft mit beschränkter Haftung
GuV-Rechnung	Gewinn- und Verlustrechnung

H

HGB	Handelsgesetzbuch
HVPI	Harmonisierter Verbraucherpreisindex

K

K	Kosten
kalk.	kalkulatorisch
KD	Kapitaldienst
KG	Kommanditgesellschaft
km	Kilometer
KST	Kostenstelle
KWF	Kapitalwiedergewinnungsfaktor; Annuitätenfaktor

L

Lkw	Lastkraftwagen

M

m	Meter
Min	Minute
Mio.	Million
Mrd.	Milliarden

N

Nr.	Nummer

O

OHG	Offene Handelsgesellschaft

P

Pkw	Personenkraftwagen

Q

qm	Quadratmeter

R

r	Effektivzinssatz, Rendite, Rentabilität
RVF	Restwertverteilungsfaktor

S

S.	Seite
Std.	Stunde

T

T€	Tausend Euro

U

USt	Umsatzsteuer

A. Einleitung

Zu Anfang dieses zweiten Bandes sollen analog zur Vorgehensweise in Band 1 die zwei fiktiven Unternehmen vorgestellt werden, die Ihnen bei den Fällen immer wieder begegnen werden. Gehen Sie davon aus, dass Sie als Bilanzbuchhalter/in in diesen Unternehmen arbeiten und die Aufgaben aus der Sicht dieser Unternehmen zu lösen haben. Dabei ist zu beachten, dass die einzelnen Aufgaben unabhängig voneinander sind.

Die angegebenen Lösungen können keinen Anspruch auf Vollständigkeit erheben, sodass auch andere oder ähnliche Antworten richtig sein können. Auch der technische Fortschritt insbesondere im Abschnitt EDV kann u. U. zu anderen Lösungen führen.

I. Personengesellschaft

> **Abraham OHG**

An der Abraham OHG sind die Gesellschafter Martin Lange, Annelene Abraham, Kai Schweers und Uta Johannsen zu jeweils einem Viertel beteiligt.

Die OHG ist ein Großhandelsunternehmen mit Sitz in Hamburg. Sie verfügt außerdem noch über Betriebsstätten in Berlin, Frankfurt und München. Das Betriebsgelände in Hamburg ist Eigentum der OHG. Das Gelände in München ist Eigentum der Gesellschafterin Uta Johannsen und von dieser an die OHG vermietet. Die beiden anderen Grundstücke sind von örtlichen Immobiliengesellschaften gemietet.

Die Gesellschaft handelt mit Artikeln der Haushalts- und Unterhaltungselektronik. Die Handelswaren werden weltweit bezogen und national weiterveräußert.

Die OHG ist nicht nach dem Publizitätsgesetz zur Rechnungslegung verpflichtet.

II. Kapitalgesellschaft

> **Maschinenbau AG**

Die Maschinenbau AG ist ein Industrieunternehmen mit (Verwaltungs-) Sitz in Düsseldorf. Die Produktionsstätte befindet sich seit 1988 in Duisburg. Beide Grundstücke sind Eigentum der Aktiengesellschaft. Zusätzlich besteht seit dem Jahr 1991 eine Betriebsstätte in Dresden und ein Auslieferungslager in Mailand. Zum Unternehmen gehört außerdem eine Forschungs- und Entwicklungsabteilung, die sich mit neuen Fertigungsverfahren und Produktinnovationen beschäftigt. Grundlagenforschungen werden seitens der Maschinenbau AG nicht betrieben.

Die Werkstoffe für die Produktion werden zum großen Teil aus dem Inland bezogen. Außerdem werden Rohstoffe aus der Europäischen Union importiert. Die fertigen Erzeugnisse werden weltweit verkauft.

Die Aktien der Maschinenbau AG werden an der Frankfurter Börse gehandelt. An der AG sind folgende Aktionäre beteiligt:

Hauke Mees	30 %
Edith Sievert	26 %
Wiebke Bracker	10 %
Streubesitz	34 %

III. Angaben für beide Gesellschaften

Das Geschäftsjahr beider Unternehmen entspricht dem Kalenderjahr. Die Bilanzaufstellung erfolgt jährlich am 15. März zum 31. 12. des Vorjahrs. Die Handelsbilanz soll soweit wie möglich der Steuerbilanz entsprechen. Weicht der zu besteuernde Gewinn unvermeidlich ab, wird dieses außerhalb der handelsrechtlichen Buchführung und des Abschlusses dargestellt. Die Gewinn- und Verlustrechnung wird nach dem Gesamtkostenverfahren aufgestellt.

Wirtschaftliche Verflechtungen mit anderen Unternehmen bestehen nicht, sodass nur ein Einzelabschluss aufzustellen ist.

B. Berichterstattung

Fall 1 Volkswirtschaftliche Grundlagen 1[(1)]
6 Punkte   *   5 Minuten

Die drei folgenden Wörter werden im allgemeinen Sprachgebrauch häufig gleichgesetzt. Erläutern Sie den Unterschied der Begriffe aus volkswirtschaftlicher Sicht:

a) Bedürfnisse

b) Bedarf

c) Nachfrage

Die Lösung finden Sie auf Seite 124.

Fall 2 Volkswirtschaftliche Grundlagen 2[(1)]
8 Punkte   *   7 Minuten

Definieren Sie die folgenden Begriffe aus der Volkswirtschaftslehre:

a) Knappheit

b) Wirtschaften

c) Ökonomisches Prinzip

Die Lösung finden Sie auf Seite 124.

Fall 3 Volkswirtschaftliche Grundlagen 3[(1)]
12 Punkte   **   10 Minuten

Erläutern Sie aus volkswirtschaftlicher Sicht die verschiedenen Arten der Arbeitsteilung. Nennen Sie für jede Art ein Beispiel.

Gehen sie zusätzlich auf den komparativen Kostenvorteil nach Ricardo ein.

Die Lösung finden Sie auf Seite 124.

Fall 4   Soziale Marktwirtschaft
14 Punkte   **   12 Minuten

Das Wirtschaftssystem der Bundesrepublik Deutschland wird als soziale Marktwirtschaft bezeichnet.

a) Beschreiben Sie das System der sozialen Marktwirtschaft.

b) Erläutern Sie an drei Beispielen den Unterschied zur freien Marktwirtschaft.

c) Nennen Sie zwei „Väter" der sozialen Marktwirtschaft.

d) Nennen Sie den zweiten Idealtyp der Wirtschaftsordnung.

e) Unterscheiden Sie die beiden Idealtypen durch jeweils einen Stichpunkt in Bezug auf Eigentum und Planung.

Die Lösung finden Sie auf Seite 125.

Fall 5   Wirtschaftskreislauf
14 Punkte   **   12 Minuten

In dem nachfolgenden Wirtschaftskreislauf sind aus Vereinfachungsgründen nur die Geldströme dargestellt (Geldkreislauf). Beschriften Sie diese Geldströme mit ihren Werten und Bedeutungen nach den folgenden Angaben:

Abschreibungen	Ab	840 GE
Bruttoinvestitionen	I_{br}	2.965 GE
Exporterlöse	Ex	478 GE
Gewinne	E_u	1.758 GE
Importausgaben	Im	456 GE
Produktions- und Importabgaben	PI	399 GE
Löhne und Gehälter	E_{nu}	4.629 GE
Privater Konsum	C_{pr}	3.149 GE
Staatlicher Konsum	C_{St}	1.229 GE
Subventionen	Z	261 GE

Keine Betrachtung von direkten Steuern und Sozialabgaben.

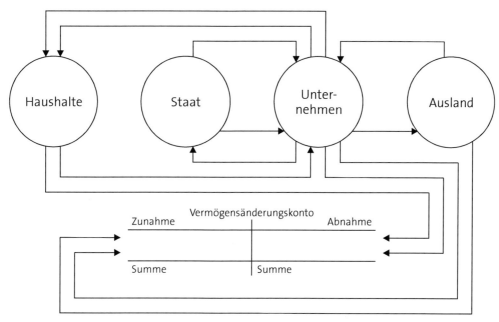

Die Lösung finden Sie auf Seite 127.

FALL

Fall 6   Volkswirtschaftliche Gesamtrechnung 1
18 Punkte   ✳✳✳   15 Minuten

Berechnen Sie nach den Angaben aus Fall 5 die nachfolgenden Werte. Unterstellen Sie dabei, dass keine Faktoreinkommen vom Ausland an Inländer bzw. vom Inland an Ausländer gezahlt wurden.

a) Nettoinvestitionen

b) Außenbeitrag

c) Bruttonationaleinkommen zu Marktpreisen

d) Nettonationaleinkommen zu Marktpreisen

e) Volkseinkommen nach der Verteilung

f) Volkseinkommen nach der Verwendung

g) Lohnquote

Die Lösung finden Sie auf Seite 127.

FALL

Fall 7   Volkswirtschaftliche Gesamtrechnung 2
18 Punkte   ***   15 Minuten

Für einen internationalen Vergleich von Volkswirtschaften ist das europäische System Volkswirtschaftlicher Gesamtrechnungen (ESVG) entwickelt worden.

a) Welche Aufgaben haben die Volkswirtschaftlichen Gesamtrechnungen?

b) Definieren Sie die Begriffe Bruttoinlandsprodukt und Bruttonationaleinkommen.

c) Nach welchen drei Methoden lässt sich das Bruttoinlandsprodukt darstellen?

d) In welche beiden Teilbereiche wird das Volkseinkommen unterteilt?

Die Lösung finden Sie auf Seite 129.

FALL

Fall 8   Bruttoinlandsprodukt
18 Punkte   **   15 Minuten

Nach den Angaben des Statistischen Bundesamtes betrug der reale Zuwachs des Bruttoinlandsproduktes im 3. Quartal 2014 0,1 % gegenüber dem 2. Quartal (laut Internet-Seite des Statistischen Bundesamtes).

a) Warum wird das preisbereinigte (reale) Bruttoinlandsprodukt nicht mehr mit einem üblicherweise fünfjährlich wechselnden Basisjahr für die Preisentwicklung berechnet?

b) Wodurch unterscheiden sich das Bruttoinlandsprodukt zu Marktpreisen und das Nettoinlandsprodukt zu Marktpreisen?

c) Der Wertmaßstab Bruttoinlandsprodukt ist für einen objektiven Vergleich des Wohlstandes einer Volkswirtschaft ungeeignet. Begründen Sie diese Aussage durch drei Beispiele.

d) Berechnen Sie das Bruttoinlandsprodukt zu Marktpreisen aus den folgenden Angaben:

Abschreibungen	110 GE
Importe	60 GE
Produktions- und Importabgaben minus Subventionen	70 GE
Volkseinkommen	600 GE
Exporte	70 GE

Die Lösung finden Sie auf Seite 129.

Fall 9 Bruttonationaleinkommen
10 Punkte   *   **8 Minuten**

Das Bruttoinlandsprodukt der Bundesrepublik Deutschland betrug im 3. Quartal 2014 739,96 Mrd. €. Das Bruttonationaleinkommen war allerdings höher und betrug im gleichen Zeitraum 757,55 Mrd. € (laut Internet-Seite des Statistischen Bundesamtes).

a) Erläutern Sie den Unterschied zwischen dem Bruttonationaleinkommen und dem Bruttoinlandsprodukt.

b) Berechnen Sie das Bruttonationaleinkommen zu Marktpreisen aus den folgenden Angaben:

Exporte	55 GE
Produktions- und Importabgaben minus Subventionen	95 GE
Volkseinkommen	840 GE
Nettonationaleinkommen zu Marktpreisen	970 GE
Abschreibungen	130 GE
Konsumausgaben des Staates	265 GE
Bruttowertschöpfung	985 GE
Gütersteuern minus Gütersubventionen	80 GE

Die Lösung finden Sie auf Seite 130.

Fall 10 Markt und Preis 1
12 Punkte   **   **10 Minuten**

Die Maschinenbau AG und zwei andere Anbieter sind die einzigen, die vollautomatische Babywickelmaschinen herstellen. Für dieses Produkt sind allerdings viele Nachfrager vorhanden.

a) Benennen und erklären Sie die hier herrschende Marktform.

b) Erläutern Sie, wie die Preisfestsetzung bei dieser Marktform grundsätzlich erfolgt.

c) Würde eine andere Marktform gegeben sein, wenn die Maschinenbau AG der einzige Anbieter wäre? Wenn ja, welche?

d) Welche Kriterien der Preisfestsetzung wären in diesem Fall c) zu beachten?

Die Lösung finden Sie auf Seite 130.

Fall 11   Markt und Preis 2
20 Punkte   **   17 Minuten

Jeder Ort, an dem sich Angebot und Nachfrage treffen, wird als Markt bezeichnet.

a)   Nennen Sie fünf Kriterien eines vollkommenen Marktes.

b)   Zeichnen Sie eine typische Angebots- und Nachfragekurve.

c)   Was zeigt der Schnittpunkt der beiden Kurven aus b)?

d)   Erweitern Sie die Zeichnung zu b) um einen Mindestpreis.

e)   Welche Auswirkungen hat ein Mindestpreis?

f)   Wie wird ein solcher Eingriff in den Markt bezeichnet?

g)   Welche wesentlichen Funktionen hat der Preis, der ohne Markteingriffe zustande kommt?

Die Lösung finden Sie auf Seite 131.

Fall 12   Wettbewerb 1
12 Punkte   **   10 Minuten

Im Wettbewerb sind unterschiedliche Arten der Zusammenarbeit bekannt.

a)   Unterscheiden Sie die Begriffe Kartell und Konzern.

b)   Im Jahr 2013 ist das Gesetz gegen Wettbewerbsbeschränkungen neu gefasst worden. Wie sind die Kartellbestimmungen jetzt ausgestaltet?

c)   Erläutern Sie den Unterschied zwischen horizontalen, vertikalen und anorganischen Unternehmenszusammenschlüssen.

d)   Erläutern Sie die Aufgaben des Bundeskartellamtes im Bereich der Fusionskontrolle.

Die Lösung finden Sie auf Seite 133.

Fall 13   Wettbewerb 2[1]
24 Punkte   ***   20 Minuten

Wettbewerb zwischen Unternehmen wird als Voraussetzung für eine Marktwirtschaft angesehen. Trotzdem versuchen einige Unternehmen immer wieder, den Wettbewerb einzuschränken.

a) Nennen Sie drei Gründe für Wettbewerbseinschränkungen durch Konzentration.

b) Berechnen Sie die absolute Konzentration nach den drei üblichen Kriterien aus der folgenden Tabelle:

Unternehmen	Umsatz Mio. €	Unternehmen	Umsatz Mio. €
1	528	9	112
2	469	10	96
3	371	11	78
4	270	12	77
5	265	13	62
6	186	14	59
7	161	15	51
8	138	Rest	408

c) Zeichnen Sie anhand der folgenden Daten eine Lorenzkurve der Unternehmenskonzentration (nicht bezogen auf b).

Umsatz Mio. €	Menge der Unternehmen	Umsatz
bis 10	69,8 %	3,5 %
10 bis 50	18,7 %	7,2 %
50 bis 100	7,3 %	15,6 %
100 bis 500	3,4 %	26,3 %
über 500	0,8 %	47,4 %

Die Lösung finden Sie auf Seite 134.

FALL

Fall 14   Geld und Kredit 1[1]
12 Punkte   *   10 Minuten

„Zum Geld zählen solche Vermögensteile, die im Rahmen des nationalen Zahlungsverkehrs generell zur Erfüllung von Verbindlichkeiten akzeptiert werden." (*Baßeler/Heinrich/Koch*: Grundlagen und Probleme der Volkswirtschaft)

a) Nennen und erläutern Sie drei Funktionen des Geldes.

b) Nennen Sie drei Geldarten.

Die Lösung finden Sie auf Seite 135.

Fall 15   Geld und Kredit 2[1]
14 Punkte   **   12 Minuten

Für die Geldpolitik war bis 1998 die Deutsche Bundesbank zuständig.

a)   Wer ist seit dem 1.1.1999 für die Geldpolitik verantwortlich?

b)   Welche beiden Geschäftsarten stehen dem Eurosystem zur Durchführung der einheitlichen Geldpolitik zur Verfügung?

c)   Nennen Sie drei Beispiele für Offenmarktgeschäfte.

d)   Beschreiben Sie das Hauptrefinanzierungsgeschäft.

e)   Beschreiben Sie die beiden ständigen Fazilitäten.

f)   Welche Aufgaben hat die Deutsche Bundesbank jetzt noch?

Die Lösung finden Sie auf Seite 136.

Fall 16   Inflation[1]
14 Punkte   **   12 Minuten

Erklären Sie die folgenden Begriffe:

a)   Inflation, Deflation

b)   Offene Inflation, verdeckte Inflation

c)   Importierte Inflation, Kosteninflation

Die Lösung finden Sie auf Seite 137.

Fall 17   Preisindex[1]
12 Punkte   *   10 Minuten

Um das Ziel der Preisstabilität genauer zu bestimmen, gab der EZB-Rat 1998 die folgende quantitative Definition bekannt: „Preisstabilität wird definiert als Anstieg [eines Indexes] für das Euro-Währungsgebiet von unter 2 % gegenüber dem Vorjahr. Preisstabilität muss mittelfristig gewährleistet werden." 2003 wurde klargestellt, dass der EZB-Rat im Rahmen der Definition darauf abziele, mittelfristig eine Preissteigerungsrate unter, aber nahe der 2 %-Marke beizubehalten. (Die Geldpolitik der EZB, Europäische Zentralbank, 2011, angepasst)

a) Nennen Sie den Index, mit dessen Hilfe die Messung erfolgt.

b) Geben Sie eine Kurzbeschreibung dieses Indexes.

c) Wie hat sich die Kaufkraft des Euros Ende 2014 seit 2011 entwickelt, wenn der Index in Bezug zum Vorjahr folgendermaßen festgestellt wurde?

2012	1,0 %
2013	1,8 %
2014	1,9 %

Die Lösung finden Sie auf Seite 138.

Fall 18 Zahlungsbilanz[1]
18 Punkte   ∗∗∗   15 Minuten

Die deutsche Leistungsbilanz ergab für 2013 einen Überschuss von 227,8 Mrd. €. Im Vorjahr hatte das Plus nur 133,1 Mrd. € betragen.

(Internet-Seite Deutsche Bundesbank – Monatsbericht 11/2014)

a) Definieren Sie den Begriff Zahlungsbilanz.

b) Nennen Sie die Teilbilanzen der Leistungsbilanz und erklären Sie kurz, welche Vorgänge in diesen Bilanzen erfasst werden.

c) In welchen Teilbilanzen werden die folgenden Vorgänge erfasst:

► Warenverkauf an das Ausland gegen langfristigen Kredit

► Urlaubsreise in das Ausland gegen Barzahlung

► Staatlicher Entwicklungshilfe gegen Barzahlung

d) Warum handelt es sich bei dem Begriff Leistungsbilanzüberschuss um eine falsche Wortwahl?

Die Lösung finden Sie auf Seite 138.

Fall 19 Konjunkturzyklen
14 Punkte   ∗   12 Minuten

Die Entwicklung der vergangenen Jahre hat gezeigt, dass es Schwankungen im Ausmaß der wirtschaftlichen Gesamtlage (Konjunktur) gibt.

a) Nennen Sie die vier Phasen eines Konjunkturzyklus.

b) Stellen Sie einen Konjunkturzyklus grafisch dar und beschriften Sie Ihre Zeichnung entsprechend zu a). Berücksichtigen Sie dabei einen Aufwärtstrend.

c) Nennen und erläutern Sie drei Kriterien, die eine Phase der wirtschaftlichen Erholung kennzeichnen.

Die Lösung finden Sie auf Seite 139.

FALL

Fall 20   Stabilitätsgesetz 1
8 Punkte   *   7 Minuten

In § 1 des Stabilitätsgesetzes wird vom Bund und von den Ländern verlangt, dass sie bei ihren wirtschafts- und finanzpolitischen Maßnahmen die Erfordernisse des gesamtwirtschaftlichen Gleichgewichtes zu beachten haben.

a) Welche vier Unterziele sollen nach dieser Vorschrift erreicht werden?

b) Warum werden diese Unterziele als magisches Viereck bezeichnet?

c) Welche beiden Unterziele, die nicht im Gesetz genannt werden, sollten nach heutiger Meinung noch zusätzlich verfolgt werden?

Die Lösung finden Sie auf Seite 140.

FALL

Fall 21   Stabilitätsgesetz 2
14 Punkte   *   12 Minuten

Im Stabilitätsgesetz heißt es, dass „die Maßnahmen so zu treffen sind, dass sie im Rahmen der marktwirtschaftlichen Ordnung ... zu einem hohen Beschäftigungsgrad ... beitragen".

a) Warum ist als Ziel nicht eine Vollbeschäftigung festgeschrieben?

b) Erläutern Sie die Arten der Arbeitslosigkeit.

c) In einer Volkswirtschaft seien die folgenden Zahlen unterstellt (Angaben in Tausend):

Bevölkerung	75.000
Nichterwerbspersonen	31.000
Arbeitnehmer (Inländer)	37.520
Selbständige	2.960

Berechnen Sie die Erwerbsquote und die Erwerbslosenquote.

Die Lösung finden Sie auf Seite 141.

Fall 22 Fiskalpolitik
12 Punkte * **10 Minuten**

Das Bestreben des Staates bei seinen wirtschafts- und finanzpolitischen Maßnahmen auf den Wirtschaftsablauf insbesondere auf Vollbeschäftigung und Preisniveaustabilität einzuwirken wird als Fiskalpolitik bezeichnet.

a) Unterscheiden Sie prozyklische und antizyklische Fiskalpolitik.

b) Nennen Sie drei fiskalpolitische Maßnahmen.

Die Lösung finden Sie auf Seite 142.

Fall 23 Tarifpolitik[1]
18 Punkte ** **15 Minuten**

In Art. 9 Abs. 3 des Grundgesetzes werden die Bildung von Gewerkschaften und Arbeitgeberverbänden gewährleistet. Im Verhältnis dieser beiden Gruppen zueinander herrscht in Deutschland Tarifautonomie.

a) Definieren Sie den Begriff Tarifautonomie.

b) Beschreiben Sie einen Arbeitskampf grob in seinen einzelnen Schritten vom Beginn der Tarifverhandlungen bis zum Tarifabschluss.

c) Der Bundesminister für Arbeit und Soziales kann im Einvernehmen mit Vertretern der Spitzenorganisationen der Arbeitgeber und Arbeitnehmer einen Tarifvertrag für **allgemeinverbindlich** erklären. Erläutern Sie den Begriff.

Die Lösung finden Sie auf Seite 142.

Fall 24 Mitbestimmung[1]
18 Punkte ** **15 Minuten**

Unter der Unternehmensmitbestimmung versteht man die Möglichkeiten der Arbeitnehmer, auf unternehmerische, meist wirtschaftliche Fragen Einfluss zu nehmen, und zwar über Vertreter in den Organen von Kapitalgesellschaften.

a) Welches ist das wichtigste Gremium bei der Unternehmensmitbestimmung?

b) Nennen Sie drei verschiedene Arten der Unternehmensmitbestimmung in Deutschland.

c) Wie ist ein Aufsichtsrat bei einer Aktiengesellschaft aus der Dienstleistungsbranche mit 3.000 Mitarbeitern zu besetzen?

d) Neben der Unternehmensmitbestimmung gibt es auch noch eine betriebliche Mitbestimmung. Durch wen wird sie ausgeübt und wo ist das geregelt?

Die Lösung finden Sie auf Seite 143.

Fall 25   Sozialversicherung[1]
8 Punkte   *   **7 Minuten**

Nach der Internetseite des Statistischen Bundesamts betrugen die Ausgaben der deutschen gesetzlichen Sozialversicherung im Jahr 2013 533,7 Mrd. € .

a) Nennen Sie die verschiedenen Zweige der gesetzlichen Sozialversicherung.

b) Grundsätzlich werden die Beiträge zur gesetzlichen Sozialversicherung vom Arbeitnehmer und Arbeitgeber je zur Hälfte bezahlt. Nennen Sie zwei Beispiele, bei denen diese Grundregel nicht zutrifft.

Die Lösung finden Sie auf Seite 143.

Fall 26   EU-Aufbau[1]
14 Punkte   ***   **12 Minuten**

„Die EU ist eine einzigartige wirtschaftliche und politische Partnerschaft zwischen 28 europäischen Staaten, die zusammen einen großen Teil des Kontinents ausmachen."
(Internet-Seite der Europäischen Union)

a) Ein Organ der EU ist der Europäische Rat, der bis zu viermal jährlich auf einem EU-Gipfel zusammentritt. Wer sind die Mitglieder dieses Rates (keine Namen) und was ist die Hauptaufgabe dieses Organs?

b) Wie heißt das ausführende Organ der EU und welche wesentlichen Aufgaben hat es?

c) Nennen Sie die drei wesentlichen Aufgaben des Europäischen Parlamentes.

Die Lösung finden Sie auf Seite 144.

Fall 27 Europäische Zentralbank[1]
14 Punkte   ***   12 Minuten

Erläutern Sie Aufgaben und Organisation der Europäischen Zentralbank.

Die Lösung finden Sie auf Seite 145.

Fall 28 Produktionsfaktoren
14 Punkte   *   12 Minuten

Nennen und definieren Sie sowohl die betriebswirtschaftlichen als auch die volkswirtschaftlichen Produktionsfaktoren. Nennen Sie für jede Art ein Beispiel.

Die Lösung finden Sie auf Seite 146.

Fall 29 Betriebswirtschaftliche Steuerungsgrößen
10 Punkte   *   8 Minuten

Beschreiben Sie die folgenden betriebswirtschaftlichen Steuerungsgrößen und nennen Sie die Berechnungsformel.

a) Produktivität

b) Wirtschaftlichkeit

c) Eigenkapitalrentabilität

d) Umsatzrentabilität

e) Liquidität 2. Grades

Die Lösung finden Sie auf Seite 147.

Fall 30 Rechtsformen[1]
12 Punkte   **   10 Minuten

Unterscheiden Sie die gesetzlichen Rechte und Pflichten der Gesellschafter der Abraham OHG und der Maschinenbau AG anhand der folgenden Kriterien:

a) Einlagepflicht

b) Haftung

c) Geschäftsführung/Vertretung

d) Gewinnanteil

Die Lösung finden Sie auf Seite 148.

Fall 31 Organisation 1[1]
14 Punkte   *   12 Minuten

Die Aufbauorganisation eines Unternehmens kann durch ein Organigramm grafisch dargestellt werden.

a) Skizzieren Sie das Organigramm der Abraham OHG nach den folgenden Angaben:

▶ Geschäftsführung

▶ Stabsabteilung der Geschäftsführung: Recht

▶ Fachbereiche: Handel, Verwaltung

▶ Linienabteilungen:

  – Einkauf, Verkauf, beide dem Handel unterstellt

  – Rechnungswesen, Organisation, beide der Verwaltung unterstellt

b) Erklären Sie die Funktion einer Stabsstelle.

c) Die Maschinenbau AG ist nach dem Matrixsystem organisiert. Skizzieren Sie das Organigramm nach den folgenden Angaben:

▶ Vorstand

▶ Produktbereiche: Industriemaschinen, Haushaltsmaschinen, Büromaschinen

▶ Abteilungen: Einkauf, Produktion, Vertrieb, Verwaltung

Die Lösung finden Sie auf Seite 148.

Fall 32 Organisation 2[1]
14 Punkte   **   12 Minuten

Im Rahmen der Organisation sind verschiedene Begriffe zu unterscheiden, die hier zu erklären sind:

a) Organisation, Disposition, Improvisation

b) Aufbauorganisation, Ablauforganisation

c) Stellen, Abteilungen

Die Lösung finden Sie auf Seite 149.

Fall 33 Organisation 3[1]
5 Punkte   *   4 Minuten

Innerhalb der Organisation eines Unternehmens spielen Stellenbeschreibungen eine große Rolle.

Für die Mitarbeiterin der Maschinenbau AG, Frau Mees, soll eine solche Stellenbeschreibung erstellt werden. Nennen Sie fünf Themenbereiche, die geregelt werden müssen.

Die Lösung finden Sie auf Seite 150.

Fall 34 Strukturbilanz 1
50 Punkte   **   45 Minuten

Die Maschinenbau AG möchte aus den Angaben des Jahresabschlusses 2014 eine Strukturbilanz für die Jahre 2014 und 2013 erstellt haben. Aus diesen Bilanzen sollen dann folgende Kennzahlen für beide Jahre ermittelt werden (Stille Reserven werden nicht berücksichtigt):

a) Anlagenintensität

b) Anlagendeckungsgrad I

c) Anlagendeckungsgrad II

d) Arbeitsintensität (Umlaufintensität)

e) Liquidität 2. Grades

f) Eigenkapitalquote

g) Verschuldungsgrad

h) Eigenkapitalrentabilität (nur für 2014)

i) Gesamtkapitalrentabilität (nur für 2014)

A.	Bilanz (Angaben in T€)		2014		2013
Aktiva					
A.	Anlagevermögen				
	I.	Sachanlagen	19.951		19.361
	II.	Finanzanlagen	2.178		2.286
B.	Umlaufvermögen				
	I.	Vorräte	5.328		7.264
	II.	Forderungen	3.159		6.213
	III.	Wertpapiere	4.767		578
	IV.	Liquide Mittel	998		471
Passiva					
A.	Eigenkapital				
	I.	Gezeichnetes Kapital	4.500		3.600
	II.	Kapitalrücklage	1.200		0
	III.	Gewinnrücklagen	7.686		6.920
	IV.	Bilanzgewinn	800		750
B.	Rückstellungen				
	1.	Steuerrückstellungen	35		126
	2.	Sonstige Rückstellungen	2.196		1.953
C.	Verbindlichkeiten				
	1.	Verbindlichkeiten ggü. Kreditinstituten	14.326		12.319
		davon < 1 Jahr (3.728)		(6.378)	
		davon > 5 Jahre (8.475)		(4.591)	
	2.	Verbindlichkeiten aLL	2.496		5.978
		davon < 1 Jahr (2.319)		(5.978)	
	3.	sonstige Verbindlichkeiten	3.142		4.527
		davon < 1 Jahr (3.142)		(4.527)	

B.	GuV (Auszug – Angaben in T€)	2014	2013
	Ergebnis der gewöhnl. Geschäftstätigkeit	2.088	2.027
	Steuern vom Einkommen und Ertrag	– 897	– 911
	Jahresüberschuss	1.191	1.116
	Einstellungen Gewinnrücklagen	– 391	– 366
	Bilanzgewinn	800	750

An Zinsen wurden im Jahr 2014 1.096 T€ und 2013 976 T€ gezahlt.

Der Gewinnverwendungsvorschlag für die Hauptversammlung der Maschinenbau AG sieht vor, den Bilanzgewinn des Geschäftsjahres 2014 ebenso wie 2013 zur Hälfte auszuschütten und zur Hälfte in die Gewinnrücklagen einzustellen.

Die Lösung finden Sie auf Seite 150.

FALL

Fall 35   Bewegungsbilanz 1
35 Punkte   **   30 Minuten

Die Maschinenbau AG möchte aus den Angaben des Jahresabschlusses 2014 eine Bewegungs-bilanz erstellt haben, die dem folgenden Muster entspricht:

Mittelverwendung

A. Ausschüttung

B. Investition Anlagevermögen

C. Umlaufvermögenszunahme

D. Rückzahlung von Verbindlichkeiten

Mittelherkunft

A. Cashflow

B. Desinvestitionen Anlagevermögen
   (zu Buchwerten)

C. Umlaufvermögensabnahme

D. Kapitaleinlagen

E. Erhöhung der Verbindlichkeiten

A. Bilanz (Angaben in T€)			2014	2013
Aktiva				
A.	Anlagevermögen			
	I.	Sachanlagen	42.879	46.482
	II.	Finanzanlagen	7.531	7.630
B.	Umlaufvermögen			
	I.	Vorräte	29.765	34.629
	II.	Forderungen	16.527	18.490
	III.	Liquide Mittel	8.731	4.567
Passiva				
A.	Eigenkapital			
	I.	Gezeichnetes Kapital	2.600	1.800
	II.	Kapitalrücklage	850	620
	III.	Gewinnrücklagen	9.216	8.716
	IV.	Jahresüberschuss	3.423	1.236
	V.	Gewinnvortrag	106	0
B.	Rückstellungen			
	1.	Steuerrückstellungen	1.920	86
	2.	Sonstige Rückstellungen	4.596	5.637

C. Verbindlichkeiten

	1.	Verbindlichkeiten ggü. Kreditinstituten	69.451	82.461
	2.	Verbindlichkeiten aLL	8.375	5.317
	3.	sonstige Verbindlichkeiten	4.896	5.925

B.	GuV (Angaben in T€)	2014	2013
1.	Umsatzerlöse	122.046	115.924
2.	Bestandsminderung	− 3.652	− 1.832
3.	sonstige betriebliche Erträge	3.287	2.745
4.	Materialaufwand	− 46.579	− 43.376
5.	Personalaufwand	− 35.921	− 34.519
6.	Abschreibungen	− 14.543	− 13.982
7.	sonstige betriebliche Aufwendungen	− 12.763	− 13.841
8.	Ergebnis der gewöhnlichen Geschäftstätigkeit	11.875	11.119
9.	Finanzergebnis	− 5.603	− 8.900
10.	Steuern vom Einkommen und Ertrag	− 2.849	− 983
11.	Jahresüberschuss	3.423	1.236

Vom Jahresüberschuss 2013 wurden laut Beschluss der Hauptversammlung 500.000 € in die Gewinnrücklagen eingestellt. Der Restbetrag ist zur Ausschüttung verwendet bzw. auf das neue Geschäftsjahr vorgetragen worden.

C. Anlagenspiegel (Angaben in T€)

	Gesamt	Sachanlagen	Finanzanlagen
historische AK/HK	94.392	85.629	8.763
Zugänge	13.161	12.567	594
Abgänge	5.689	4.896	793
kum. Abschreibungen	51.454	50.421	1.033
Restbuchwert 31.12.2014	50.410	42.879	7.531
Restbuchwert 31.12.2013	54.112	46.482	7.630
Abschreibungen Geschäftsjahr	14.543	14.517	26

D. Verbindlichkeitenspiegel (Angaben in T€)

		Laufzeit < 1 Jahr	Laufzeit 1 – 5 Jahre	Laufzeit > 5 Jahre
Verb. ggü.	2013	26.381	5.976	50.104
Kreditinstituten	2014	14.562	6.731	48.158
Verbindlichkeiten aLL	2013	5.317	0	0
	2014	8.375	0	0
sonstige Verbindlichkeiten	2013	5.925	0	0
	2014	4.896	0	0

Die Lösung finden Sie auf Seite 154.

Fall 36 Kennzahlen 1
18 Punkte   *   16 Minuten

Die Maschinenbau AG möchte aus den Angaben der Strukturbilanz für 2014 folgende Kennzahlen ermittelt haben:

a) Fremdkapitalquote

b) Verschuldungsgrad

c) Vorratsintensität

d) Anlagendeckungsgrad II

e) Liquidität 2. Grades

f) Absolutes Net Working Capital

g) Relatives Net Working Capital

Strukturbilanz (Angaben in T€)	2014
Aktiva	
A. Anlagevermögen	25.480
B. Umlaufvermögen	
I. Vorräte	37.650
II. Forderungen	18.360
III. Liquide Mittel	9.590
Passiva	
A. Eigenkapital	16.140
B. Verbindlichkeiten	
1. Kurzfristig	25.330
2. Mittelfristig	25.730
3. Langfristig	23.880

Die Lösung finden Sie auf Seite 154.

Fall 37 Strukturbilanz 2
60 Punkte   ***   55 Minuten

Die Maschinenbau AG möchte aus dem Jahresabschluss 2014 eine Strukturbilanz erstellt und die folgenden Kennzahlen ermittelt haben:

a) Betriebsergebnis

b) Cashflow

c) Eigenkapitalrentabilität

d) Eigenkapitalquote

e) Investitionsquote des Sachanlagevermögens

f) Anlagenabnutzungsgrad des Sachanlagevermögens

g) Abschreibungsquote des Sachanlagevermögens

h) Liquidität 2. Grades

i) Debitorenumschlag (Umschlaghäufigkeit der Forderungen)

j) Debitorenziel (Kundenziel)

k) Dynamischer Verschuldungsgrad

A.	Bilanz (Angaben in T€)	2014	2013
Aktiva			
A.	Anlagevermögen		
	I. Immaterielle Vermögensgegenstände	350	370
	II. Sachanlagen	17.230	19.740
	III. Finanzanlagen	1.000	835
B.	Umlaufvermögen		
	I. Vorräte	14.390	13.610
	II. Forderungen	3.830	1.440
	III. Liquide Mittel	5.340	4.685
C.	Rechnungsabgrenzungsposten	170	190
	davon Disagio (170)		(190)
Passiva			
A.	Eigenkapital		
	I. Gezeichnetes Kapital	200	180
	II. Kapitalrücklage	3.620	3.470
	III. Gewinnrücklagen	4.530	4.120
	IV. Bilanzgewinn	260	200
B.	Rückstellungen		
	1. Steuerrückstellungen	110	40
	2. Sonstige Rückstellungen	3.330	3.070

C. Verbindlichkeiten

		2014	2013
1.	Verbindlichkeiten ggü. Kreditinstituten	20.360	21.480
2.	Verbindlichkeiten aLL	6.710	5.330
3.	sonstige Verbindlichkeiten	3.190	2.980

Unter den immateriellen Vermögensgegenständen ist ein Firmenwert mit 80.000 € (2014) bzw. 90.000 € (2013) aktiviert worden.

Ferner ergab eine Bewertung zu Zeitwerten, dass folgende stille Reserven vorhanden waren:

	2014	2013
Sachanlagen	528	636
Vorräte	484	468

Die Reserven aus den Sachanlagen werden sich voraussichtlich zur Hälfte mittel- und zur Hälfte langfristig auflösen. Bei den Vorräten erfolgt eine kurzfristige Realisierung.

Der Sonderposten mit Rücklageanteil dient der Finanzierung eines Lkw und wird kurzfristig aufgelöst.

B.	Gewinn- und Verlustrechnung (in T€)	2014	2013
1.	Umsatzerlöse (alle zu 19 %)	85.720	81.206
2.	Bestandserhöhung	3.610	4.875
3.	aktivierte Eigenleistungen	117	89
4.	sonstige betriebliche Erträge	5.367	6.192
5.	Materialaufwand	− 48.315	− 44.873
6.	Personalaufwand	− 31.947	− 33.298
7.	Abschreibungen	− 4.416	− 5.360
8.	sonstige betriebliche Aufwendungen	− 7.308	− 6.144
9.	Erträge aus anderen Finanzanlagen	30	30
10.	Zinserträge	120	116
11.	Zinsaufwendungen	− 1.978	− 2.063
12.	Steuern vom Einkommen und Ertrag	− 480	− 370
13.	Jahresüberschuss	520	400
14.	Einstellungen Gewinnrücklagen	− 260	− 200
15.	Bilanzgewinn	260	200

Der Bilanzgewinn 2013 ist wie vorgeschlagen in Höhe von 50.000 € ausgeschüttet worden. Der Restbetrag wurde in die Gewinnrücklagen eingestellt. Der Bilanzgewinn 2014 soll laut Verwendungsvorschlag zu drei Viertel an die Aktionäre ausgeschüttet und zu einem Viertel einbehalten werden.

C. Anlagenspiegel (Angaben in T€)

	Gesamt	Imm. VGS	Sachanlagen	Finanzanlagen
historische AK/HK	43.085	500	41.750	835
Zugänge	3.445	0	3.280	165
Abgänge	1.850	0	1.850	0
kum. Abschreibungen	26.100	150	25.950	0
Restbuchwert 31.12.2014	18.580	350	17.230	1.000
Restbuchwert 31.12.2013	20.945	370	19.740	835
Abschreibungen Geschäftsjahr	4.416	20	4.396	0

D. Verbindlichkeitenspiegel (Angaben in T€)

		Laufzeit < 1 Jahr	Laufzeit 1 – 5 Jahre	Laufzeit > 5 Jahre
Verb. ggü. Kreditinstituten	2013	2.410	4.270	14.800
	2014	3.120	3.300	13.940
Verbindlichkeiten aLL	2013	3.620	1.710	0
	2014	5.220	1.490	0
sonstige Verbindlichkeiten	2013	2.980	0	0
	2014	3.190	0	0

Die Lösung finden Sie auf Seite 156.

FALL

Fall 38   Kennzahlen 2
25 Punkte   *   22 Minuten

Die Maschinenbau AG möchte aus den verdichteten Angaben des Jahresabschlusses 2014 folgende Kennzahlen ermittelt haben:

a)   Rohergebnis

b)   Betriebsergebnis

c)   Ergebnis der gewöhnlichen Geschäftstätigkeit

d)   Anlagendeckungsgrad II

e)   Liquidität 2. Grades

f)   Eigenkapitalrentabilität

g)   Umsatzrentabilität

h)   ROI

i)   Personalaufwandsquote

A.   Strukturbilanz (Angaben in T€)   **2014**

Aktiva

A.   Anlagevermögen   469.350

B.   Umlaufvermögen

    I.   Vorräte   268.190

    II.   Forderungen   284.370

    III. Liquide Mittel   22.850

Passiva

A.   Eigenkapital (inklusive JÜ 2013)   128.570

    Vorjahr   *112.600*

B.   Verbindlichkeiten

    Summe Vorjahr   *843.940*

    1.   Kurzfristig   368.540

    2.   Mittelfristig   427.830

    3.   Langfristig   119.820

B.   Gewinn- und Verlustrechnung (Angaben in T€)   **2014**

1.   Umsatzerlöse   18.320.590

2.   sonstige betriebliche Erträge   2.768.330

3.   Materialaufwand   − 9.438.770

4.   Personalaufwand   − 5.596.420

5.   Abschreibungen   − 4.654.490

6.   sonstige betriebliche Aufwendungen   − 1.283.650

7.   Zinserträge   86.390

8.   Zinsaufwendungen   − 168.590

9.   E & E Steuern   − 18.370

10. Jahresüberschuss   15.020

Die Lösung finden Sie auf Seite 160.

FALL

Fall 39   Kapitalflussrechnung[1]
35 Punkte   ✳✳✳   30 Minuten

Die Maschinenbau AG möchte aus den Angaben des Jahresabschlusses 2014 eine Kapitalflussrechnung für das Jahr 2014 nach der indirekten Methode erstellt haben.

A. Bilanz (Angaben in T€)	2014	2013
Aktiva		
A. Anlagevermögen		
I. Immaterielle Vermögensgegenstände	350	370
II. Sachanlagen	17.230	19.740
III. Finanzanlagen	1.000	835
B. Umlaufvermögen		
I. Vorräte	14.390	13.610
II. Forderungen	3.830	1.440
III. Liquide Mittel	5.340	4.685
C. Rechnungsabgrenzungsposten	170	190
davon Disagio	(170)	(190)
Passiva		
A. Eigenkapital		
I. Gezeichnetes Kapital	200	180
II. Kapitalrücklage	3.620	3.470
III. Gewinnrücklagen	4.590	4.180
IV. Bilanzgewinn	260	200
B. Rückstellungen		
1. Steuerrückstellungen	110	40
2. Sonstige Rückstellungen	3.270	3.010
C. Verbindlichkeiten		
1. Verbindlichkeiten ggü. Kreditinstituten	20.360	21.480
2. Verbindlichkeiten aLL	6.710	5.330
3. sonstige Verbindlichkeiten	3.190	2.980

Unter den immateriellen Vermögensgegenständen ist ein Firmenwert mit 80.000 € (2014) bzw. 90.000 € (2013) aktiviert worden.

Ferner ergab eine Bewertung zu Zeitwerten, dass folgende stille Reserven vorhanden waren:

	2014	2013
Sachanlagen	528	636
Vorräte	484	468

Die Reserven aus den Sachanlagen werden sich voraussichtlich zur Hälfte mittel- und zur Hälfte langfristig auflösen. Bei den Vorräten erfolgt eine kurzfristige Realisierung.

Der Sonderposten mit Rücklageanteil dient der Finanzierung eines Lkw und wird kurzfristig aufgelöst.

B.	Gewinn- und Verlustrechnung (in T€)	2014	2013
1.	Umsatzerlöse (alle zu 19 %)	85.720	81.206
2.	Bestandserhöhung	3.610	4.875
3.	aktivierte Eigenleistungen	117	89
4.	sonstige betriebliche Erträge	5.367	6.192
5.	Materialaufwand	− 48.315	− 44.873
6.	Personalaufwand	− 31.947	− 33.298
7.	Abschreibungen	− 4.416	− 5.360
8.	sonstige betriebliche Aufwendungen	− 7.308	− 6.144
9.	Erträge aus anderen Finanzanlagen	30	30
10.	Zinserträge	120	116
11.	Zinsaufwendungen	− 1.978	− 2.063
12.	Steuern vom Einkommen und Ertrag	− 480	− 370
13.	Jahresüberschuss	520	400
14.	Einstellungen Gewinnrücklagen	− 260	− 200
15.	Bilanzgewinn	260	200

Der Bilanzgewinn 2013 ist wie vorgeschlagen in Höhe von 50.000 € ausgeschüttet worden. Der Restbetrag wurde in die Gewinnrücklagen eingestellt. Der Bilanzgewinn 2014 soll laut Verwendungsvorschlag zu drei Viertel an die Aktionäre ausgeschüttet und zu einem Viertel einbehalten werden.

C. Anlagenspiegel (Angaben in T€)

	Gesamt	Imm. VGS	Sachanlagen	Finanzanlagen
historische AK/HK	43.085	500	41.750	835
Zugänge	3.445	0	3.280	165
Abgänge	1.850	0	1.850	0
kum. Abschreibungen	26.100	150	25.950	0
Restbuchwert 31. 12. 2014	18.580	350	17.230	1.000
Restbuchwert 31. 12. 2013	20.945	370	19.740	835
Abschreibungen Geschäftsjahr	4.416	20	4.396	0

Der Abgang 2014 erfolgte zum Buchwert.

D. Verbindlichkeitenspiegel (Angaben in T€)

		Laufzeit < 1 Jahr	Laufzeit 1 – 5 Jahre	Laufzeit > 5 Jahre
Verb. ggü. Kreditinstituten	2013	2.410	4.270	14.800
	2014	3.120	3.300	13.940
Verbindlichkeiten aLL	2013	3.620	1.710	0
	2014	5.220	1.490	0
sonstige Verbindlichkeiten	2013	2.980	0	0
	2014	3.190	0	0

Die Lösung finden Sie auf Seite 162.

FALL

Fall 40   Vergleichsrechnungen

17 Punkte   *   **15 Minuten**

Analysieren Sie die folgenden Kennzahlen der Maschinenbau AG in ihrem jeweiligen Zusammenhang.

1. Die Eigenkapitalquote der AG hat sich in den letzten fünf Jahren folgendermaßen entwickelt:

2010	34 %
2011	32 %
2012	31 %
2013	30 %
2014	28 %

2. Als Sollwert für 2014 war für die Kennzahl Umsatzrendite vor Ertragssteuern ein Wert für die AG von 2,0 % festgelegt worden. Durch den Jahresabschluss wird ein Istwert von 2,4 % ermittelt.

3. Die AG will die Finanzierung des Anlagevermögens mit drei vergleichbaren Mitbewerbern untersucht haben:

Kennzahl	AG	1	2	3
Anlagendeckungsgrad II	1,45	1,35	1,50	0,90

Die Lösung finden Sie auf Seite 162.

FALL

Fall 41 Bewegungsbilanz 2
22 Punkte   *   20 Minuten

Die Maschinenbau AG möchte aus den Angaben des Jahresabschlusses 2014 eine Bewegungsbilanz erstellt haben, die dem folgenden Muster entspricht.

Mittelverwendung	Mittelherkunft
A. Ausschüttung	A. Cashflow
B. Investition Anlagevermögen	B. Umlaufvermögensabnahme
C. Umlaufvermögenszunahme	C. Kapitaleinlagen
D. Rückzahlung von Verbindlichkeiten	D. Erhöhung der Verbindlichkeiten

A. Bilanz (Angaben in T€)			2014	2013
Aktiva				
A.	Anlagevermögen			
	I.	Sachanlagen	63.269	60.368
		Zugänge des Geschäftsjahres	(21.327)	(24.318)
		Abgänge des Geschäftsjahres	(0)	(15.813)
B.	Umlaufvermögen			
	I.	Vorräte	31.653	26.218
	II.	Forderungen	29.714	38.416
	III.	Liquide Mittel	2.948	3.568
Passiva				
A.	Eigenkapital			
	I.	Gezeichnetes Kapital	2.500	2.500
	II.	Kapitalrücklage	1.800	1.800
	III.	Gewinnrücklagen	8.260	6.591
	IV.	Bilanzgewinn	1.065	1.304
B.	Rückstellungen			
	1.	Steuerrückstellungen	269	528
	2.	Sonstige Rückstellungen	1.822	3.278
C.	Verbindlichkeiten			
	1.	Verbindlichkeiten ggü. Kreditinstituten	72.144	84.329
	2.	Verbindlichkeiten aLL	23.336	15.893
	3.	sonstige Verbindlichkeiten	16.388	12.347

B.	GuV (Angaben in T€)	2014	2013
1.	Umsatzerlöse	230.459	245.963
2.	Bestandsminderung	− 267	− 536
3.	sonstige betriebliche Erträge	3.014	3.461
4.	Materialaufwand	− 81.741	− 86.921
5.	Personalaufwand	− 115.277	− 120.551
6.	Abschreibungen	− 18.426	− 19.654
7.	sonstige betriebliche Aufwendungen	− 9.853	− 11.829
8.	Ergebnis der gewöhnl. Geschäftstätigkeit	7.909	9.933
9.	Finanzergebnis	− 3.620	− 4.632
10.	Steuern vom Einkommen und Ertrag	− 2.159	− 2.693
11.	Jahresüberschuss	2.130	2.608
12.	Gewinnrücklagen	1.065	1.304
13.	Bilanzgewinn	1.065	1.304

Durch Beschluss der Hauptversammlung wurde der Bilanzgewinn 2013 in Höhe von 700 T€ ausgeschüttet. Der Restbetrag wurde den Gewinnrücklagen zugeführt.

Die Lösung finden Sie auf Seite 163.

FALL

Fall 42   Interpretation von Kennzahlen
35 Punkte   *   30 Minuten

Beschreiben Sie für die folgenden Kennzahlen deren Aussagekraft.

a) Anlagenintensität

b) Eigenkapitalquote

c) Anlagendeckungsgrad II

d) Liquidität 2. Grades

e) Cashflow

f) Debitorenziel (Kundenziel)

Die Lösung finden Sie auf Seite 164.

Fall 43 Eigenkapitalrichtlinien
14 Punkte   **   12 Minuten

Nennen Sie die Ziele der Eigenkapitalrichtlinien für Kreditinstitute (Basel II und III) und geben Sie eine kurze inhaltliche Darstellung.

Die Lösung finden Sie auf Seite 165.

Fall 44 Rating
22 Punkte   **   20 Minuten

Erläutern Sie kurz den grundsätzlichen Ratingprozess eines Kreditinstitutes und unterscheiden Sie dabei auch internes und externes Rating.

Die Lösung finden Sie auf Seite 166.

Fall 45 Auswirkungen der Eigenkapitalrichtlinien
14 Punkte   *   12 Minuten

Erläutern Sie die Auswirkungen der Eigenkapitalrichtlinien für die kreditnachfragenden Unternehmen.

Die Lösung finden Sie auf Seite 167.

C. Recht

Fall 1   Geschäftsfähigkeit: Der Yuppie
12 Punkte   **✱✱**   **10 Minuten**

Der 17-jährige Lars W. eröffnet mit Einverständnis seiner Eltern und mit vormundschaftsgerichtlicher Genehmigung ein Lebensmittelgeschäft. Als er Geschäftsräume mieten, eine Verkäuferin einstellen und einen Kredit in Höhe von 20.000 € für die Bezahlung bestellter Waren
aufnehmen will, die er in seinem Geschäft verkaufen will, sind seine Eltern dagegen.

Kann Lars alle Geschäfte selbständig rechtlich voll wirksam abschließen?

Die Lösung finden Sie auf Seite 167.

Fall 2   Geschäftsfähigkeit: Samantha Fox
6 Punkte   **✱**   **5 Minuten**

Der siebenjährige Max erhält nach langem Drängen von seinem genervten Vater 25 €, „damit
endlich Ruhe ist". Max freut sich riesig, denn jetzt kann er sich seinen geheimen Wunsch erfüllen und endlich das erträumte Poster von Samantha Fox kaufen. Er geht in das Postergeschäft
von Rudi und erklärt diesem, er wolle gern das Poster von Samantha Fox haben. Rudi holt das
Poster und übergibt es Max. Max bezahlt nicht, sondern erklärt Rudi, er solle es „anschreiben".

Auf dem Nachhauseweg entdeckt Max das Musikgeschäft von Franz. Er geht in das Geschäft,
legt an der Kasse die CD „Oberkrainer Bergmusikanten" auf den Verkaufstisch, bezahlt die 25 €
teure CD mit dem ihm vom Vater überlassenen Geld und nimmt die CD mit nach Hause. Als der
Vater von dessen Geschäften hört, fragt er sich, ob:

a)   Rudi von Max die Zahlung von 25 € verlangen kann?

b)   Max von Franz die Rückgabe der 25 € gegen Rückgabe der noch original verpackten CD ver-
     langen kann?

Die Lösung finden Sie auf Seite 168.

Fall 3   Stellvertretung: Der Bücherwurm
6 Punkte   **   5 Minuten

Sie hatten ihren Mitschüler Moritz beauftragt, für Sie ein Buch bei der Buchhandlung Bücherkiste zu kaufen. Hiervon setzten Sie die Inhaberin der Bücherkiste in Kenntnis. Noch bevor Moritz die Schule verlassen konnte, teilten Sie ihm mit, Sie benötigten das Buch nicht mehr, da Sie die Schule verlassen wollten. Moritz, der glaubt, Sie würden sich nochmals umentscheiden, kauft das Buch in ihrem Namen in der Bücherkiste.

a) Kann die Bücherkiste von Ihnen oder von Moritz die Bezahlung verlangen?

b) Kann der Vertrag mit der Begründung angefochten werden, das Buch werde nicht mehr gebraucht?

Die Lösung finden Sie auf Seite 169.

Fall 4   Stellvertretung: Der Familienbetrieb
24 Punkte   ***   20 Minuten

Vlegel hatte die Tochter des geschäftsführenden Gesellschafters der Abraham OHG geheiratet und half in seiner Freizeit im Büro mit. Obwohl ihm nie Vollmacht erteilt worden war, ergab es sich jedoch mit der Zeit, dass er auch mit Firmenvertretern verhandelte und Bestellungen eigenständig tätigte. Die OHG hatte dies nie beanstandet. Erst als Vlegel einen größeren Posten Trockner beim Lieferanten Leifheit bestellte, griff der geschäftsführende Gesellschafter ein, weil er am Tage zuvor selbst bei einem anderen Lieferanten Trockner bestellt hatte. Die OHG erklärte nun gegenüber Leifheit, er lasse die Bestellung nicht gelten, da Vlegel zur Bestellung nicht berechtigt gewesen sei. Leifheit besteht auf Zahlung und Abnahme.

Zu Recht?

Abwandlung 1: Vlegel hatte nach einiger Zeit Handlungsvollmacht bekommen. Er beauftragte eine Werbeagentur, eine groß angelegte Werbekampagne für die Abraham OHG in Gang zu bringen, und erwirbt im Nachbarort ein Gewerbegrundstück, um die Expansion des Geschäftes durch Begründung einer Filiale voranzutreiben.

Sind die Expansionsgeschäfte wirksam?

Abwandlung 2: Vlegel bekam Prokura. Er ist der Ansicht, dass Haushaltselektronik keine Zukunft mehr hat. Daher kauft er die benachbarte Weinhandlung des Jean Xavier auf, nimmt seine Brüder Dieter und Erwin als stille Teilhaber auf und belastet das Firmengrundstück der OHG in Hamburg mit einer Grundschuld, um mit dem dafür von der Bank bereitgestellten Geldbetrag Anteile einer ortsansässigen Sportartikelfirma zu erwerben. Die OHG ist der Ansicht, dass die Prokura solche Geschäfte nicht umfasst.

Die Lösung finden Sie auf Seite 169.

Fall 5   Stellvertretung: Der Prokurist
12 Punkte   *   10 Minuten

Petersen ist bei der Abraham OHG als kaufmännischer Angestellter beschäftigt. Er schafft es, unter Angabe falscher Tatsachen ins Handelsregister als Prokurist eingetragen zu werden. Die Abraham OHG erhält vom Registergericht die Mitteilung, dass Petersen als Prokurist eingetragen wurde. Der Geschäftsführer der OHG empfindet dies als Scherz und unternimmt weiter nichts.

Petersen schließt als Prokurist für die OHG einen Vertrag mit Hansen und kauft von diesem Fernseher zum Preise von 10.000 €. Als Hansen die Fernseher liefert, verweigert die OHG die Annahme und die Zahlung des Preises. Hansen beharrt auf dem Vertrag und verlangt von der OHG 10.000 €.

Zu Recht?

Die Lösung finden Sie auf Seite 170.

Fall 5   (Ergänzung) Stellvertretung
12 Punkte   *   10 Minuten

a)   Nennen Sie die Merkmale der Stellvertretung und ihre Bedeutung.

b)   Erklären Sie den Unterschied zwischen Vertretungsmacht und Vollmacht und nennen Sie Beispiele.

c)   Erklären Sie den Unterschied zwischen Auftrag und Vollmacht.

d)   Welche Voraussetzungen haben Duldung- und Anscheinsvollmacht?

e)   Was ist Prokura?

Die Lösung finden Sie auf Seite 170.

Fall 6   Willenserklärung: Die Kündigung
12 Punkte   *   10 Minuten

Die Abraham OHG will ihrem Angestellten Carstens so schnell wie möglich kündigen. Am 20. 5. fragt man Sie als Personalmanager der OHG,

a) wann sie kündigen müsse und zu welchem Termin die OHG dem Carstens kündigen könne,

b) wann eine schriftliche Kündigung bei Postversand wirksam wird,

c) ob sich Carstens mit der Kündigung einverstanden erklären muss, damit sie wirksam wird, und

d) wie man bei schriftlicher Kündigung das Schriftstück sinnvollerweise zustellt, um die Einhaltung der Kündigungsfrist sicher beweisen zu können.

Da Sie Ihren Chef genau kennen, wissen Sie, dass ihn Gesetze und juristische Fachbegriffe bei der Beantwortung der Fragen am ehesten überzeugen.

Die Lösung finden Sie auf Seite 171.

Fall 6 (Ergänzung) Willenserklärung
24 Punkte   **   20 Minuten

a) Was ist eine Willenserklärung und aus welchen „Bestandteilen" setzt sie sich zusammen?

b) Wie kann man eine Willenserklärung abgeben?

c) In welcher Form werden Willenserklärungen abgegeben? Nennen Sie jeweils Beispiele für die unterschiedlichen Formen.

d) Was ist die Folge von Formnichtigkeit?

e) Beschreiben Sie Bestandteile, Kundgabe, Mängel, Anfechtung, Form, Wirksamwerden, Auslegung und Verbote von Willenserklärungen.

f) Worin besteht der Unterschied zwischen einem „guten" und einem „bösen" Scherz und wo sind diese geregelt?

g) Welche Arten von Irrtümern kennen Sie und welche sind als Anfechtungsgründe anerkannt?

h) Erläutern Sie den Unterschied zwischen einem Kalkulations- und einem Motivirrtum.

i) Wann beginnt die Frist des § 124 BGB im Falle einer Drohung zu laufen?

Die Lösung finden Sie auf Seite 172.

Fall 7 Anfechtung: Der grüne Käfer
6 Punkte   *   5 Minuten

Alfred E. verkauft dem Bertus B. seinen grünen VW 1300 (Käfer) für 1.000 €. Kurz nach Abschluss des Kaufvertrages erklärt Bertus dem Alfred, er fechte den Vertrag aus folgenden Gründen an:

a) wegen des Preises (Bertus hat einen vergleichbaren Pkw für 800 € gesehen.)

b) wegen der Farbe (Bertus möchte lieber ein rotes als ein grünes Fahrzeug.)

c) wegen eines Unfallschadens am Fahrzeug, den weder Alfred noch Bertus kannten.

Prüfen Sie die Punkte darauf, ob es ein Anfechtungsgrund ergibt.

Die Lösung finden Sie auf Seite 174.

Fall 8   Anfechtung: Der Kupferstich
6 Punkte   *   5 Minuten

Ein Antiquar will einem langjährigen Kunden einen Kupferstich aus dem 18. Jh. zu 300 € anbieten. Er lässt das Angebot von seiner Sekretärin schreiben, die sich jedoch beim Preis vertippt. Als der Antiquar das Angebot unterschreibt, bemerkt er nicht, dass als Preis infolge des Tippfehlers nur 200 € genannt sind. Der Kunde hält das Angebot für fair und erklärt dem Antiquar die Annahme.

Als dieser eine Woche später den Tippfehler bemerkt, fragt er Sie, ob der Vertrag bereits zustande gekommen sei und falls ja, ob es nicht eine Möglichkeit gebe, von dem Vertrag loszukommen.

Die Lösung finden Sie auf Seite 174.

Fall 8   (Ergänzung) Anfechtung
6 Punkte   *   5 Minuten

a) Was sind die Voraussetzungen für eine Anfechtung?

b) Was bewirkt die Anfechtung?

Die Lösung finden Sie auf Seite 174.

Fall 9   Abstraktionsprinzip: Nepper, Schlepper, Bauernfänger
18 Punkte   **   15 Minuten

Rentner Redlich wird vom Schlepper Sabbel zur Abnahme eines Zeitschriftenabos gezwungen, indem dieser ihm Schläge androht. Sabbel nimmt Redlich auch gleich die Jahresgebühr von 100 € ab und lässt das erste Exemplar bei Redlich. Später nimmt Redlich das nächste zugeschickte Exemplar an.

a) Ist der schuldrechtliche Vertrag wirksam?

b) Wer ist Eigentümer der 100 € und wie verhält es sich mit den zwei Exemplaren?

Die Lösung finden Sie auf Seite 175.

Fall 10   Abstraktionsprinzip: Perfect
12 Punkte   ******   **10 Minuten**

Kuddel Schlau hat eine Kopie des Textverarbeitungsprogramms „WORD 2003". Dem nichts ahnenden Hein Blöd verkauft er dieses Programm als Original. Blöd bezahlt sogleich und nimmt die CD-ROM mit nach Hause. Dort merkt er, dass es sich um eine Kopie handelt und Schlau ihn betrogen hat.

Blöd erklärt Schlau gegenüber, er fechte alle Verträge wegen Täuschung an.

a) Ist der schuldrechtliche Vertrag wirksam?

b) Wer ist Eigentümer der CD-ROM und des Geldes?

Die Lösung finden Sie auf Seite 175.

Fall 11   Abstraktionsprinzip: Autos
4 Punkte   *****   **3 Minuten**

Kunde K kauft beim Autohändler V ein Auto und bezahlt den Kaufpreis gleich in bar.

Wie viele und welche Rechtsgeschäfte liegen vor?

Die Lösung finden Sie auf Seite 175.

Fall 11   (Ergänzung) Abstraktionsprinzip
6 Punkte   *****   **5 Minuten**

Erläutern Sie den Unterschied zwischen Verpflichtungs- und Verfügungsgeschäften bzw. zwischen kausalen und abstrakten Rechtsgeschäften.

Die Lösung finden Sie auf Seite 176.

Fall 11   (Ergänzung 2) Allgemeiner Teil des BGB
6 Punkte   *   5 Minuten

a) Was verstehen Sie unter dem Begriff „Korrespondenz der Erklärungsmittel"?

b) Ist der Ihnen zugeschickte Warenhauskatalog ein Angebot im Sinne des § 145 BGB?

Die Lösung finden Sie auf Seite 176.

Fall 12   Entstehung von Schuldverhältnissen: Das Geschäftsessen
12 Punkte   **   10 Minuten

Geschäftspartner Anton und Beton sitzen bei einem Geschäftsessen beisammen. Anton erklärt: „Ich würde bei Ihnen gerne 20 Kopiergeräte Marke Xerox zum Katalogpreis kaufen." Beton antwortet daraufhin: „Ich bin einverstanden." Welche Ansprüche haben die beiden?

Abwandlung 1: Anton aus Hamburg vereinbart die Bestellung brieflich mit Beton, der in Kiel wohnt.

Abwandlung 2: Beton hört die Bestellung auf seinem Anrufbeantworter und liefert die Geräte ohne weitere Rücksprache 2 Tage später bei Anton an.

Abwandlung 3: Beton ruft nach 10 Tagen zurück und erklärt sich einverstanden, Anton ist aber inzwischen nicht mehr interessiert.

Die Lösung finden Sie auf Seite 176.

Fall 13   Kaufmännisches Bestätigungsschreiben: Die Eisschränke
12 Punkte   **   10 Minuten

Die Firmen Abraham OHG und Maschinenbau AG schließen mündlich durch ihre Geschäftsführer einen Vertrag über den Verkauf von 500 Eisschränken mit 140 l Fassungsvermögen zum Nettopreis von 100 €.

Am nächsten Tag erhält die AG von der OHG folgendes Schreiben: „Bestätigungsschreiben! Hiermit bestätigen wir den Vertragsabschluss über 400 Eisschränke mit 130 l Fassungsvermögen zum Nettopreis von 100 €." Die AG erwidert daraufhin am selben Tag: „Ich korrigiere Ihr Bestätigungsschreiben dahingehend, dass 500 Geräte à 140 l Fassungsvermögen zu 100 € inkl. USt vereinbart waren." Die OHG liefert die Geräte nach einer Woche.

Sagen Sie, zu welchen Bedingungen der Kaufvertrag zustande gekommen ist, und begründen Sie Ihre Auffassung!

Die Lösung finden Sie auf Seite 177.

Fall 14   Kaufmännisches Bestätigungsschreiben: Lichtblicke
12 Punkte   **   10 Minuten

Die Geschäftsführer der Maschinenbau AG und der Abraham OHG treffen sich in einem Lokal. Während des Gespräches werden sich beide einig, dass die AG der OHG eine Partie Glühlampen (60 Watt) zu brutto 4.000 € abnimmt. Am nächsten Tag erhält die AG von der OHG ein Fax mit folgendem Inhalt: „Bestätigungsschreiben! Ich bestätige den Verkauf einer Partie Glühlampen zu netto 4.000 €. gez. GF der OHG".

Einen Tag später faxt die AG der OHG: „Korrigiere: eine Partie Glühlampen (75 Watt) zu brutto 4.000 €. Beim Preis hast Du wohl einen Fehler gemacht. Dein Vorstand der AG".

Zu welchen Bedingungen ist ein Vertrag zustande gekommen?

Die Lösung finden Sie auf Seite 177.

Fall 14   (Ergänzung) Allgemeines Schuldrecht
6 Punkte   **   5 Minuten

a)   Nennen Sie fünf Gründe, die ein Schuldverhältnis zum Erlöschen bringen.

b)   Welche Leistungsstörungen kennen Sie und welche rechtlichen Folgen sind an sie geknüpft?

Die Lösung finden Sie auf Seite 178.

Fall 15   Aufrechnung: Der Zwischenhändler
12 Punkte   **   10 Minuten

Am 2.5. kauft die Abraham OHG als Zwischenhändler beim Hersteller H Ware im Wert von 10.000 € mit Zahlungsziel zum 15.6.

Aus der Stornierung einer anderen Lieferung am 20.5. hat die OHG noch einen Rückzahlungsanspruch von schon geleisteten Vorauszahlungen in Höhe von 5.000 €. Am 1.6. kauft H bei der OHG zwei Maschinen für 5.000 €, die sofort geliefert werden.

Über die erste Maschine wird nur vereinbart, dass sie sofort geliefert werden soll.

Über die zweite Maschine einigen sich die Parteien, dass sie erst am 1. 7. bezahlt werden soll.

Prüfen Sie für alle Beteiligten, wann welche Vertragspartei frühestens aufrechnen kann.

Die Lösung finden Sie auf Seite 179.

Fall 16   Aufrechnung: Die drohende Insolvenz
12 Punkte   **   10 Minuten

Die X-GmbH hat eine Forderung aus Warenlieferungen in Höhe von 10.000 € gegen die K-GmbH. Der Geschäftsführer (G) der X-GmbH schuldet der K-GmbH persönlich aus einem Fahrzeugkauf 5.000 €. Er erfährt, dass der K-GmbH die Insolvenz droht.

Was sollte G jetzt unternehmen?

Die Lösung finden Sie auf Seite 179.

Fall 16   (Ergänzung) Aufrechnung
6 Punkte   *   5 Minuten

a) Nennen Sie abstrakt die Voraussetzungen für die Aufrechnung.

b) Worin liegt die besondere Bedeutung der Aufrechnung für die Wirtschaft?

Die Lösung finden Sie auf Seite 179.

Fall 17   Verzug: Das ungeliebte Auto
6 Punkte   **   5 Minuten

Anton und Beton vereinbaren Mitte März einen Kaufvertrag über das Fahrzeug des Beton. Dieser verpflichtet sich, den Wagen am 1. 4. bei Anton vorbeizubringen.

Da Beton an diesem Tag nicht erscheint und Anton inzwischen der Überzeugung ist, der Wagen sei doch nichts für ihn, teilt Anton dem Beton noch am selben Tag telefonisch mit, wenn Beton nicht innerhalb einer Frist von 3 Tagen leisten würde, wolle Anton die Annahme der Leistung verweigern.

Als Beton den Wagen am 10. 4. dem Anton anbietet, weigert sich dieser unter Hinweis auf sein Telefonat. Mit Recht?

Die Lösung finden Sie auf Seite 180.

Fall 18   Verzug: Späte Ware
6 Punkte ✱✱ 5 Minuten

Am 1.4.1991 bestellt die Maschinenbau AG Ware bei der Abraham OHG. Sie vereinbaren Lieferung bis Anfang Mai. Am 2.5.1991 meldet sich die AG bei der OHG und droht ihr an, sie werde die Ware nur noch bis zum 8.5. abnehmen. Danach werde sie die Annahme verweigern und Schadensersatz wegen Nichterfüllung verlangen.

Am 10.5.1991 verlangt die AG Schadensersatz von der OHG. Mit Recht?

Abwandlung: Was muss die AG im Mai unternehmen, wenn die Parteien Lieferung in 30 Tagen vereinbart hatten?

Die Lösung finden Sie auf Seite 180.

Fall 19   Unmöglichkeit: Blitzschnell
18 Punkte ✱✱ 15 Minuten

Vatzke mietet bei Uvis ein Auto. Noch bevor er das Fahrzeug erhält, wird es vom Blitz getroffen und vollständig zerstört.

a)   Welche rechtlichen Folgen knüpfen sich an die Ansprüche des Vatzke?

b)   Welche rechtlichen Folgen knüpfen sich an die Ansprüche des Uvis?

Die Lösung finden Sie auf Seite 180.

Fall 20   Unmöglichkeit: Transportprobleme
18 Punkte ✱✱ 15 Minuten

Kunsthändler Paletti aus Stuttgart verkauft an Sammler Raff aus Frankfurt am 5.5.2006 das Gemälde „Schlafende Frauen" von Picasso für 1.000.000 €. Paletti soll es am nächsten Morgen vor 10.00 Uhr bei Raff in Frankfurt gegen Kaufpreiszahlung abliefern, da dieser es für eine Ausstellung zur Verfügung stellen will. Bei einem von Paletti nicht verschuldeten Unfall auf der Autobahn wird das Gemälde am 6.5.2006 um 9.30 Uhr zerstört.

a)   Kann Raff von Paletti Lieferung verlangen?

b)   Hat Paletti gegen Raff einen Anspruch auf Bezahlung?

c)   Hat Raff Ansprüche auf Schadensersatz, wenn er das Gemälde für 1.500.000 € weiterverkaufen könnte und Paletti den Unfall verschuldet hat?

Die Lösung finden Sie auf Seite 181.

Fall 20   (Ergänzung) Unmöglichkeit
6 Punkte   *   5 Minuten

Wie wäre es, wenn das Gemälde bereits am 4. 5. 2006 im Lager von Paletti von Ratten aufgefressen worden wäre und der Kunsthändler dies nicht gewusst hat?

Die Lösung finden Sie auf Seite 181.

Fall 20   (Ergänzung 2) Zurückbehaltungsrecht
6 Punkte   *   5 Minuten

Erklären Sie die Bedeutung des § 320 Abs. 1 Satz 1 BGB.

Die Lösung finden Sie auf Seite 181.

Fall 20   (Ergänzung 3) Gattungs- und Wahlschuld
6 Punkte   *   5 Minuten

Welches ist der Unterschied zwischen der Gattungsschuld gemäß § 243 BGB und der Wahlschuld gemäß § 262 BGB?

Die Lösung finden Sie auf Seite 181.

Fall 20   (Ergänzung 4) Factoring
12 Punkte   *   10 Minuten

a)   Was bedeutet Factoring?

b)   Nennen Sie den Unterschied zwischen echtem und unechtem Factoring.

c)   Nennen Sie den Unterschied zwischen verdecktem und offenem Factoring.

d)   Erklären Sie die Begriffe Bonität und Verität in Verbindung mit Factoring.

Die Lösung finden Sie auf Seite 182.

Fall 21   Positive Vertragsverletzung: Der Dozent
9 Punkte   **   7 Minuten

Fröhlich arbeitet als Lehrer an der Berufsschule in Kassel. Eine Woche vor der Prüfung erhielt er Einblick in die Prüfungsfragen. Diese Aufgaben teilt er einigen Schülern gegen Geld mit. Als dies herauskommt, muss die Schule deshalb eine zweite Prüfung durchführen, die 1.000 € kostet.

Kann Fröhlich aufgrund seines Verhaltens zu Schadensersatz herangezogen werden?

Die Lösung finden Sie auf Seite 182.

Fall 22   Positive Vertragsverletzung: Diener zweier Herren
12 Punkte   **   10 Minuten

Der Anton arbeitet als leitender Angestellter auf einer Vollzeitarbeitsstelle bei der Abraham OHG. Nebenbei arbeitet Anton abends auch beim Konkurrenten der OHG, der Firma Bethlehem KG. Als die OHG davon erfährt, fordert sie den Anton auf, seine zweite Tätigkeit niederzulegen. Anton kontert und sagt, seine Arbeit bei der OHG – dies ist unstreitig – leide nicht unter seiner zweiten Beschäftigung.

Kann die Abraham OHG trotzdem von Anton die Aufgabe verlangen?

Die Lösung finden Sie auf Seite 183.

Fall 23   Nachvertragliche Pflichten: Der Lehrer
12 Punkte   **   10 Minuten

Lustig arbeitete ebenfalls als Lehrer an der Berufsschule in Kassel. Eine Woche vor der IHK-Prüfung wird er entlassen. Er hatte allerdings schon Einblick in die Prüfungsfragen erhalten. Diese Aufgaben teilt er nun einigen Schülern gegen Geld mit. Als dies herauskommt, muss die Schule deshalb eine zweite Prüfung durchführen, die 1.000 € kostet.

Kann auch Lustig aufgrund seines Verhaltens zu Schadensersatz herangezogen werden?

Die Lösung finden Sie auf Seite 183.

Fall 24   Schadensersatzrecht: Valerie und Valera
12 Punkte   **   10 Minuten

Valerie ist Gartenbauunternehmer und hat mit Herrn Petersen einen Vertrag über die Neugestaltung dessen Gartens abgeschlossen. Zur Ausführung der Arbeiten schickt Valerie seinen stets zuverlässigen Mitarbeiter Hansen zu Herrn Petersen. Als Hansen auf dem Grundstück des Petersen einen Baum fällt, schlägt dieser auf dem Teehäuschen des Nachbarn auf. Dieser Nachbar verlangt nun von Valerie den entstandenen Schaden ersetzt.

Zu Recht?

Die Lösung finden Sie auf Seite 183.

Fall 25   Schadensersatzrecht: Der Hühner-Fall
12 Punkte   **   10 Minuten

Händler H liefert Züchter Z 10 unerkannt kranke Hühner. Die kranken Hühner infizieren die übrigen Hühner des Züchters. 200 Hühner sterben. Die 10 gelieferten werden gesund. Der Züchter verlangt Schadensersatz für die eingegangenen Tiere.

Die Lösung finden Sie auf Seite 184.

Fall 26   Kaufvertrag: Die Stereoanlage
12 Punkte   **   10 Minuten

Anton schließt mit Beton einen Kaufvertrag über eine Stereoanlage. Beton kann erst am 1. 6. 2002 zahlen. Trotzdem soll Beton die Anlage schon ab März nutzen können, ohne dass ihm vor dem 1. 6. 2002 das Eigentum verschafft wird.

Am 1. 2. (1. 4. und 1. 8.) wird die Sache ohne jedes Verschulden eines der beiden Vertragsparteien zerstört.

Kann Beton sich weigern, den Kaufpreis zu zahlen? Prüfen Sie diese Frage für jedes der genannten Daten.

Die Lösung finden Sie auf Seite 184.

FALL

Fall 27   Kaufvertrag: Der Spediteur
12 Punkte   **   10 Minuten

Kuddel Schlau aus Kiel kauft bei Vatzke in Hamburg einen nicht zugelassenen Pkw. Ohne auf die Weisungen des Kuddel zu warten, übergibt Vatzke einem gerade anwesenden Spediteur das Fahrzeug. Während des Transportes wird der Wagen beschädigt, als der Transportanhänger in einen von einem Dritten verursachten Unfall verwickelt wird.

Muss Kuddel den Kaufpreis zahlen?

Abwandlung: Der Pkw war von Vatzke zuvor Vollkasko versichert worden. Können Sie an die Versicherungsleistung herankommen, und wenn ja, auf welchem Weg?

Die Lösungen finden Sie auf Seite 184.

FALL

Fall 27   (Ergänzung) Gefahrtragung im Kaufvertragsrecht
6 Punkte   *   5 Minuten

Nennen Sie die Voraussetzungen des § 447 BGB und zeigen Sie deren Bedeutung auf.

Die Lösung finden Sie auf Seite 185.

FALL

Fall 28   Kaufvertrag: Funkstille
18 Punkte   ***   15 Minuten

Anton bestellt beim Warenhaus Quölle ein neues Radio. Schon nach der ersten Woche funktioniert das Gerät nicht mehr, denn der Hersteller hatte falsche Teile eingebaut.

Als Anton das Gerät reklamiert, verweist ihn ein Mitarbeiter von Quölle erstens auf die Garantie des Herstellers und zweitens auf die firmeneigene Nachbesserung.

a)   Mit Recht?

b)   Welche Rechte kann Anton geltend machen?

c)   Wie viele Nachbesserungsversuche muss sich Anton gefallen lassen, wenn sich Quölle in seinen Geschäftsbedingungen dies vorbehalten hatte?

Die Lösung finden Sie auf Seite 185.

Fall 29 Kaufvertrag: Die Schrankwand
18 Punkte   ***   15 Minuten

Kuddel Schlau kauft beim Möbelhaus Aeki eine Schrankwand, die durch den Kunden selbst montiert werden muss. Beim Aufbau stellt Kuddel fest, dass die Montageanleitung falsch ist, sodass der Schrank eigentlich schief zusammengesetzt werden würde. Gleichwohl schafft er es, sie richtig zusammenzubauen.

a) Kuddel möchte sein Geld zurück. Mit Recht?

b) Welche Bedeutung haben die Garantie des Herstellers und die Nachbesserung des Verkäufers, und wann kann man sich auf sie berufen?

Die Lösung finden Sie auf Seite 186.

Fall 29 (Ergänzung) Gewährleistung im Kaufvertragsrecht
6 Punkte   *   5 Minuten

Sie wollen ihren Gebrauchtwagen verkaufen, ohne für Mängel einzustehen. In den Kaufvertrag schreiben Sie deshalb: „Gekauft wie besichtigt!".

a) Haben Sie ihr Ziel mit dieser Einschränkung erreicht?

b) Sie wissen von einem nicht erkennbaren, aber schweren Unfallschaden. Hilft Ihnen ein Gewährleistungsausschluss?

Die Lösung finden Sie auf Seite 186.

Fall 30 Kaufvertrag: Der Kunsthändler
12 Punkte   *   10 Minuten

Kunstsammler Raff sieht beim seriösen Kunsthändler Deckweiß ein Bild des Malers Emil Nolde. Im Schaufenster steht ein Schild, auf dem es heißt: „Nur Originale werden hier verkauft!" Nachdem Raff den Laden betreten hat, unterhalten sich Raff und Deckweiß über das Bild. Während des Gesprächs betont Deckweiß, dass es sich um ein Original handelt.

Beide schließen daraufhin einen mündlichen Kaufvertrag. Als Raff das Bild erhält, schreibt Deckweiß auf die Quittung: „Verkauft wird das Originalbild ‚Küstenansicht' von E. Nolde". Später stellt sich heraus, dass es sich um eine Fälschung handelt, von der auch Deckweiß nichts wissen konnte.

Prüfen Sie <u>alle</u> möglichen Umstände, in denen eine zugesicherte Eigenschaft liegen könnte und begründen Sie Ihre Auffassung.

Die Lösung finden Sie auf Seite 186.

Fall 31   Kaufvertrag: Der Golf
12 Punkte   *   10 Minuten

Sie wollen vom Gebrauchtwagenhändler Gierig einen gebrauchten Golf kaufen. In der Zeitung sehen Sie eine Anzeige des Händlers, die überschrieben ist mit: „Bei uns nur Gebrauchte in 1A-Zustand!!". Darunter ist unter anderem der von ihnen gewünschte Golf aufgeführt.

Als Sie das Fahrzeug besichtigen, lesen Sie auf dem Schild an ihrem Traumauto die Angaben: 50.000 km Laufleistung. Im Kaufvertrag kreuzt Gierig auf ihren ausdrücklichen Wunsch hin an, dass das Fahrzeug unfallfrei ist.

Liegt in der Beschreibung des Zustandes (1A-Zustand), im Kilometerstand und/oder in der Unfallfreiheit die Zusicherung einer bestimmten Beschaffenheit im Sinne des § 434 Abs. 1 Satz 1 BGB?

Die Lösung finden Sie auf Seite 187.

Fall 31   (Ergänzung) Leasingvertrag
24 Punkte   **   20 Minuten

a) Zeigen Sie alle bei einem typischen Finanzierungsleasing beteiligten Personen auf, und nennen Sie deren rechtliche Verknüpfungen.

b) Nach zwei Monaten treten Schwierigkeiten an dem Leasinggegenstand auf. An wen muss sich der Leasingnehmer in solchen Fällen wenden, wenn er Nachbesserungsansprüche geltend machen will?

c) Die Nachbesserungsversuche schlagen fehl. Der Hersteller weigert sich die Wandlung zu vollziehen. Erst nach drei Monaten Rechtsstreit kann der Leasingnehmer die Sache zurückgeben. Von welchem Zeitpunkt an kann der Leasingnehmer die Zahlung der Raten einstellen?

d) Die Probleme mit dem Leasinggegenstand treten erst nach 7 Monaten auf. Kann der Leasingnehmer auch jetzt die Ratenzahlung verweigern?

e) Worin unterscheidet sich die Mängelgewährleistung zwischen Finanzierungs- und Operating-Leasing?

f) Wie sind die Gewährleistungsrechte üblicherweise in den Allgemeinen Geschäftsbedingungen ausgestaltet?

g) Welche gesetzliche Norm könnte einer solchen Ausgestaltung entgegenstehen? Nennen Sie den Grund, weshalb beim Finanzierungsleasing diese Ausnahme zugelassen wird.

h) Welche Nachteile können in diesem Zusammenhang für den Leasingnehmer auftreten, und wie werden die Nachteile von der Rechtsprechung gelöst?

Die Lösung finden Sie auf Seite 187.

FALL

Fall 32   Dienstvertrag: Zum Erfolg verdammt
9 Punkte   *   7 Minuten

Justus ist zum ersten Mal seit zehn Jahren krank. Da er sich ausgesprochen schlecht fühlt, ruft er den ihm aus dem gemeinsamen Tennisclub flüchtig bekannten Arzt für Allgemeinmedizin Dr. Fritz an. Dieser eilt an das Krankenbett des Justus und diagnostiziert eine schwere Grippe.

Er verschreibt Justus einige Medikamente und sagt: „In einer Woche sind Sie wieder auf den Beinen." Die Grippe dauert aber zwei Wochen.

Einige Zeit später schickt Dr. Fritz seine Arztrechnung. Entsprechend der Gebührenordnung für Ärzte verlangt er von Justus 1.250 €. Justus ist entsetzt und will nicht zahlen. Erstens sei das Versprechen des Arztes, dass er in einer Woche wieder auf den Beinen sei, nicht gehalten worden, zweitens gebe es für so einen Freundschaftsdienst wohl keine Rechtsgrundlage.

Muss Justus zahlen?

Die Lösung finden Sie auf Seite 188.

FALL

Fall 33   Werkvertrag: Die kalte Heizung
9 Punkte   *   7 Minuten

Anton lässt von Paul Senkblei ein Haus bauen. Nach der Abnahme stellt Anton fest, dass Senkblei die Leitungen von Wasser und Heizung vertauscht hat.

Anton möchte sein Geld sobald als möglich zurück. Als sein rechtskundiger Mitarbeiter sollen Sie ihm helfen. Was müssen Sie tun?

Die Lösung finden Sie auf Seite 188.

FALL

Fall 34   Werkvertrag: Ohne Durchblick
18 Punkte   *   15 Minuten

Anton beauftragt Handwerker Huschel mit der Erneuerung sämtlicher Fenster seines Mehrfamilienhauses. Am Abnahmetermin stellt Anton fest, dass mehr als die Hälfte aller Fenster seitenverkehrt eingebaut wurden.

Anton verlangt Mängelbeseitigung und setzt eine Frist von 7 Tagen. Ansonsten wäre er nicht mehr an einer Leistung des Huschel interessiert.

Abwandlung 1: Huschel rührt sich nicht. Nach 10 Tagen beauftragt Anton den Handwerker Wroom. Die Kosten verlangt er von Huschel.

Abwandlung 2: Huschel repariert die Mängel innerhalb der folgenden Woche. Anton kann vier der Wohnungen erst einen Monat später vermieten. Er verlangt Ersatz seines Gewinnausfalls.

Abwandlung 3: Der falsche Einbau bleibt bei der Abnahme unentdeckt. Erst zwei Wochen später erfährt Anton davon und fragt, ob er Beseitigung der Mängel oder Geldersatz verlangen kann.

Die Lösung finden Sie auf Seite 188.

FALL

Fall 34   (Ergänzung) Werkvertrag
12 Punkte   **   10 Minuten

a) Welche Bedeutung hat die Abnahme beim Werkvertrag?

b) Was ist zu beachten, wenn Sie als Besteller vor der Abnahme aus dem Vertrag „aussteigen" wollen?

c) Welche Mängelgewährleistungsansprüche haben Sie beim Werkvertrag?

Die Lösung finden Sie auf Seite 189.

FALL

Fall 35   Geschäftsführung ohne Auftrag: Cats
18 Punkte   ***   15 Minuten

Anita und Bernd sind Musicalfreunde. Freudig nehmen sie während der Vorlesung „Wirtschaftsrecht" anlässlich der Lektüre einschlägiger Fachliteratur zur Kenntnis, dass einmalig am 29.9. das Musical „Cats" in Broadway-Originalfassung in Hamburg gegeben wird.

Als Anita nach der Vorlesung allein auf dem Heimweg ist, entdeckt sie das Geschäft des Rudi, der Eintrittskarten für Musicalveranstaltungen verkauft. Anita fragt Rudi, wie viel Karten für

„Cats" noch zu haben sind. Als Rudi nach Computeranfrage antwortet, es seien in der gesamten Republik nur noch zwei Karten zu haben, beschließt Anita, diese zwei Karten für sich und Bernd zu kaufen, weil sie weiß, dass Bernd in dieser Situation sicher auch sofort zugegriffen hätte.

Am nächsten Tag übergibt Anita Bernd die Eintrittskarte und bittet Bernd, ihr den Preis für die Karte zu zahlen. Dieser lacht und erklärt, „dafür besteht ja wohl überhaupt keine Rechtsgrundlage". Anita will nun von Ihnen wissen, ob Sie besser im Unterricht aufgepasst haben als sie und ob Bernd zur Zahlung verpflichtet ist.

Die Lösung finden Sie auf Seite 189.

FALL

Fall 36   Bürgschaft: Der gute Freund
12 Punkte   **   15 Minuten

Anton hat nach dem Rat seines Rechtsdozenten eine Bürgschaft für seinen Freund Felix gegenüber der Commiss-Bank nur unter dem ausdrücklichen Hinweis geschlossen, dass er nicht selbstschuldnerisch hafte. Nach ersten Erfolgen des Felix wendet sich alsbald das Glück. Felix muss Konkurs anmelden. Die Commiss-Bank kommt zu Anton und will die Bürgschaft einlösen, ohne sich zuvor an Felix gewendet zu haben.

Mit Recht?

Die Lösung finden Sie auf Seite 190.

FALL

Fall 36   (Ergänzung) Bürgschaft
9 Punkte   **   7 Minuten

a) Was bedeutet der Ausdruck „Einrede der Vorausklage" bei einer Bürgschaft?

b) Worauf sollten Sie ansonsten bei einer Bürgschaft achten?

Die Lösung finden Sie auf Seite 190.

Fall 37   Sicherungsübereignung: Die gute Säge
12 Punkte   **∗∗**   **10 Minuten**

Ein Sägewerksbesitzer Zack erhielt von einer Bank ein Darlehen. Zur Sicherheit übereignete er den gesamten Holzbestand, der zur Zeit des Vertragsabschlusses auf dem Lagerplatz des Säge-werkes lagerte.

Von der Sicherungsübereignung sollte nach den Vertragsbedingungen solches Holz ausgenom-men sein, das noch unter Eigentumsvorbehalt eines Lieferanten stand, wobei aus den Buchhal-tungsunterlagen des Sägewerksbesitzers einwandfrei feststellbar war, welche Holzteile von der Sicherungsübereignung erfasst waren.

Ist der Sicherungsübereignungsvertrag wirksam?

Die Lösung finden Sie auf Seite 190.

Fall 38   Gesetzlicher Eigentumserwerb: Rohstoff
12 Punkte   **∗∗**   **10 Minuten**

Sie sind Inhaber eines Betriebes, der Rohstoffe an Firmen verkauft. Diese wiederum stellen aus dem Ausgangsmaterial Halbfertigprodukte her. Zur Sicherung ihrer Kaufpreisforderungen ver-einbaren Sie mit den verarbeitenden Unternehmen einen Eigentumsvorbehalt.

Was sollten Sie dabei beachten und welche Vorschläge können Sie zur besseren Absicherung Ihrer Forderung machen?

Die Lösung finden Sie auf Seite 190.

Fall 39   Rechtsgeschäftlicher Eigentumserwerb: Guter Glaube
12 Punkte   **∗∗**   **10 Minuten**

Die Abraham OHG hat an die Maschinenbau AG Waren unter Eigentumsvorbehalt (§ 455 BGB) geliefert.

Die Maschinenbau AG übereignet die Waren zur Sicherheit an den gutgläubigen Günther, mit dem er für die Zeit der Sicherungsübereignung eine Leihe vereinbart. Günther, selber in Geld-schwierigkeiten, übereignet die noch bei der AG stehenden Waren ebenfalls zur Sicherheit an den gutgläubigen Komick.

a) Ist Günther Eigentümer der Waren gewesen bzw. ist etwa Komick Eigentümer geworden?

b) Nach der Vereinbarung zwischen AG und Günther bekommt die OHG Kenntnis von den Vorgängen. Sie hört auch von der bevorstehenden Vereinbarung zwischen Günther und Komick. Was sollte die OHG unternehmen?

Die Lösung finden Sie auf Seite 191.

Fall 40 AGB: Ariba
24 Punkte   ✱✱   **20 Minuten**

Die Abraham OHG verkauft dem Beton unter Hinweis auf ihre AGB ein Farbfernsehgerät „Ariba 2000" für 698 €.

§ 3 der AGB lautet: Der Verkäufer haftet nicht für Mängel der Kaufsache. Nach 7 Wochen brennt die Bildröhre infolge eines anfänglichen Mangels durch. B fragt nach seinen Rechten.

Abwandlung 1: § 3 der AGB lautet: Der Verkäufer ist zur Rücknahme und Mängelbeseitigung bzw. zur Ersatzbeschaffung, wenn eine Mängelbeseitigung ausgeschlossen ist, nur gegen vorhergehende vollständige Kaufpreiszahlung verpflichtet.

Abwandlung 2: § 3 der AGB lautet: Die gesetzlichen Gewährleistungsrechte finden Anwendung; sie verjähren 6 Wochen nach Übergabe der Kaufsache.

Abwandlung 3: § 3 der AGB lautet: Im Fall der Mangelhaftigkeit obliegt dem Käufer die Beweislast bezüglich des Vorliegens eines Mangels bei Vertragsabschluss.

Die Lösung finden Sie auf Seite 191.

Fall 41 Die Lammfelldecke
12 Punkte   ✱✱   **10 Minuten**

Xaver erhält zu Hause von dem Vertreter der Surprise AG einen unerwarteten Besuch. Der Vertreter überzeugt Xaver, dass dieser eine Lammfelldecke für 100 € benötigt. Der Vertreter lässt die Decke sofort bei Xaver und dieser bezahlt nach Belehrung über sein Widerrufsrecht sofort.

Hat Xaver gemäß § 312 BGB ein Widerrufsrecht?

Die Lösung finden Sie auf Seite 191.

Fall 42   Handelsgesetzbuch: Die Hansens
12 Punkte   **   10 Minuten

Hans Herrmann Hansen betreibt unter der eingetragenen Firma „Hans Hansen, Baustoffe" in Flensburg sein Geschäft schon seit vielen Jahren.

Als er aus der Zeitung von der Gründung eines Geschäftes eines Hans Heinrich Hansen unter der Firma „Hans Hansen, Baustoffe" in Flensburg erfährt, wendet er sich an seinen Rechtsanwalt und fragt diesen, ob er dies dulden müsse.

Als dieser dies verneint, wendet sich Hans Herrmann Hansen an Hans Heinrich Hansen und verlangt von diesem, die Bezeichnung „Hans Hansen, Baustoffe" nicht mehr zu benutzen.

Zu Recht?

Die Lösung finden Sie auf Seite 192.

Fall 43   Handelsgesetzbuch: Der Geschäftsführer
18 Punkte   **   15 Minuten

Der Geschäftsführer G der Bethlehem GmbH schloss für die GmbH einen Gaslieferungsvertrag mit den Stadtwerken Hamburg. Dabei setzte G unter das „Anmeldeformular" der Stadtwerke den Stempel „Bethlehem GmbH" und seinen Namen, allerdings ohne Vertreterzusatz.

Nachdem die GmbH in Konkurs gefallen ist, verlangen die Stadtwerke die ausstehenden Zahlungen von G persönlich. G wendet ein, die GmbH führe eine reine Sachfirma, sodass die Stadtwerke nicht annehmen konnten, es bestünde eine unbeschränkte persönliche Haftung.

Abwandlung: Wie ist zu entscheiden, wenn es sich um einen mündlich geschlossenen Vertrag handelt?

Die Lösung finden Sie auf Seite 192.

Fall 44   Handelsgesetzbuch: OHG ade
18 Punkte   **   15 Minuten

Anton nimmt Beton und Ceton als frühere Gesellschafter der Beton und Ceton OHG auf Zahlung in Anspruch. Anton hatte mit der OHG seit 1990 eine laufende Geschäftsbeziehung gepflegt, in deren Rahmen die Zahlungsforderung gegen die Gesellschaft Anfang 1993 entstanden war.

Bereits 1992 hatten Beton und Ceton die OHG in eine GmbH & Co. KG umgewandelt. Beton und Ceton waren Kommanditisten, persönlich haftender Gesellschafter war die Monoton-GmbH geworden, die Beton und Ceton gehörte.

Die Änderungen wurden noch Ende 1992 ordnungsgemäß ins Handelsregister eingetragen und bekannt gemacht.

Hat Anton Erfolg?

Die Lösung finden Sie auf Seite 192.

D. Kosten- und Leistungsrechnung

Fall 1 Abgrenzungen in der Ergebnistabelle
20 Punkte * 24 Minuten

Bei der Maschinenbau AG fallen im Monat August folgende Aufwendungen und Erträge an:

Umsatzerlöse	3.400 T€
Bestandsveränderungen	+ 400 T€
Aktivierte Eigenleistungen	100 T€
Mieterträge	80 T€
Erträge aus der Auflösung von Wertbericht. zu Forderungen	25 T€
Erträge aus dem Abgang von Vermögensgegenständen	30 T€
Erträge aus der Herabsetzung von Rückstellungen	75 T€
Zinserträge	55 T€
Aufwendungen für Rohstoffe	800 T€
Aufwendungen für Hilfsstoffe	150 T€
Fremdinstandhaltung (für Maschinen)	50 T€
Löhne	1.000 T€
Gehälter	750 T€
Arbeitgeberanteil zur Sozialversicherung	350 T€
Abschreibungen auf Sachanlagen	320 T€
Büromaterial	20 T€
Versicherungsbeiträge	70 T€
Verluste aus dem Abgang von Vermögensgegenständen	70 T€
Steuern	100 T€
Zinsaufwendungen	40 T€
An kalkulatorischen Kosten werden verrechnet:	
Kalkulatorische Abschreibungen	200 T€
Kalkulatorische Zinsen	90 T€

Aufgabenstellung:

Aus den Aufwendungen und Erträgen sind in einer Ergebnistabelle nach folgendem Muster das Gesamtergebnis, das neutrale Ergebnis und das Betriebsergebnis zu ermitteln.

Rechnungskreis I			Rechnungskreis II					
GuV-Rechnung			Neutrales Ergebnis				Betriebsergebnis	
			Abgrenzung		Kostenrechn. Korrekturen			
Konto	Aufw. T€	Ertrag T€	Aufw. T€	Ertr. T€	betriebliche Aufw. T€	verrechn. Kosten T€	Kosten T€	Leistungen T€

Die Lösung finden Sie auf Seite 193.

Fall 2   Kalkulatorische Abschreibung
7 Punkte   *   9 Minuten

Die Maschinenbau AG schreibt einen Lkw zu 30 % zeitabhängig und zu 70 % leistungsabhängig kalkulatorisch ab. Die Nutzungsdauer des Lkw, der bei ganzjährigem Einsatz im Lade- und Kurzstreckenverkehr eingesetzt wird, beträgt 8 Jahre, die maximale Kilometerleistung 400.000 km. Anschaffungswert 105.000 €. Index im Anschaffungsjahr 105, im Wiederbeschaffungsjahr 140. Im zweiten Nutzungsjahr hat der Lkw insgesamt 82.000 km zurückgelegt. Das Geschäftsjahr der Maschinenbau AG stimmt mit dem Kalenderjahr überein.

Aufgabenstellung:

Die kalkulatorische Abschreibung am Ende des 2. Nutzungsjahrs ist zu ermitteln.

Die Lösung finden Sie auf Seite 194.

Fall 3   Ermittlung kalkulatorischer Zinsen
17 Punkte   *   20 Minuten

Die folgende Tabelle enthält Werte aus der Jahresbilanz zum 31.12.01 und die Planzahlen zum 30.6. und zum 31.12. des laufenden Geschäftsjahres 02. Der bankübliche Zinssatz für langfristige Kapitalanlagen ist 6 %. Das Unternehmen rechnet bei der Investitionsrechnung mit einem Kalkulationszinssatz von 7 %. In der Geschäftsbuchführung werden Zinsaufwendungen in Höhe von 3.000 € anfallen.

Vermögen	31.12.01 €	30.6.02 €	31.12.02 €
Grundstücke und Gebäude	120.000	118.000	122.000
Maschinen	202.000	200.000	198.000
Geschäftsausstattung	49.000	48.000	53.000
Vorräte	190.000	200.000	210.000
Forderungen	205.000	200.000	195.000
Zahlungsmittel	48.000	50.000	52.000
Gesamt	814.000	816.000	830.000

Die Beträge für Grundstücke und Gebäude enthalten ein für die Erweiterung des Betriebsgeländes zugekauftes Vorratsgrundstück im Wert von 20.000 €.

Eigenkapital und Schulden	31.12.01 €	30.6.02 €	31.12.02 €
Eigenkapital	414.000	446.000	400.000
Grundschuld	202.000	200.000	198.000
Verbindlichkeiten aLL	148.000	150.000	152.000
Erhaltene Anzahlungen	50.000	20.000	80.000
Gesamt	814.000	816.000	830.000

Aufgabenstellung:

a) Das betriebsnotwendige Kapital ist zu ermitteln.

b) Die kalkulatorischen Zinsen sind zu errechnen.

c) Die Abgrenzung ist in einer Ergebnistabelle entsprechend Fall 1 durchzuführen.

Die Lösung finden Sie auf Seite 194.

FALL

Fall 4   Vor- und Nachverrechnung
10 Punkte   *   12 Minuten

Die Maschinenbau AG zahlt jährlich zusammen mit dem Novembergehalt ein Weihnachtsgeld in Höhe von 50 % eines Monatslohns bzw. eines Monatsgehalts an die Mitarbeiter. Zu Beginn des Jahres wurde mit einem Gesamtbetrag von brutto 840.000 € gerechnet. Tatsächlich ausgezahlt wurden 835.000 €.

Der Arbeitgeberanteil zur Sozialversicherung soll hier 20 % betragen.

Aufgabenstellung:

Die monatliche Abgrenzung jeweils in den Monaten Januar und Dezember sowie die Zahlung im November sind mit ihrem Einfluss auf das Gesamtergebnis, das neutrale Ergebnis und das Betriebsergebnis der drei genannten Monate in einer Ergebnistabelle entsprechend Fall 1 darzustellen.

Die Lösung finden Sie auf Seite 195.

FALL

Fall 5   Einfacher Betriebsabrechnungsbogen
30 Punkte   *   36 Minuten

Folgende Kosten und Leistungen haben in der Betriebsstätte Dresden der Maschinenbau AG zum Betriebsergebnis für den Monat Juli geführt.

	Kosten €	Leistungen €
500 Umsatzerlöse		770.000
521 Bestandsmehrung an unfertigen Erzeugnissen		10.000
522 Bestandsminderung an fertigen Erzeugnissen	5.000	
600 Fertigungsmaterial	211.600	
602 Aufwendungen für Hilfsstoffe	56.000	
603 Aufwendungen für Betriebsstoffe	9.000	
620 Fertigungslöhne	158.000	
628 Hilfslöhne	43.000	
630 Gehälter	78.000	
640 AG-Anteil zur Sozialversicherung	48.500	
Kalkulatorische Abschreibungen	117.000	
670 Mietaufwendungen	15.000	
680 Büromaterial	6.500	
690 Versicherungsprämien	1.500	
692 Gebühren, Beiträge	6.000	
700 Betriebliche Steuern	8.000	
Summe	763.100	780.000

Kostenstellen:

10 Beschaffung, 20 Fertigung, 30 Verwaltung, 40 Vertrieb

Rechnungseingänge Juli (Auszug):

Beleg-Nummer	Beleg-Datum	Konto-Nummer	KST Nr.	Gegenkonto	Betrag €
10897	3. 7.	680	10	4409	260
10899	8. 7.	680	20	4409	640
10905	12. 7.	680	30	4467	1.300
10926	14. 7.	680	40	4467	2.200
10935	22. 7.	680	40	4409	2.100
					6.500

Kostenartenliste 2, Juli (Hilfs- und Betriebsstoffaufwendungen nach Kostenstellen):

Konto-Nr.	Kostenstelle	€	Summen €
Hilfsstoffaufwendungen	10	800	
602	20	54.400	
	30	500	
	40	300	56.000

Konto-Nr.	Kostenstelle	€	Summen €
Betriebsstoffaufwendungen	10	600	
603	20	8.100	
	30	150	
	40	150	9.000

Kostenartenliste 3, Juli (Löhne und Gehälter):

Konto-Nr.	Lohn-/ Gehaltsart	Kostenstelle	Summen je KST €	Summe je Kostenart €
Hilfslöhne	02	10	2.800	
628		20	40.200	
		30	0	
		40	0	43.000
Gehälter	01	10	9.000	
630		20	41.000	
		30	22.000	
		40	6.000	78.000

Kostenartenliste 4, Kalkulatorische Abschreibungen im Geschäftsjahr

Kostenstelle	monatliche Abschreibung €	Summe €
10	6.000	
20	85.000	
30	11.000	
40	15.000	117.000

Verzeichnis der Schlüssel:

Bezugsgrundlage	Beschaffung 10	Fertigung 20	Verwaltung 30	Vertrieb 40	Gesamt
Anzahl Mitarbeiter	4	85	5	3	97
qm	300	1.000	120	80	1.500
Anteile Steuern	1	2	6	1	10
Anteile Versicherungen	2	11	1	1	15
Anteile Gebühren/Beitr.	2	5	4	1	12
Normalzuschlagssätze	12 %	200 %	7 %	4 %	

Aufgabenstellung:

a) Der Betriebsabrechnungsbogen ist zu erstellen. Die Sozialkosten sind nach der Anzahl der Mitarbeiter je Bereich, die Mieten sind nach qm und die Steuern, die Versicherungsbeiträge sowie die Gebühren und Beiträge sind nach den vorgegebenen Schlüsseln zu verteilen.

b) Die Herstellkosten des Umsatzes sind zu ermitteln.

c) Die Ist-Zuschlagssätze (Rundung auf eine Stelle nach dem Komma) sind zu ermitteln.

d) Die Über- bzw. die Unterdeckung in den Kostenstellen ist zu ermitteln.

Die Lösung finden Sie auf Seite 196.

Fall 6   Kostenträgerzeitrechnung
33 Punkte   **   40 Minuten

In der Betriebsstätte Dresden der Maschinenbau AG werden die Produkte A und B gefertigt. Die Betriebsabrechnung hat auf der Grundlage des Betriebsabrechnungsbogens unter Fall 5 die folgenden Beträge ermittelt:

	Produkt A €	Produkt B €	Gesamt €
Fertigungsmaterial	148.000	63.600	211.600
Fertigungslöhne	104.000	54.000	158.000
Bestandsveränderungen:			
Mehrung fertige Erzeugnisse	7.000	3.000	10.000
Minderung unfertige Erzeugn.	3.000	2.000	5.000
Verkaufspreis je Stück (netto)	1.020	1.300	
Umsatzmenge	500	200	

	Istgemeinkosten lt. BAB (€)	Normalzuschlagssätze (%)
Materialbereich	26.460	12
Fertigungsbereich	287.040	200
Verwaltungsbereich	45.550	7
Vertriebsbereich	29.450	4

Aufgabenstellung:

a) Die Kostenträgerzeitrechnung mit den u. a. Spalten ist zu erstellen. Aus der Rechnung sollen mindestens die folgenden Werte hervorgehen: Herstellkosten des Umsatzes, Istzuschlagssätze mit zwei Nachkommastellen, Selbstkosten, Betriebsergebnis, Kostenüberdeckung bzw. Kostenunterdeckung gesamt, Umsatzergebnisse der Produkte.

Die Verwaltungsgemeinkosten und die Vertriebsgemeinkosten sollen auf die Herstellkosten des Umsatzes bezogen werden. Die Istzuschlagssätze sind dem BAB unter Fall 5 zu entnehmen.

Spalten in der Kostenträgerzeitrechnung:

Kalkulationsschema	Istkosten		Normalkosten			Abweichung €
	€	%	%	A	B	
Fertigungsmaterial Material-GK usw.						

b) Die rechnerische Behandlung der Mehr- und Minderbestände ist zu begründen.

c) Welche Informationen liefert die Kostenträgerzeitrechnung nach Produktgruppen?

d) Der Beschäftigungsgrad hat sich erheblich geändert. Dürfen bzw. sollen die Normalgemeinkostenzuschlagssätze umgehend angepasst werden?

Die Lösung finden Sie auf Seite 197.

Fall 7　Bezugskalkulation
4 Punkte　　　　　　　　　＊　　　　　　　　　**5 Minuten**

Der Lieferer berechnet: Rechnungspreis lt. Eingangsrechnung netto 800,00 €, 5 % Rabatt, 2 % Skonto. Für Bezugskosten fallen netto 25,20 € an.

Aufgabenstellung:

Die Bezugskalkulation ist zu erstellen.

Die Lösung finden Sie auf Seite 199.

Fall 8　Verkaufskalkulation im Handel
12 Punkte　　　　　　　　　＊　　　　　　　　　**14 Minuten**

Bezugspreis 770,00 €. Das Unternehmen rechnet mit 25 % Handlungskosten, kalkuliert einen Gewinn von 10 % und gewährt 3 % Skonto sowie 5 % Rabatt.

Aufgabenstellung:

a)　Ermitteln Sie den Nettoverkaufspreis.

b)　Ermitteln Sie die Handelsspanne.

c)　Ermitteln Sie den Kalkulationszuschlag.

d)　Ermitteln Sie den Kalkulationsfaktor.

Die Lösung finden Sie auf Seite 199.

Fall 9　Zuschlagskalkulation
21 Punkte　　　　　　　　　＊　　　　　　　　　**25 Minuten**

Der Kostenrechner der Maschinenbau AG erstellt am 8. 8. 02 die Nachkalkulation für den Auftrag Nummer 33 480, Spezialvorrichtung für die Waggonbau GmbH, Nürnberg.

An Einzelkosten sind auf den Auftrag verschrieben worden:

Fertigungsmaterial (Materialeinzelkosten)	20.500 €
Fertigungslöhne (Lohneinzelkosten) der Schmiede	6.000 €
Fertigungslöhne der Dreherei	7.000 €
Fertigungslöhne der Schlosserei	4.000 €

Fertigungslöhne der Montage	1.000 €
Sondereinzelkosten der Fertigung	800 €
Sondereinzelkosten des Vertriebs	3.000 €

Zuschlagssätze für die Verrechnung der Gemeinkosten:

Materialgemeinkosten	20 %
Fertigungsgemeinkosten Schmiede	270 %
Fertigungsgemeinkosten Dreherei	280 %
Fertigungsgemeinkosten Schlosserei	220 %
Fertigungsgemeinkosten Montage	200 %
Verwaltungsgemeinkosten	10 %
Vertriebsgemeinkosten	20 %

Die Spezialvorrichtung wird zu einem Festpreis von 125.000 € plus 19 % USt abgerechnet.

Aufgabenstellung:

a) Die Nachkalkulation ist zu erstellen. Dabei sind die Materialkosten, die Fertigungskosten, die Herstellkosten, die Selbstkosten und das Auftragsergebnis darzustellen.

b) Die Begriffe Einzelkosten, Sondereinzelkosten der Fertigung, Sondereinzelkosten des Vertriebs und Gemeinkosten sind zu definieren.

Zu jedem der vier Begriffe sind zwei Beispiele zu nennen.

Die Lösung finden Sie auf Seite 200.

FALL

Fall 10   Zweistufige Divisionskalkulation
4 Punkte   *   5 Minuten

Die Maschinenbau AG möchte das Produktsortiment diversifizieren und hat deshalb einen kleinen Betrieb aufgekauft, in dem hochwertige Spezialfolien hergestellt werden.

Im Abrechnungsmonat werden 200.000 m Folie hergestellt. Dabei sind in dem Betrieb insgesamt 300.000 € an Herstellkosten angefallen.

Für Verwaltungs- und Vertriebsgemeinkosten sind insgesamt weitere 40.000 € angefallen. Es wird mit einem Gewinnzuschlag von 10 % gerechnet.

Aufgabenstellung:

Der Verkaufspreis für 1 m Spezialfolie ist zu kalkulieren.

Die Lösung finden Sie auf Seite 201.

Fall 11   Mehrstufige Divisionskalkulation
20 Punkte   *   24 Minuten

Die Maschinenbau AG fertigt u. a. eine Vorrichtung für die Erweiterung der Auflagefläche bei Drehmaschinen. Die Herstellung erfolgt in zwei Stufen.

In der Abrechnungsperiode wurden in der ersten Stufe 100 Vorrichtungen gefertigt, in der zweiten Stufe 60 Vorrichtungen. Die gesamten Herstellkosten der ersten Stufe betrugen 200.000 €, die der zweiten Stufe 60.000 €. An Verwaltungsgemeinkosten sind 20.000 € und an Vertriebsgemeinkosten sind 40.000 € angefallen. Verkauft wurden 50 Vorrichtungen. Zu Beginn der Abrechnungsperiode lagen keine Lagerbestände an Vorrichtungen vor.

Aufgabenstellung:

a) Die Selbstkosten pro Vorrichtung der abgesetzten Menge sind zu ermitteln.

b) Die Herstellkosten pro Vorrichtung in der ersten Stufe sind zu ermitteln.

c) Die Herstellkosten der nicht verkauften Vorrichtungen sind zu ermitteln.

d) Der Wert der unfertigen und der fertigen Vorrichtungen am Lager ist zu ermitteln.

e) Die Unterschiede zwischen der einstufigen, der zweistufigen und der mehrstufigen Divisionskalkulation sind zu erklären.

Die Lösung finden Sie auf Seite 201.

Fall 12   Einstufige Äquivalenzziffernkalkulation
17 Punkte   *   21 Minuten

Die Maschinenbau AG stellt Bohrmaschinen mit unterschiedlichen Leistungsstufen her. Folgende Daten stehen für die Kalkulation zur Verfügung:

Leistungsstufe	Stückzahl	Fertigungsmaterial insgesamt
I	1.000	10.000 €
II	2.000	30.000 €
III	1.000	20.000 €
	4.000	60.000 €

An Fertigungslöhnen fallen insgesamt 110.000 €, an Gemeinkosten fallen 370.000 € an. Das Unternehmen rechnet mit 10 % Gewinn auf die Selbstkosten, 3 % Kundenskonto, 20 % Wiederverkäuferrabatt und 19 % Umsatzsteuer.

Aufgabenstellung:

Mit Hilfe der Äquivalenzziffernkalkulation sind je Leistungsstufe die Selbstkosten gesamt und je Stück zu berechnen. Das Fertigungsmaterial soll Grundlage für die Zurechnung der übrigen Kosten sein.

Der Bruttoverkaufspreis für eine Bohrmaschine der Leistungsgruppe I ist zu ermitteln.

Die Lösung finden Sie auf Seite 202.

FALL

Fall 13   Mehrstufige Äquivalenzziffernkalkulation
20 Punkte   *   24 Minuten

Die Maschinenbau AG prüft die Übernahme eines Unternehmens, in dem drei Produkte hergestellt werden, die nach dem Verfahren der mehrstufigen Äquivalenzziffernkalkulation abgerechnet werden. Folgende Mengen und Werte der letzten Abrechnungsperiode wurden vorgelegt:

Produkt	gefertigte Stückzahl	Verhältnis der Materialkosten	Verhältnis der Lohnkosten	Verhältnis der sonstigen Kosten
I	600	1,0	1,5	1,2
II	300	2,0	1,0	1,5
III	200	1,5	1,8	1,0
Gesamtkosten		5.500 €	6.240 €	4.110 €

Das Unternehmen rechnet mit 12 % Gewinnzuschlag.

Aufgabenstellung:

a) Die Selbstkosten je Stück der drei Produkte sind zu ermitteln.

b) Der Nettoverkaufspreis je Stück der drei Produkte ist zu ermitteln.

c) Die Äquivalenzziffern zur unmittelbaren Errechnung der Selbstkosten je Stück sind festzustellen.

d) Die Voraussetzung für die Verwendung der Äquivalenzziffern zur unmittelbaren Errechnung der Selbstkosten ist anzugeben.

e) Die Unterschiede zwischen einstufiger und mehrstufiger Äquivalenzziffernkalkulation sind anzugeben.

Die Lösung finden Sie auf Seite 203.

Fall 14 Unterschiedliche Kalkulationsverfahren
10 Punkte * 12 Minuten

Definieren Sie die folgenden Kalkulationsverfahren und geben Sie an, in welchen Industriebetrieben diese Verfahren jeweils sinnvoll angewendet werden:

a) Einstufige Divisionskalkulation

b) Mehrstufige Divisionskalkulation

c) Äquivalenzziffernkalkulation

d) Zuschlagskalkulation

Die Lösung finden Sie auf Seite 205.

Fall 15 Kuppelkalkulation nach dem Restwertverfahren
13 Punkte * 15 Minuten

Ein Chemiebetrieb stellt ein Hauptprodukt und zwei Nebenprodukte in Kuppelproduktion her.

Von dem Hauptprodukt wurden in einer Abrechnungsperiode 10.000 kg zum Verkaufspreis von insgesamt 800.000 € verkauft, von dem Nebenprodukt X 4.000 kg für insgesamt 240.000 € und von dem Nebenprodukt Y 2.000 kg für insgesamt 90.000 €.

Für die Kuppelproduktion sind in der gleichen Abrechnungsperiode insgesamt 980.000 € an Kosten entstanden, für die Weiterverarbeitung von Produkt X sind 210.000 € und für die Weiterverarbeitung von Produkt Y sind 60.000 € angefallen.

Aufgabenstellung:

a) Die Herstellkosten je Einheit des Hauptprodukts sind zu ermitteln.

b) Der Begriff „Kuppelprodukt" ist zu definieren.

c) Es sind Beispiele für die Anwendung der Kuppelkalkulation zu nennen.

d) Es ist darzustellen, wann bei der Kalkulation von Kuppelprodukten die Restwertmethode angewendet wird.

Die Lösung finden Sie auf Seite 205.

Fall 16   Kuppelkalkulation als Verteilungsrechnung
12 Punkte   *   **15 Minuten**

Der Chemiebetrieb stellt die Kuppelprodukte A, B und C her. Die folgenden Daten der Abrechnungsperiode stehen der Kostenrechnung zur Verfügung:

Produkt	hergestellte Einheiten	Marktpreis €	Kosten der Abrechnungsperiode
A	18.000	90,00	
B	24.000	72,00	
C	25.600	45,00	
			3.500.000 €

Aufgabenstellung:

a) Die Selbstkosten je Einheit sind für jedes der Produkte zu ermitteln.

b) Es ist darzustellen, in welchen Fällen die Verteilungsrechnung angewandt wird.

c) Die Methoden der Verteilungsrechnung sind zu erläutern und deren Nachteile sind darzustellen.

Die Lösung finden Sie auf Seite 206.

Fall 17   Maschinenstundensatzrechnung
30 Punkte   **   **36 Minuten**

Die Maschinenbau AG führt einen Auftrag aus, der jeweils 5 Std. der Kapazität der Maschine A, 4 Std. der Kapazität der Maschine B und 3 Std. der Kapazität der Maschine C in Anspruch nimmt. Neben den über Maschinenstundensätze verrechneten Kosten fallen Materialeinzelkosten in Höhe von 6.000 € an, auf die 15 % Materialgemeinkosten verrechnet werden. Außerdem fallen 350 € Lohneinzelkosten als Kostenstellenkosten und 530 € Sondereinzelkosten der Fertigung für Konstruktionsarbeiten an. Auf die Lohneinzelkosten ist ein Zuschlag von 110 % für die Restfertigungsgemeinkosten der Kostenstelle zu verrechnen. Auf die Herstellkosten II (einschl. Sondereinzelkosten) werden 15 % Verwaltungsgemeinkosten und 20 % Vertriebsgemeinkosten verrechnet. Der Auftrag wurde zu einem Festpreis von 12.500 € hereingenommen.

Betriebswirtschaftliche Grunddaten der Maschinen:

Maschine	A	B	C
Wiederbeschaffungswert	120.000 €	100.000 €	80.000 €
Nutzungsdauer	10 Jahre	10 Jahre	10 Jahre
Kalkulatorischer Zinssatz	9 %	9 %	9 %
Instandhaltungsfaktor	0,45	0,40	0,50
Raumbedarf	60 qm	50 qm	45 qm
Kalkulatorische Jahresmiete	120 €/qm	120 €/qm	120 €/qm

Maschine	A	B	C
Energiekosten	3,50 €/Std.	3,50 €/Std.	3,50 €/Std.
Werkzeugkosten	3,00 €/Std.	2,80 €/Std.	2,00 €/Std.
Kleinmaterial	0,60 €/Std.	0,50 €/Std.	0,40 €/Std.
Lohnkosten	30 €/Std.	30 €/Std.	30 €/Std.

Daten zur Laufzeit der Maschinen:

	Ausfallstunden jährlich	Arbeitsstunden jährlich
52 Wochen à 38,5 Std.	123	2.002
16 Tage à 7,7 Std. für Abwesenheit	77	
10 Feiertage à 7,7 Std.	231	
30 Urlaubstage à 7,7 Std.	46	
1 Std. Reinigung je Woche	95	
95 Std./Jahr Ausfall wegen Reparatur	30	
30 Std./Jahr sonstige Ausfallzeiten		
Gesamtzeiten	602	2.002

Aufgabenstellung:

a) Die Jahreslaufzeit der Maschinen ist zu ermitteln.

b) Die Maschinenstundensätze für die Maschinen sind zu errechnen.

c) Die Selbstkosten des Auftrags und das Auftragsergebnis sind zu kalkulieren.

Die Lösung finden Sie auf Seite 207.

FALL

Fall 18   Handelskalkulation
15 Punkte   *   18 Minuten

Die Abraham OHG kauft Elektroherde vom Typ Super-Cooker für 1.000 € netto ein. Der Lieferant gewährt der OHG 5 % Rabatt und 2 % Skonto. An Bezugskosten fallen pro Gerät 9 € an.

Die OHG rechnet mit 30 % Handlungskosten, kalkuliert einen Gewinn von 10 % und gewährt ihren Kunden 5 % Rabatt sowie 3 % Skonto bei einem Umsatzsteuersatz von 16 %. In die Kalkulation ist eine Vertriebsprovision von 2,5 % einzubeziehen.

Aufgabenstellung:

Zu ermitteln sind

a) der Bezugs- oder Einstandspreis,

b) die Selbstkosten und der Bruttoverkaufspreis,

c) die Höhe des Bezugspreises für einen Elektroherd, der für 1.000 € netto verkauft werden kann,

d) der Kalkulationszuschlag bei einem Bezugspreis von 900 €.

Die Lösung finden Sie auf Seite 208.

FALL

Fall 19   Teilkostenrechnung
20 Punkte   **   24 Minuten

Im Monat Mai war die Produktionskapazität zu 90 % ausgelastet, im Juni nur noch zu 70 %. Die Produkte wurden ohne Lagerhaltung sofort verkauft. Verkaufserlös 160 € je Einheit. Aus der Betriebsabrechnung liegen folgende Zahlen vor:

Produktions- und Absatzmenge: im Mai 6.000 Stück, im Juni 5.000 Stück.

Gesamtkosten: im Mai 840.000 €, im Juni 750.000 €.

Aufgabenstellung:

a) Die variablen und die fixen Gesamtkosten und die variablen und fixen Stückkosten der jeweils letzten Produktionseinheit des Monats Juni sind zu ermitteln.

b) Der Gewinn und der Deckungsbeitrag der Monate Mai und Juni sind zu errechnen. Die Gewinnveränderung ist zu begründen.

c) Es ist zu errechnen und zu begründen, bis auf welchen Betrag – bei langfristiger Betrachtung, ausgehend von der Auslastung im Juni – der Nettoverkaufspreis je Stück fallen darf.

d) Es ist zu kalkulieren, auf wie viele Einheiten der Absatz bei dem bisherigen Verkaufspreis zurückgehen darf, ohne dass es zu einem Verlust kommt.

e) Es besteht die Möglichkeit, zu niedrigeren Preisen weitere Einheiten in osteuropäische Länder zu verkaufen. Es ist zu kalkulieren, welcher Erlös je Stück mindestens erzielt werden muss.

f) Die Grundbedingungen für die zusätzliche Fertigung für die osteuropäischen Länder sind darzustellen.

Die Lösung finden Sie auf Seite 209.

FALL

Fall 20   Break-Even-Analyse und Preisuntergrenze
13 Punkte   **   16 Minuten

Für einen Teilbereich der Maschinenbau AG liegt die folgende Aufstellung der variablen Kosten für das Produkt D vor:

Fertigungsmaterial	200 €
Materialgemeinkosten	10 €
Fertigungslöhne	180 €
Fertigungsgemeinkosten	150 €
variable Herstellkosten	540 €
variable Vertriebskosten	18 €
variable Selbstkosten	558 €
Fixkosten	600.000 €
Preis pro Einheit	1.058 €
Maximale Kapazität	2.000 Stück
derzeitige Auslastung	88 %
längerfristige durchschnittliche Auslastung	80 %

Aufgabenstellung:

a)   Die Break-Even-Menge ist zu berechnen.

b)   Der Betriebsgewinn und der Stückgewinn der derzeitigen Auslastung sind mittels der Deckungsbeitragsrechnung zu ermitteln.

c)   Die kurzfristige und die langfristige Preisuntergrenze bei längerfristig durchschnittlicher Auslastung sind anzugeben und zu begründen.

Die Lösung finden Sie auf Seite 211.

FALL

Fall 21   Optimale Sortimentsgestaltung
31 Punkte   **   38 Minuten

Die Maschinenbau AG stellt Werkbänke in drei verschiedenen Typen her. Für die Produktionsreihe Werkbänke wurden die folgenden monatlichen Mengen und Werte ermittelt:

	Typ A	Typ B	Typ C
Maximale Absatzmenge in Stück	400	100	300
Preis pro Stück in €	5,00	6,00	4,00
variable Kosten €/Stück	4,00	4,40	3,20
Fertigungszeit im Engpass Min/Stück	20	40	10

Die monatlichen Fixkosten des Fertigungsbereichs betragen 900 €. Im Engpass ist die Kapazität auf 200 Stunden begrenzt.

Aufgabenstellung:

a) Zu ermitteln sind die je Typ zu fertigenden Stückzahlen, die unter Berücksichtigung der Kapazität im Engpass zu einem optimalen Betriebsergebnis führen.

b) Die Veränderung der Produktreihenfolge und des Gesamterfolgs sind darzustellen für den Fall, dass die Maschinenbau AG zusätzlich eine Werkbank des Typs D fertigt, auf die die folgenden Daten zutreffen:

c) Absatzmenge 200 Stück, Preis je Stück 5 €, variable Kosten je Stück 2 €, Fertigungszeit im Engpass 15 Min.

d) Der Begriff des Deckungsbeitrags ist zu erläutern. Die Vorteile der Deckungsbeitragsrechnung gegenüber der Vollkostenrechnung sind darzustellen.

Die Lösung finden Sie auf Seite 212.

FALL

Fall 22   Kalkulation von Zusatzaufträgen und Fremdbezug
14 Punkte   **   **17 Minuten**

Die Maschinenbau AG hat eine Produktionsstätte in Rostock übernommen. Dort wird zunächst nur das Produkt A gefertigt. Die Maschinenbau AG rechnet mit einer jährlichen Absatzmenge von 40.000 Stück bei einem Nettoverkaufspreis von 46 €, variablen Stückkosten von 30 € und einem Fixkostenblock von 400.000 €. Da die Kapazität mit der Herstellung von Produkt A nicht voll genutzt wird, plant die Maschinenbau AG die Herstellung eines zweiten Produkts. Davon sollen jährlich 20.000 Stück zu einem Nettoverkaufspreis in Höhe von 30 € je Stück verkauft werden. Die variablen Kosten pro Stück sollen 20 € betragen. Dieses Produkt B könnte allerdings auch ein benachbarter Betrieb in Rostock für 22 €/Stück an die Maschinenbau AG liefern.

Ein Großabnehmer würde jährlich 6.000 Stück von Produkt A zum Preis von 37 €/Stück abnehmen. Diese 6.000 Stück könnten ohne eine Erweiterung der Kapazität zusätzlich zu den o. a. 40.000 Stück verkauft werden.

Aufgabenstellung:

a) Die Selbstkosten je Stück und die Nutzenschwelle vor Aufnahme des zweiten Produkts sind zu berechnen.

b) Der Gesamtgewinn aus den Produkten A und B bei Eigenfertigung und bei Fremdbezug ist zu ermitteln.

c) Weisen Sie rechnerisch nach, ob sich die Fertigung von zusätzlich 6.000 Stück von Produkt A zum Verkaufspreis von 37 € lohnt.

Die Ergebnisse sind zu kommentieren.

Die Lösung finden Sie auf Seite 214.

Fall 23   Deckungsbeitragsrechnung
10 Punkte   *   12 Minuten

Die Maschinenbau AG stellt u. a. elektrische Handkreissägen her. Die Absatzmöglichkeiten haben sich infolge eines konjunkturellen Abschwungs und der verschärften Konkurrenz wesentlich verschlechtert. Auch die Vorratsfertigung auf Lager beinhaltet ein großes Risiko, da sowohl der technische Fortschritt als auch die Dauer des Konjunkturtiefs nicht berechenbar sind. Um die für monatlich 1.200 Kreissägen ausgelegte Fertigungskapazität nutzen zu können, soll der Verkaufspreis von 230 € auf 200 € gesenkt werden. Die Fixkosten betragen 120.000 € pro Monat, die variablen Kosten je Kreissäge belaufen sich auf 120 €.

Aufgabenstellung:

Die Richtigkeit der Entscheidung für eine Senkung der Verkaufspreise ist zu prüfen. Dazu sind

a) der Deckungsbeitrag und der Beitrag je Einheit zum Gesamtgewinn des Unternehmens bei einem Verkaufspreis von 230 € und von 200 € zu prüfen.

b) der gesamte Deckungsbeitrag und der gesamte Beitrag zum Erfolg des Unternehmens sind zu errechnen bei

   ► Einschränkung der produzierten Menge auf 1.000 Einheiten,

   ► vorübergehender Einstellung der Produktion.

c) Nennen Sie weitere Möglichkeiten der Bewirtschaftung und die Folgen einer Einschränkung oder gar vorübergehenden Einstellung der Produktion für die nahe und ferne Zukunft auch im Hinblick auf den Bestand an Maschinen und Facharbeitern.

Die Lösung finden Sie auf Seite 216.

Fall 24   Preis-Mengen-Politik
20 Punkte   **   24 Minuten

Die Maschinenbau AG kann maximal 5.000 Einheiten des Produkts N herstellen. In den vergangenen Monaten wurden die folgenden Durchschnittswerte festgestellt:

Kostenstelle	Einzelkosten je 1.000 Einheiten €	variable Gemeinkosten je 1.000 Einheiten €	fixe Kosten €
Material	200.000	25.000	
Fertigung	100.000	20.000	
Verwaltung/Vertrieb			
Fixkostenblock			55.000

Die variablen Kosten verhalten sich proportional zur Ausbringung.

Hergestellt wurden 4.500 Einheiten bei einem Angebotspreis von 445 € je Einheit.

Aufgabenstellung:

a) Die Gesamtkosten für 1.000 Einheiten sind zu errechnen.

b) Die Nutzenschwelle ist zu ermitteln.

c) Die gewinnmaximale Ausbringungsmenge und der maximal erzielbare Betriebsgewinn sind zu ermitteln.

d) Die kurzfristige Preisuntergrenze ist festzustellen.

e) Die optimale Ausbringungsmenge (Betriebsoptimum) und deren Stückkosten sind zu errechnen.

f) Es ist zu prüfen, bei welcher Anzahl gefertigter Einheiten pro Monat ein Betriebsgewinn von 400.000 € erzielt werden kann.

Die Lösung finden Sie auf Seite 217.

FALL

Fall 25   Mehrstufige Deckungsbeitragsrechnung
8 Punkte   *   10 Minuten

Ein Unternehmen fertigt 5 Produkte. Die folgende Tabelle enthält die zugehörigen Werte in T€:

Produkt	Erzeugnisgruppe I		Erzeugnisgruppe II		
	A	B	C	D	E
Umsatzerlöse	4.000	5.000	8.000	6.000	4.000
variable Kosten	2.100	3.000	4.500	3.200	2.300
Erzeugnisfixkosten	200	210	350	300	200

Die Erzeugnisgruppenfixkosten der Erzeugnisgruppe I belaufen sich auf 1.000 T€, die der Erzeugnisgruppe II auf 4.000 T€. Die Unternehmensfixkosten betragen 4.200 T€.

Aufgabenstellung:

a) Die Deckungsbeiträge der verschiedenen Stufen sind zu ermitteln.

b) Der Betriebserfolg ist zu ermitteln.

Die Lösung finden Sie auf Seite 218.

Fall 26 Flexible Normalkostenrechnung
16 Punkte   **   19 Minuten

Die Normalgemeinkosten der Kostenstelle Lackiererei wurden für den Monat Januar bei einer erwarteten Beschäftigung von 3.000 Stunden mit 30.000 € angesetzt. Die Kosten enthalten 12.000 € fixe Kosten.

Im Ist sind im Januar insgesamt 26.000 € Kosten angefallen. Istbeschäftigung: 2.700 Stunden.

Aufgabenstellung:

Zu errechnen sind

a) der Verrechnungssatz für die proportionalen Normalgemeinkosten,

b) der Verrechnungssatz für die fixen Normalgemeinkosten,

c) der Normalgemeinkostensatz für die Normalbeschäftigung,

d) die verrechneten Normalgemeinkosten,

e) die Gesamtabweichung,

f) die Beschäftigungsabweichung,

g) die Verbrauchsabweichung.

Die Lösung finden Sie auf Seite 218.

Fall 27 Starre Plankostenrechnung
10 Punkte   **   12 Minuten

Für die Dreherei der Maschinenbau AG wurde die Planbeschäftigung für ein Jahr mit 30.000 Stunden angesetzt, die Plankosten wurden mit 297.000 € festgelegt. Die Istbeschäftigung lag bei 24.000 Stunden und 264.000 € Istkosten.

Aufgabenstellung:

a) Der Plankostensatz ist zu ermitteln.

b) Die verrechneten Plankosten sind zu ermitteln.

c) Die Abweichung ist zu ermitteln.

Die Lösung finden Sie auf Seite 219.

Fall 28   Variatorrechnung[(1)]
5 Punkte   *   6 Minuten

In einer Kostenstelle fallen 8.000 € variable Kosten an. Die Plankosten der Kostenstelle betragen 20.000 €.

Aufgabenstellung:

a) Der Variator ist zu ermitteln.

b) Der Begriff „Variator" ist zu definieren.

Die Lösung finden Sie auf Seite 220.

Fall 29   Grenzplankostenrechnung
15 Punkte   **   18 Minuten

Die Maschinenbau AG hat für die Presserei die folgenden Werte geplant:

1. Kapazitätsplanung:	Planbeschäftigungsgrad:	100 %
	Planbezugsgröße:	10.000 Std.
	Plankosten gesamt:	68.000 €
	Plankosten fix:	28.000 €
2. Engpassplanung:	Planbeschäftigungsgrad:	80 %
	Plankosten gesamt:	60.000 €
	Plankosten fix:	28.000 €
3. Istbeschäftigung:	Istbeschäftigungsgrad:	70 %
	Istkosten gesamt:	57.400 €
	Istkosten fix:	28.000 €

Aufgabenstellung:

Im Rahmen der Kapazitätsplanung und der Engpassplanung sind mit Hilfe der Grenzplankostenrechnung zu ermitteln:

a) Der Plankostenverrechnungssatz

b) Die verrechneten Plankosten bei Istbeschäftigung

c) Die Verbrauchsabweichungen

Die Lösung finden Sie auf Seite 220.

Fall 30   Kostenverhalten
26 Punkte   ***   **31 Minuten**

Die Kostenanalyse analysiert die Kosteneinflussfaktoren und teilt die Kosten nach dem Verhalten bei Änderungen des Beschäftigungsgrads in fixe Kosten, variable Kosten und Mischkosten ein.

Aufgabenstellung:

a) Mindestens vier mögliche Kosteneinflussfaktoren sind zu nennen.

b) Die Begriffe fixe Kosten, variable Kosten und Mischkosten sind zu definieren.

c) Anhand von Beispielen sind die Kosten aufzuzählen, die bei der betrieblichen Nutzung einer Produktionsmaschine entstehen. Die genannten Beispiele sind den unter b) genannten Begriffen zuzuordnen.

d) Die drei Verfahren, der Kostenauflösung in fixe und variable Bestandteile, sind zu beschreiben.

e) Anhand von Beispielen ist darzustellen, ob Einzelkosten und Gemeinkosten fixe oder variable Kosten sind.

f) Der Begriff Kostenremanenz ist zu erklären.

Die Lösung finden Sie auf Seite 221.

Fall 31   Kurzfristige Erfolgsrechnung
22 Punkte   **   **26 Minuten**

Der Maschinenbau AG liegen für den Monat Mai folgende Werte aus der Betriebsabrechnung vor:

Produktgruppe	I	II	III
produzierte Menge	30	20	25
Absatzmenge	32	16	22
Absatzpreis/Stück	95.000 €	50.000 €	40.000 €
Herstellkosten/Stück	60.000 €	40.000 €	28.000 €
Herstellkosten der Altbestände	57.000 €	38.000 €	27.000 €

Die AG verrechnet 10 % Verwaltungsgemeinkosten und 18 % Vertriebsgemeinkosten auf die Herstellkosten des Umsatzes.

Aufgabenstellung:

Das Betriebsergebnis soll nach dem Gesamtkostenverfahren und nach dem Umsatzkostenverfahren ermittelt werden.

Die Lösung finden Sie auf Seite 222.

Fall 32   Abweichungsanalysen 1
19 Punkte   ***   23 Minuten

Für die Betriebsstätte in Dresden ist eine Leistung von 7.200 Stunden je Abrechnungsperiode geplant. Der Plankostenverrechnungssatz wurde mit 88 €/Std. ermittelt. Die Basisplankosten sind zu 36 % fix und zu 64 % variabel.

Nach Ablauf der Periode ergibt sich eine Leistung von 6.800 Stunden. Die Kosten betragen 92 €/Std.

Aufgabenstellung:

Zu ermitteln und zu kommentieren sind

a) die Gesamtabweichung,

b) die Verbrauchsabweichung,

c) die Beschäftigungsabweichung,

d) die Nutzkosten und die Leerkosten.

Die Lösung finden Sie auf Seite 224.

Fall 33   Abweichungsanalysen 2
28 Punkte   ***   34 Minuten

Im Abrechnungsmonat lag eine Istbeschäftigung von 48.000 Arbeitsstunden vor. Die Planbeschäftigung beträgt 64.000 Arbeitsstunden.

Außerdem liegen die folgenden Daten zur Abrechnungsperiode vor:

Kostenart	Variator	Plankosten gesamt	Plankosten fix	Istkosten zu Istpreisen	Istkosten zu Planpreisen	Preis-abweichung
Material	9	4.000	?	3.400	3.300	?
Lohn	?	1.000	800	1.000	1.000	?
Übrige Kosten	?	2.000	1.000	1.800	?	− 100

Aufgabenstellung:

Zu ermitteln sind

a) der Beschäftigungsgrad,

b) die fixen und die variablen Anteile an den Plankosten für Material,

c) die Variatoren für den Lohn und für die übrigen Kosten,

d) die Sollkosten,

e) die Istkosten zu Planpreisen,

f) die Preisabweichungen nach Kostenartengruppen und gesamt,

g) die Verbrauchsabweichungen nach Kostenartengruppen und gesamt,

h) die Beschäftigungsabweichung,

i) die verrechneten Plankosten,

j) die Gesamtabweichung.

Die Lösung finden Sie auf Seite 225.

Fall 34   Prozesskostenrechnung 1
13 Punkte   **   16 Minuten

Die Vollkostenrechnung berücksichtigt nicht den Beschäftigungsgrad und arbeitet mit fragwürdigen Schlüsseln und Zuschlagssätzen. Die Teilkostenrechnung kennt nur eine unzureichende Gemeinkostenverrechnung. Deshalb prüft die Maschinenbau AG die Einführung der Prozesskostenrechnung.

Aufgabenstellung:

Zu erläutern sind

a) das Wesen der Prozesskostenrechnung,

b) die hauptsächlichen Anwendungsgebiete,

c) die Ziele der Prozesskostenrechnung.

Zu definieren sind die Begriffe

d) Prozesskostensatz,

e) leistungsmengeninduzierte Prozesskosten (lmi),

f) leistungsmengenneutrale Prozesskosten (lmn),

g) Kostentreiber.

Die Lösung finden Sie auf Seite 227.

Fall 35   Prozesskostenrechnung 2
10 Punkte   **   10 Minuten

In der Kostenrechnung liegen die folgenden Werte vor:

Teilprozesse		Cost Driver	Imi – Prozess-menge	Teilprozesskosten in €		
				gesamt	davon Imi	davon Imn
1	Angebote einholen	Anzahl Angebote	200	6.000	4.000	2.000
2	Bestellungen ausführen	Anzahl Bestellungen	400	2.800	2.400	400
3	Material annehmen	Anzahl Lieferungen	600	4.800	4.200	600
4	Abteilung leiten	–	–	9.000	–	9.000
Summe der Kosten				22.600	10.600	12.000

Die Lösung finden Sie auf Seite 228.

FALL

Fall 36   Zielkostenrechnung (Target Costing)
38 Punkte   ***   45 Minuten

Die Maschinenbau AG will ein neuartiges Werkzeug herstellen, das aus fünf Baugruppen besteht. Der besondere Kundennutzen besteht in der Betriebssicherheit und dem Bedienungskomfort. Die Standardkosten der fünf Baugruppen betragen:

Baugruppe 1	5.000 €
Baugruppe 2	4.000 €
Baugruppe 3	9.000 €
Baugruppe 4	4.000 €
Baugruppe 5	3.000 €

Die Zielkosten für das Produkt dürfen insgesamt 23.000 € nicht überschreiten.

Eine Marktanalyse hinsichtlich der Einschätzung des Nutzens der Betriebssicherheit und des Bedienungskomforts brachte folgende Ergebnisse:

	Betriebssicherheit	Bedienungskomfort
Baugruppe 1	21 %	15 %
Baugruppe 2	18 %	12 %
Baugruppe 3	12 %	33 %
Baugruppe 4	22 %	18 %
Baugruppe 5	27 %	22 %
	100 %	100 %

Die Kunden bewerten die Produktfunktionen Betriebssicherheit und Bedienungskomfort im Verhältnis 70 zu 30.

Aufgabenstellung:

Die Zielkostenindices je Baugruppe sind für die Produktfunktionen Betriebssicherheit und Bedienungskomfort einzeln und auch gesamt zu ermitteln.

Die Zielkosten der Baugruppen sind zu ermitteln.

Es ist festzustellen, bei welchen Baugruppen Kosten eingespart werden können, ohne die Chancen am Markt zu beeinträchtigen.

Die Lösung finden Sie auf Seite 228.

Fall 37   Kostenmanagement
12 Punkte   **   15 Minuten

Das Kostenmanagement dient dem Controlling von Geschäftsprozessen und deren Bewertung.

Aufgabenstellung:

a)   Die Aufgaben des Kostenmanagements sind zu nennen.

b)   Die Voraussetzungen für ein wirksames Kostenmanagement sind zu nennen.

Die Lösung finden Sie auf Seite 229.

Fall 38   Qualitätskriterien[1]
10 Punkte   ***   12 Minuten

Die Qualität eines Kostenrechnungsverfahrens kann an bestimmten Kriterien gemessen werden.

Aufgabenstellung:

Es sind die Kriterien zu nennen, die die Qualität der Kostenrechnung beeinflussen.

Die Lösung finden Sie auf Seite 230.

Fall 39   Eignung von Kostenrechnungsverfahren
16 Punkte   ***   20 Minuten

Folgende Kostenrechnungssysteme lassen sich unterscheiden:

► Istkostenrechnung

► Normalkostenrechnung

► Plankostenrechnung

► Einstufige Deckungsbeitragsrechnung

► Mehrstufige Deckungsbeitragsrechnung

► Grenzplankostenrechnung

► Deckungsbeitragsrechnung mit relativen Einzelkosten

Aufgabenstellung:

Geben Sie an, welche(s) Kostenrechnungssystem(e) besonders geeignet ist/sind für:

a) Erfolgsplanung

b) Wirtschaftlichkeitsberechnungen im Rahmen der Planung

c) Preisfindung

d) Erfolgskontrolle

e) Kontrolle der Wirtschaftlichkeit

f) Nachweis der Selbstkosten bei öffentlichen Aufträgen

g) Nachweis bei Versicherungsfällen

h) Vorlage bei Kreditverhandlungen

Die Lösung finden Sie auf Seite 230.

Fall 40   Mehrstufiger Betriebsabrechnungsbogen
35 Punkte   *   42 Minuten

Die Einzelangaben entnehmen Sie bitte dem Betriebsabrechnungsbogen auf den folgenden beiden Seiten.

Kostenarten	Gesamt	Pförtner	Fuhrpark	Materialbereich	Dreherei	Fräserei	Verwaltungsbereich	Vertriebsbereich
Hilfsstoffaufwendungen	19.997	100	200	1.000	10.000	8.000	397	300
Betriebsstoffaufwendungen	7.177	50	300	300	3.000	2.600	500	427
Fremdinstandhaltung	1.400	0	500	400	300	100	0	100
Hilfslöhne	29.694	3.994	4.500	10.000	5.000	3.000	3.200	0
Gehälter	49.000	0	0	12.000	4.000	4.000	14.000	15.000
Abschreibungen	63.438	1.000	6.000	11.310	19.788	16.340	4.000	5.000
Mieten	12.800							
Büromaterial	2.000	0	0	500	0	0	800	700
Betriebssteuern	5.494	0	194	500	400	400	3.000	1.000
Summe Primärkosten	191.000							
Umlage Pförtner								
Umlage Fuhrpark								
Istgemeinkosten								
Normalgemeinkosten								
Fertigungsmaterial								
Fertigungslöhne								
Herstellkosten des Umsatzes (Ist)								
Istgemeinkostensatz								
Normalgemeinkostensatz								
Über- bzw. Unterdeckung								
qm	1.600	5	80					
Anzahl Mitarbeiter	50	2	2					
Schlüssel Fuhrpark	10	0	0					

Allgemeine Kostenstellen: Pförtner, Fuhrpark
Fertigungskostenstellen: Dreherei, Fräserei

| Materialbereich | Fertigungskostenstellen | | Verwaltungsbereich | Vertriebsbereich |
	Dreherei	Fräserei		
400.000				
	12.000	10.000		
10 %	385 %	400 %	6 %	6,5 %
300	500	435	150	130
10	14	10	6	6
2	0	0	1	7

In der Abrechnungsperiode sind angefallen:

► 81.000 € Bestandsmehrungen an unfertigen Erzeugnissen

► 30.000 € Bestandsminderungen an fertigen Erzeugnissen

Es wird unterstellt, dass die Verwaltungs- und Vertriebsgemeinkosten von den umgesetzten Erzeugnissen verursacht worden sind.

Die Mieten werden nach qm verteilt.

Die Umlage der Allgemeinen Kostenstellen erfolgt nach dem Stufenverfahren. Die Kostenstelle Pförtner wird nach Anzahl der Mitarbeiter umgelegt. Die Kostenstelle Fuhrpark wird nach Anteilen der Nutzung entsprechend dem vorgegebenen Schlüssel umgelegt.

Aufgabenstellung:

Der Betriebsabrechnungsbogen ist zu vervollständigen.

Die Herstellkosten des Umsatzes, die Istgemeinkosten und die Über- und Unterdeckungen sind zu ermitteln.

Die Lösung finden Sie auf Seite 232.

E. Finanzwirtschaftliches Management

Fall 1 Factoring 1
18 Punkte   **   15 Minuten

Der Bilanzbuchhalter der Maschinenbau AG stellt fest, dass die Forderungen aLL immer mehr zunehmen. Nach Rücksprache mit dem Vorstand soll ermittelt werden, welche Vorteile bzw. welche Nachteile mit Factoring verbunden sind.

Die Nord-Factoring-Bank AG bietet dem Unternehmen folgende Konditionen:

► Factoring-Gebühren: 1,8 % auf den Durchschnittsumsatz von 20 Mio. €,

► Sollzinsen: 11,0 % auf die in Anspruch genommenen Gelder,

► ankaufbare Forderungen: 75 % des durchschnittlichen Forderungsbestands von 2,0 Mio. €,

► 10 % der ankaufbaren Forderungen werden auf ein Sperrkonto überwiesen, worauf keine Zinsen gewährt werden.

Aufgabenstellung:

a) Ist die Umstellung auf Factoring empfehlenswert, wenn die sich dadurch ergebenden Kostenvorteile rund 750.000 € betragen?

b) Welche Kostenvorteile ergeben sich aus der Servicefunktion, die die Nord-Factoring-Bank AG auch übernehmen soll?

c) Die Nord-Factoring-Bank AG soll auch die Delkrederefunktion übernehmen. Was wird darunter verstanden?

d) Welche Art von Factoring liegt unter Berücksichtigung der obigen Angaben vor?

Die Lösung finden Sie auf Seite 233.

Fall 2 Abschreibungsgegenwerte
12 Punkte   *   10 Minuten

Bei der Maschinenbau AG sind zu Beginn des 1. Jahres 10 Maschinen mit einer Nutzungsdauer von 4 Jahren und einem Wert von jeweils 40.000 € angeschafft worden. Die Maschinen werden linear abgeschrieben.

Das Unternehmen will die Abschreibungsrückflüsse für die Anschaffung weiterer Maschinen desselben Typs verwenden, um die erwartete Absatzsteigerung aufzufangen. Hierzu werden die Abschreibungsgegenwerte sofort reinvestiert. Nicht sofort reinvestierbare Abschreibungsreste werden in der Folgeperiode reinvestiert.

Aufgabenstellung:

a) Ermitteln Sie anhand einer Tabelle die Finanzierung der Maschinen aus den Abschreibungsgegenwerten bis zum Ende des siebten Jahres.

b) Überprüfen Sie das Ergebnis aus a) mithilfe des Kapazitätserweiterungsfaktors (Kapazitätsmultiplikator).

Die Lösung finden Sie auf Seite 234.

Fall 3　Investitionsentscheidung 1
12 Punkte　　　　　　　★★★　　　　　　　10 Minuten

Die Maschinenbau AG mietet in den neuen Bundesländern eine Fabrikhalle für 5 Jahre. Nach Ablauf des Mietvertrags ist der Umzug in eine eigene Fabrikhalle geplant.

Der die Instandsetzung der Fabrikhalle überwachende Architekt empfiehlt dringend eine Wärmeisolierung der Halle für 40.000 €.

Der Kalkulationszinsfuß beträgt 10 %.

Aufgabenstellung:

Ist diese Investition vorteilhaft, wenn dadurch folgende Heizkostenersparnisse veranschlagt werden (rechnerische Begründung)?

	Heizkostenersparnis pro Jahr	Abzinsungsfaktor bei 10 %
1. Jahr	7.500 €	0,909091
2. Jahr	10.000 €	0,826446
3. Jahr	12.500 €	0,751315
4. Jahr	12.500 €	0,683013
5. Jahr	10.000 €	0,620921

Die Lösung finden Sie auf Seite 234.

Fall 4　Finanzierungsentscheidung
20 Punkte　　　　　　　★★　　　　　　　17 Minuten

Die Abraham OHG möchte zu Jahresbeginn eine Verpackungsmaschine je beschaffen, die eine betriebsgewöhnliche Nutzungsdauer von sieben Jahren haben wird und deren Anschaffungskosten 800.000 € betragen.

Als Finanzierungsmöglichkeiten stehen zur Wahl:

Ein Bankdarlehen in Höhe der Anschaffungskosten, das in sieben Jahresannuitäten zurückbezahlt wird. Der Nominalzinssatz beträgt 6 %.

Ein Leasingvertrag mit einer Grundmietzeit von sieben Jahren, einer jährlichen Leasingrate von 107.000 € und einem Ankaufbetrag von 75.000 € bei Wahrnehmung der Kaufoption zum Ende der Grundmietzeit.

Aufgabenstellung:

a) Berechnen Sie jeweils die Gesamtausgaben der Finanzierung für beide Alternativen, wenn von der Kaufoption Gebrauch gemacht wird (steuerliche Effekte sind nicht zu berücksichtigen).

b) Nennen Sie jeweils zwei Vorteile, die eine Entscheidung der Geschäftsführung für Leasing begründen könnten.

c) Nennen Sie zwei Vorteile, die für die Kreditfinanzierung sprächen.

d) Erklären Sie kurz das Verfahren „Sale and lease back".

Die Lösung finden Sie auf Seite 235.

FALL

Fall 5 Investitionsbeurteilung
20 Punkte   **   17 Minuten

Hauke Mees, Gesellschafter der Maschinenbau AG, hat die Möglichkeit, für sein Unternehmen ein Kapital von 600.000 € in 6,5 %igen Anleihen anzulegen. Die Anleihen können zum Kurs von 96 % erworben werden. Die Rückzahlung erfolgt in fünf Jahren zum Nominalwert. (Stückzinsen und Spesen werden vernachlässigt.)

Herr Mees untersucht, ob es vorteilhafter ist, diese 600.000 € zur Beschaffung einer Betriebsanlage zu verwenden.

Es wird angenommen, dass es möglich ist, den Jahresabsatz der im Unternehmen hergestellten Erzeugnisse von 200.000 Stück auf 250.000 Stück auszudehnen. Dieses ergibt sich aus einem Gutachten.

Folgende Daten stehen für eine Entscheidung über die Investition zur Verfügung:

Anschaffungsausgabe:	600.000 €
Nutzungsdauer:	5 Jahre
Jährliche Fixkosten (einschl. Zins und Abschreibungen):	200.000 €
Variable Kosten:	20 €/Stück
Erzielbarer Erlös:	25 €/Stück

Aufgabenstellung:

a) Begründen Sie, welche Investition bei Anwendung der Gewinnvergleichsrechnung am vorteilhaftesten ist.

b) Berechnen Sie den Zeitraum, in dem die Anschaffungsausgabe für die geplante Sachinvestition über den Einzahlungsüberschuss wieder in den Betrieb zurückfließt. In den Fixkosten sind kalkulatorische Abschreibungen in Höhe von 60 % der Anschaffungsausgaben enthalten. Alle anderen Kosten wie auch die Erlöse sind liquiditätsarm.

Die Lösung finden Sie auf Seite 236.

FALL

Fall 6 Factoring 2
18 Punkte   **∗∗**   **15 Minuten**

Die Maschinenbau AG sieht sich trotz gut laufender Umsätze mit einem Liquiditätsproblem konfrontiert. Die Kunden nehmen sehr lange Zahlungsziele in Anspruch. Ein hoher Forderungsausfall ist daher zu verzeichnen, sodass die Kreditlinien bei der Hausbank bereits ausgeschöpft sind. Wegen kurzfristiger Liquiditätsengpässe kann das Unternehmen Skontierungsmöglichkeiten nicht ausnutzen.

Folgende Zahlen verdeutlichen die Situation:

Jahresumsatz	12,0 Mio. €
Außenstände (Jahresdurchschnitt)	2,0 Mio. €
Wareneinkauf	8,4 Mio. €
Forderungsausfälle im abgelaufenen Jahr (ohne USt)	50.000 €

Der Maschinenbau AG liegt von einer Factoring-Gesellschaft folgendes Angebot für ein (echtes) Factoring vor:

Bearbeitungsgebühr einschließlich Delkredereprovision von 1,1 % des Umsatzes.

Bevorschussung der angekauften Forderungen in Höhe von 80 %. Die Factoring-Gesellschaft berechnet für die bevorschussten Beträge einen Zinssatz von 7,5 % p. a. Die durchschnittlichen Außenstände sind als Berechnungsgrundlage anzusehen.

Aufgabenstellung:

a) Nehmen Sie eine Kosten-Nutzen-Analyse des Factoring vor, indem Sie Aufwand und Ertrag des Factoring einander gegenüberstellen. Dabei ist davon auszugehen, dass durch das Factoring Verwaltungseinsparungen von 40.000 € entstehen und die Maschinenbau AG beim Wareneinkauf in vollem Umfang 3 % Skonto abziehen kann.

b) Erläutern Sie, warum Factoring für die Maschinenbau AG bei der gegebenen Ausgangslage und einer durchschnittlichen Inanspruchnahme von 1,4 Mio. € Lieferantenkredit im Jahr ein sinnvolles Finanzierungsinstrument sein kann.

c) Erklären Sie den Unterschied zwischen echtem und unechtem Factoring.

Die Lösung finden Sie auf Seite 236.

Fall 7 Unternehmensübernahme
20 Punkte ★★★ 17 Minuten

Die Abraham OHG beabsichtigt Ende des Jahres 2006 aus marktstrategischen Gründen die Übernahme eines Mitbewerbers am Markt. Der Übernahmepreis beläuft sich auf 60 Mio.€. Nach der Übernahme ist von der Abraham OHG aufgrund ihrer Analyse vorgesehen, in das erworbene Unternehmen folgende Summen zusätzlich zu investieren:

2007	12.000.000 €
2008	15.000.000 €
2009	8.000.000 €
2010	11.000.000 €
2011	10.000.000 €
2012	1.000.000 €

(Aus Vereinfachungsgründen wird ein Abfluss jeweils zum Jahresende unterstellt.)

Es wird erwartet, dass während der ersten drei Jahre (2007 bis 2009) keine Gewinne ausgewiesen werden können. Jedoch geht die Abraham OHG davon aus, dass in den darauffolgenden Jahren mit Einnahmenüberschüssen gerechnet werden kann, die wie folgt prognostiziert werden:

2010	20.000.000 €
2011	21.000.000 €
2012	15.000.000 €

(Aus Vereinfachungsgründen werden Zuflüsse jeweils zum Jahresende unterstellt.)

Es wird damit gerechnet, dass am Ende des Jahres 2012 das übernommene Unternehmen keine Überschüsse mehr erzielen wird. Deshalb soll die Beteiligung zu diesem Zeitpunkt wieder abgestoßen werden. Der dann erwartete Verkaufserlös soll bei 75 Mio.€ liegen.

Das Unternehmen kalkuliert mit einem Zinssatz von 9 %.

Auszug aus einer finanzmathematischen Tabelle für n von 1-10 Jahren bei 9 %:

n	Aufzinsungsfaktor q^n	Abzinsungsfaktor $\dfrac{1}{q^n}$	Barwertfaktor $\dfrac{q^n-1}{q^n(q-1)}$
1	1,090000	0,917431	0,917431
2	1,188100	0,841680	1,759111
3	1,295029	0,772183	2,531295
4	1,411582	0,708425	3,239720
5	1,538624	0,649931	3,889651
6	1,677100	0,596267	4,485919
7	1,828039	0,547034	5,032953
8	1,992563	0,501866	5,534819
9	2,171893	0,460428	5,995247
10	2,367364	0,422411	6,417658

Aufgabenstellung:

Erstellen Sie mithilfe der Kapitalwertmethode eine Entscheidungsgrundlage für die Geschäftsleitung, ob die Übernahme des Mitbewerbers innerhalb dieses Zeithorizonts eine lohnende Investition darstellt.

Die Lösung finden Sie auf Seite 237.

FALL

Fall 8   Innenfinanzierung
20 Punkte   ✱✱✱   **17 Minuten**

Ende Januar 2006 legt der Vorstand der Maschinenbau AG den Aktionären folgende vorläufige Bilanz zum Ende des Geschäftsjahres 2005 vor.

Vorläufige Bilanz zum 31. 12. 2005

Aktiva	T€	Passiva	T€
Sachanlagen		**Eigenkapital**	
1. bebaute Grundstücke	500	1. gezeichnetes Kapital	1.300
2. technische Anlagen u. Maschinen	700	2. Kapitalrücklage	400
		3. Jahresüberschuss	200
Umlaufvermögen		**Rückstellungen**	
1. Vorräte		1. Pensionsrückstellungen	170
Rohstoffe	1.000	2. Steuerrückstellungen	210
unfertige Erzeugnisse	100	3. sonstige Rückstellungen	180
fertige Erzeugnisse	500		

2. Forderungen aLL	1.600	Verbindlichkeiten	
3. Wertpapiere	100	1. gegenüber Kreditinstituten	490
4. flüssige Mittel	200	2. Verbindlichkeiten aLL	1.750
	4.700		4.700

Der Vorstand erläutert, dass der gegenüber den Vorjahren geringere Jahresüberschuss weitgehend auf Preisnachlässe zurückzuführen sei, da ein Mitbewerber durch Verlagerung der Fertigung arbeitsaufwendiger Bauteile nach Polen preislich attraktivere Angebote im Kundenkreis machte.

Er habe darüber nachgedacht, den gleichen Weg zu gehen, sei dann aber auf einen Automaten gestoßen, mit dem wesentliche Kostensenkungen bei der Fertigung von Bauteilen erzielt werden könnten. Der Automat koste 640 T€ (ohne USt), die betriebsindividuelle Nutzungsdauer betrage 8 Jahre. Die Hausbank sei bereit, ein langfristiges Darlehen von 450 T€ zu 9 % Zinsen gegen Sicherheitsübereignung des Automaten zu gewähren. Die Laufzeit des Darlehens betrage 6 Jahre, Tilgung und Zinsleistung jeweils am Jahresende. Drei ältere Maschinen würden überflüssig und könnten zum Buchwert von insgesamt 15 T€ (ohne USt) verkauft werden.

Da das Unternehmen in den letzten Jahren den Jahresüberschuss laut Hauptversammlungsbeschluss jeweils voll ausgeschüttet hatte, möchten die Aktionäre auch 2005 noch eine Ausschüttung von mindestens 100 T€ erhalten. Auf Gewinnverwendungsbeschluss des Vorstands wird demzufolge zu Beginn des Jahres 2006 ein Betrag von 100 T€ ausgezahlt (Vorabausschüttung).

Aufgabenstellung:

a) Welche Wege der Innenfinanzierung empfehlen Sie als Bilanzbuchhalter dem Vorstand, um den Fehlbetrag zwischen den Anschaffungskosten des Automaten in Höhe von 640 T€ und dem Investitionsdarlehen der Hausbank in Höhe von 450 T€ zu finanzieren und die Mittel zur Tilgung des Investitionsdarlehens der Hausbank aufzubringen?

b) Erläutern Sie noch eine weitere Möglichkeit der Innenfinanzierung über den Lagerbestand dieser AG, wenn Sie davon ausgehen, dass sich der Materialaufwand 2005 auf einen Betrag in Höhe von 4.000 T€ belief und die Lagerumschlagshäufigkeit auf 5 steigt.

Ertragsteuerliche Auswirkungen sind nicht zu berücksichtigen!

Die Lösung finden Sie auf Seite 237.

FALL

Fall 9   Investitionsentscheidung 2
15 Punkte   *   12 Minuten

Die Abraham OHG bewertet eine Investitionsentscheidung nach mathematischen Methoden und hat folgende Investition zu analysieren. Dabei sollen Sie als Bilanzbuchhalter Hilfestellung leisten.

Anschaffungswert:				90.000 €
1. Jahr:	Einzahlungen	120.000 €	Auszahlungen	100.000 €
2. Jahr:	Einzahlungen	180.000 €	Auszahlungen	120.000 €
3. Jahr:	Einzahlungen	200.000 €	Auszahlungen	160.000 €
4. Jahr:	Einzahlungen	150.000 €	Auszahlungen	160.000 €
5. Jahr:	Einzahlungen	150.000 €	Auszahlungen	140.000 €

Liquidationserlös: 0 €

Es ist buchhalterisch von einer linearen Abschreibung auszugehen.

Weitere nicht liquiditätswirksame Aufwendungen bzw. Erträge sind nicht im Zusammenhang mit dieser Investition zu verzeichnen und auch nicht zu erwarten.

Aufgrund einer Risikostrukturanalyse wurde eine Mindestverzinsung von 14 % ermittelt.

Sämtliche Zahlungen finden am Ende der jeweiligen Abrechnungsperiode statt.

Aufgabenstellung:

a) Beurteilen Sie, ob diese Investition nach der Kapitalwertmethode durchgeführt werden sollte.

b) Stellen Sie fest, ob die geplante Investitionsmaßnahme mit Hilfe der Gewinnvergleichsrechnung beurteilt werden kann (Begründung).

c) Stellen Sie die wesentlichen Unterschiede der Kapitalwertmethode und der Gewinnvergleichsrechnung dar.

Anlage: Faktoren bei 14 %

Jahr	Aufzinsung	Abzinsung	Barwertfaktor	Annuitätenfaktor	Endwertfaktor
1	1,140000	0,877193	0,877193	1,140000	1,000000
2	1,299600	0,769468	1,646661	0,607290	0,467290
3	1,481544	0,674972	2,321632	0,430731	0,290731
4	1,688960	0,592080	2,913712	0,343205	0,203205
5	1,925415	0,519369	3,433081	0,291284	0,151284
6	2,194973	0,455587	3,888668	0,257157	0,117157
7	2,502269	0,399637	4,288305	0,233192	0,093192
8	2,852586	0,350559	4,638864	0,215570	0,075570
9	3,251949	0,307508	4,946372	0,202168	0,062168
10	3,707221	0,269744	5,216116	0,191714	0,051714

Die Lösung finden Sie auf Seite 238.

Fall 10   Entscheidungsprozess
10 Punkte   **   8 Minuten

Als Bilanzbuchhalter der Maschinenbau AG sollen Sie den Vorstand bei einer Investitionsentscheidung unterstützen.

Aufgabenstellung:

a) Stellen Sie bitte die logische Reihenfolge bis zu einer Investitionsentscheidung (Investitionsentscheidungsprozess) dar.

b) Stellen Sie bitte die verschiedenen Investitionsrechnungsverfahren dar und erläutern Sie insbesondere die wesentlichen Unterschiede zwischen den dynamischen und den statischen Verfahren.

Die Lösung finden Sie auf Seite 239.

Fall 11   Immobilienfonds[1]
10 Punkte   **   8 Minuten

Martin Lange, Gesellschafter der Abraham OHG, beabsichtigt einen Teil seines Privatvermögens, nämlich 500.000 €, in geschlossenen Immobilienfonds anzulegen.

Aufgabenstellung:

Er bittet Sie, ihn über diese Anlagemöglichkeit zu informieren.

Die Lösung finden Sie auf Seite 240.

Fall 12   Renditen
15 Punkte   **   12 Minuten

Es überrascht die Geschäftsführung der Maschinenbau AG, dass trotz eines höheren Verschuldungsgrades (Fremdkapital : Eigenkapital) die Eigenkapital- und die Gesamtkapitalrenditen des Unternehmens nicht schlechter geworden sind.

Aufgabenstellung:

Erläutern Sie den Zusammenhang und stellen Sie die Beziehung an folgenden Daten dar:

Investitionsbedarf	100.000 €
Fremdfinanzierungszinssatz	7 %
Gewinn (vor Zinsen)	10 %
Eigenkapitalpotenzial	100.000 €

Fremdkapitalquote	EK-Rendite	GK-Rendite
25 %		
50 %		
75 %		

Die Lösung finden Sie auf Seite 240.

Fall 13   Festdarlehen
15 Punkte   ✳✳✳   12 Minuten

Die Maschinenbau AG benötigt einen langfristigen Kredit über 500.000 €.

Der Nominalzinssatz der Hausbank ist 7 %, bei 92 % Auszahlung und einer Laufzeit von 10 Jahren.

Die Tilgung erfolgt am Ende der gesamten Laufzeit in einer Summe (Festdarlehen).

Aufgabenstellung:

a) Berechnen Sie den Effektivzinssatz mit Hilfe des Restwertverteilungsfaktors.

b) Welche Besicherungsformen schlagen Sie für diesen Kredit vor?

Die Lösung finden Sie auf Seite 241.

Fall 14   Allgemeinwissen 1
12 Punkte   ✳   10 Minuten

Sie haben sich für den Posten eines leitenden Mitarbeiters in der Finanzabteilung der Maschinenbau AG beworben. Um einen derartigen Posten auszufüllen, müssen Sie folgende Dinge wissen:

Aufgabenstellung:

a) Erklären Sie kurz den Unterschied zwischen Barscheck, Verrechnungsscheck, Inhaberscheck und Orderscheck.

b) Unterscheiden Sie die Kreditsicherheiten Pfandrecht und Sicherungsübereignung.

c) Unterscheiden Sie Options- von Wandelanleihen.

d) Im Rahmen einer Unternehmensplanung werden strategische und operative Planung unterschieden. Stellen Sie die Unterschiede an einem finanzwirtschaftlichen Beispiel dar.

e) Nennen Sie die Annahmen des Lohmann-Ruchti-Effektes.

f) Wie findet eine Finanzierung aus Rückstellungen statt?

g) Durch die Einführung von SEPA (siehe Fall 48) haben sich Veränderungen bei Dauerauftrag, Einzugsermächtigung und Abbuchungsverfahren ergeben. Stellen Sie diese Veränderungen dar.

h) Worin unterscheidet sich die Mantel- von der Globalzession?

Die Lösung finden Sie auf Seite 242.

Fall 15 Allgemeinwissen 2
12 Punkte   *   10 Minuten

Anlässlich eines Einstellungsgespräches möchte Ihr Gesprächspartner Ihre Kenntnisse auf dem Gebiet der Unternehmensplanung testen.

Aufgabenstellung:

a) Was versteht man unter der Aktivität „Planen"?

b) Was bedeutet der Begriff „Prognose" in Bezug auf die Unternehmensplanung?

c) Erläutern Sie die Begriffe Budgetierung und Budget.

d) Erläutern Sie, was man im Rahmen der Planung als unternehmensbezogene Umweltanalyse versteht, und zeigen Sie hierzu an drei selbstgewählten Beispielen die möglichen finanziellen Auswirkungen auf das Unternehmen auf.

e) Was wird unter strategischer Planung innerhalb der Unternehmensplanung verstanden?

f) Was versteht man unter operativer Planung?

Die Lösung finden Sie auf Seite 244.

Fall 16 Akkreditiv
20 Punkte   ***   18 Minuten

Die Bilanzbuchhalterin der Maschinenbau AG, Frau Anka Mees, ist noch unerfahren im Umgang mit Auslandsgeschäften.

Aufgabenstellung:

a) Was ist ein Dokumentenakkreditiv?

b) Nennen Sie drei Dokumente, deren Übergabe im Akkreditiv allgemein vereinbart wird.

c) Es fehlen bei der Einreichung im Akkreditiv vorgeschriebene Dokumente. Welche Auswirkungen hat dieses auf die Auszahlungsverpflichtung?

d) Erläutern Sie die Bedeutung des Textes 1 im Akkreditiv.

e) Welche Bedeutung hat der Text 2?

f) Erläutern Sie die Bedeutung des Textes 3 im Akkreditiv.

Auszug aus einem Akkreditiv:

X-Bank AG DOKUMENTEN-AKKREDITIV

1 Unwiderruflich
2 Gültig bis 31. 7. 2006

Y AG Postfach C-Stadt
Wir geben Ihnen davon Kenntnis, dass die
Bank of Columbia
P.O. Box 543   Bogota
zu Ihren Gunsten ein unwiderrufliches Akkreditiv eröffnet hat.

3 Auftragsgemäß bestätigen wir dieses Akkreditiv. Wir werden demgemäß die in den Bedingungen des Akkreditivs erwähnten Leistungen bis zum angegebenen Höchstbetrag erbringen, sofern die Akkreditiv-Bedingungen durch Vorlage akkreditivkonformer Dokumente, die uns spätestens am Tage des Ablaufs der Gültigkeitsdauer des Akkreditivs vorliegen müssen, erfüllt sind.

Die Lösung finden Sie auf Seite 245.

FALL

Fall 17 Investitionsentscheidung 3
12 Punkte   **   10 Minuten

Die Maschinenbau AG beabsichtigt, eine neue Fräsmaschine anzuschaffen. Es handelt sich dabei um eine Neuentwicklung, die computergesteuert ist. Hierüber liegen im Unternehmen noch keine Erfahrungen vor.

Die Firma Peter Schmidtke OHG bietet die Maschine zu folgenden Bedingungen an:

Listenpreis (netto)	148.000 €
Rabatt	5 %
Skonto (bei Zahlung innerhalb von 14 Tagen)	2 %
Verpackung	114 €
Fracht	52 €
Lieferzeit	10 Wochen

Bei der Maschinenbau AG wird damit gerechnet, dass Kosten für die Installation der Fräsmaschine in Höhe von 419 € und Kosten für Probeläufe von 669 € anfallen. Bei der Nutzungsdauer gehen die Schätzungen auseinander. Sie liegen zwischen 7 und 9 Jahren. Der Schrottwert der Fräsmaschine wird mit 4.500 €, die Abbruchkosten werden mit 980 € veranschlagt.

Die Maschine wird fremdfinanziert. Der bei der Maschinenbau AG verrechnete Zinssatz betrug im letzten Jahr allgemein 10 %. Der Kapitalmarktzins wird für absehbare Zeit auf 12 % bis 14 % geschätzt.

Aufgabenstellung:

a) Ermitteln Sie den Nettopreis der Fräsmaschine!

b) Stimmt der Nettopreis mit den Anschaffungskosten bzw. Anschaffungsausgaben überein (Begründung)?

c) Welche Nutzungsdauer empfehlen Sie für die Fräsmaschine?

d) Würden Sie einen Rest(erlös)wert bzw. Liquidationserlös der Fräsmaschine berücksichtigen, gegebenenfalls welchen?

e) Schlagen Sie den zu verwendenden Kalkulationszinssatz vor!

Die Lösung finden Sie auf Seite 245.

FALL

Fall 18   Kapitalbedarfsrechnung 1
15 Punkte   *   12 Minuten

Dem Bilanzbuchhalter der Maschinenbau AG sind folgende Einnahmen und Ausgaben gegeben:

Monat	Ausgaben T€	Einnahmen T€
Januar	100	0
Februar	80	20
März	50	70
April	100	100
Mai	100	70
Juni	60	100
Juli	60	110
August	60	240
September	80	90
Oktober	100	40
November	110	0
Dezember	80	20

Aufgabenstellung:

a) Ermitteln Sie den Kapitalbedarf jeden Monats rechnerisch!

b) Wie kann der Kapitalbedarf vermindert werden, ohne dass sich die Werte der Ausgaben und Einnahmen verändern?

c) Nehmen Sie kritisch zu der Berechnung von Liquiditätsgraden Stellung.

Die Lösung finden Sie auf Seite 246.

FALL

Fall 19   Rendite[1]
15 Punkte   *   12 Minuten

Die Firma Abraham OHG beabsichtigt, ein Investitionsobjekt im Volumen von 2 Mio. € zu erstellen. Es ist geplant, die Investition wie folgt zu finanzieren:

Eigenkapital	600.000 €
Staatlich subventionierter Sonderkredit	500.000 €
Darlehen der Hausbank	900.000 €

Aufgabenstellung:

a) Ermitteln Sie, welche Rendite die Investition, ausgehend von der gesamten Finanzierungsstruktur, mindestens erbringen muss, wenn das Eigenkapital bislang zu 6,5 % angelegt war, der Sonderkredit zu 4,0 % verzinst wird und das Darlehen einen effektiven Zinssatz von 8,0 % besitzt?

b) Welche Problematik entsteht durch die Tilgung der Darlehen im Laufe der Jahre?

Die Lösung finden Sie auf Seite 247.

FALL

Fall 20   Kapitalbedarfsrechnung 2
15 Punkte   **   12 Minuten

Ein Unternehmen, das Küchengeräte herstellt, soll errichtet werden. Bei der Planung der Ausgaben ist zu berücksichtigen, dass

► ein Fabrikgebäude im Werte von 750.000 € gekauft wird,

► Maschinen im Werte von 550.000 € benötigt werden,

► Ausgaben für Roh-, Hilfs- und Betriebsstoffe von täglich 9.000 € anfallen,

► Betriebs- und Geschäftsausstattung im Werte von 350.000 € erforderlich ist,

► Ausgaben für Löhne und Gehälter in Höhe von 10.000 € täglich entstehen,

► sonstige ausgabenwirksame Aufwendungen in Höhe von 1.000 € täglich anfallen.

Die Roh-, Hilfs- und Betriebsstoffe lagern 30 Tage, die Fertigerzeugnisse acht Tage. Der Fertigungsprozess umfasst 10 Tage. Die Gründung und Ingangsetzung des Geschäftsbetriebes verursacht Ausgaben von 10.000 €.

Aufgabenstellung:

a) Ermitteln Sie den Kapitalbedarf des Unternehmens, wenn für die Roh-, Hilfs- und Betriebsstoffe von den Lieferanten ein Ziel von 30 Tagen eingeräumt wird und die Fertigerzeugnisse binnen 10 Tagen bezahlt werden!

b) Wie verändert sich der Kapitalbedarf des Unternehmens, wenn die Roh-, Hilfs- und Betriebsstoffe binnen 10 Tagen zu bezahlen sind, den Kunden aber aus Wettbewerbsgründen ein Zahlungsziel von 30 Tagen eingeräumt werden muss?

c) In welcher Weise verändert sich der Kapitalbedarf aus a), wenn es sich als möglich erweist, die Lagerdauer der Roh-, Hilfs- und Betriebsstoffe zu dritteln sowie der Fertigungserzeugnisse zu vierteln?

Die Lösung finden Sie auf Seite 247.

Fall 21   Annuitätendarlehen
15 Punkte   **   12 Minuten

Bei der Abraham OHG soll eine neue Lagerhalle errichtet werden. Berechnungen ergeben, dass hierfür ein Kapitalbedarf von 800.000 € erforderlich ist.

Davon sollen 500.000 € durch Eigenmittel und 300.000 € durch einen Bankkredit finanziert werden.

Nach Rücksprache mit der Hausbank werden folgende Konditionen übermittelt:

Nominalzinssatz:	8 %,
Laufzeit:	5 Jahre,
Auszahlung:	100 %,
Darlehensform:	Annuitätendarlehen.

Aufgabenstellung:

a) Erstellen Sie für das Bankdarlehen den Tilgungsplan.

b) Die Gesamtkapitalrentabilität liegt in der Abraham OHG bei 12 %. Warum sollten unter Rentabilitätsgesichtspunkten weniger Eigenmittel eingesetzt werden?

Die Lösung finden Sie auf Seite 248.

Fall 22   Lohmann-Ruchti-Effekt
20 Punkte   **   18 Minuten

Im Rahmen einer betriebsinternen Fortbildungsveranstaltung für die Mitarbeiter der Finanzabteilung der Maschinenbau AG sollen Sie eine Power-Point-Präsentation zum Thema „Der Lohmann-Ruchti-Effekt" vorbereiten.

Aufgabenstellung:

Was würden Sie in Ihrer Präsentation ansprechen?

Die Lösung finden Sie auf Seite 248.

Fall 23   Investitionsentscheidungsprozess
15 Punkte   ✱✱✱   30 Minuten

Die Maschinenbau AG plant eine Investition. Zwei Möglichkeiten sind gegeben:

	Investitionsobjekt I	Investitionsobjekt II
Anschaffungswert	98.000 €	98.000 €
Liquidationserlös	6.000 €	8.000 €
Nutzungsdauer	6 Jahre	6 Jahre
Überschüsse	18.000 €	23.000 €
1. Jahr	22.000 €	25.000 €
2. Jahr	20.000 €	23.000 €
3. Jahr	26.000 €	23.000 €
4. Jahr	25.000 €	21.000 €
5. Jahr	24.000 €	20.000 €
6. Jahr		

Aufgabenstellung:

a) Ermitteln Sie mit Hilfe der internen Zinsfußmethode (rechnerisch), welches Investitionsobjekt das vorteilhaftere ist, wenn mit den Versuchszinssätzen P1 = 8 % und P2 = 12 % gerechnet wird und der Investor eine Mindestverzinsung von 10 % erwartet.

b) Wie ist die Vorteilhaftigkeit der Investition bei einer erwarteten Mindestverzinsung von 12 % zu beurteilen?

Die Lösung finden Sie auf Seite 249.

Fall 24   Anleihe
18 Punkte   ✱✱   15 Minuten

Ein Unternehmen investiert in Industrieobligationen, die zu folgenden Konditionen ausgegeben werden:

Auszahlungskurs	96 %
Rückzahlungskurs	100 %
Nominalzinssatz	7 %
Laufzeit	10 Jahre

Aufgabenstellung:

a) Ermitteln Sie die einfache Effektivverzinsung der Industrieobligationen, wenn sie jährlich in gleichen Raten getilgt werden!

b) Wie entwickelt sich der einfache Effektivzinssatz, wenn die Industrieobligationen 4 Jahre tilgungsfrei sind und danach in gleichen jährlichen Raten getilgt werden?

c) Wie hoch wäre der einfache Effektivzinssatz, wenn die Konditionen aus b) gelten, der Rückzahlungskurs aber 104 % betragen würde?

Die Lösung finden Sie auf Seite 251.

FALL

Fall 25 Finanzierungsentscheidung
18 Punkte ** 15 Minuten

Die Maschinenbau AG beabsichtigt ein nicht mehr betriebsnotwendiges Grundstück zu veräußern. Der Verkaufspreis soll 3.000.000 € betragen.

Es hat sich ein einziger Interessent gemeldet, der verschiedene Finanzierungsalternativen anbietet:

Alternative A:

Bezahlung des vollen Kaufpreises von 3.000.000 € sofort bei Vertragsabschluss.

Alternative B:

Anzahlung von 1.000.000 € sofort bei Vertragsabschluss und **drei weitere** Zahlungen über jeweils 1.000.000 € am Ende eines jeden Jahres, beginnend am Ende des ersten Jahres.

Alternative C:

Anzahlung von 500.000 € sofort bei Vertragsabschluss und **sechs weitere** Zahlungen über 500.000 € zu den gleichen Modalitäten wie in Alternative B.

Aufgabenstellung:

Welche Alternative ist für die Maschinenbau AG zum jetzigen Zeitpunkt die günstigere, wenn mit einem Kalkulationszinsfuß von 12 % gerechnet wird? Begründen Sie Ihre Entscheidung rechnerisch. Dabei haben Sie die Wahl zwischen folgenden finanzmathematischen Faktoren:

	Kapitalwiedergewinnungsfaktor:	Diskontierungssummenfaktor:
3 Jahre und 12 %	0,416349	2,401831
6 Jahre und 12 %	0,243226	4,111407

Die Lösung finden Sie auf Seite 252.

Fall 26   Hauptversammlung
24 Punkte   ∗∗   **20 Minuten**

Die Maschinenbau AG plant ihre Hauptversammlung, die am 20. 6. 2007 stattfinden soll.

Die folgenden Tagesordnungspunkte sind u. a. in der Einladung aufgeführt:

1. Umstellung von Inhaberaktien auf Namensaktien

2. Ermächtigung zur Ausgabe von Options- und Wandelanleihen und damit Schaffung eines bedingten Kapitals

3. Die Erhöhung des Grundkapitals aus Gesellschaftsmitteln mit entsprechender Satzungs-änderung

Aufgabenstellung:

a) Unterscheiden Sie die Kapitalerhöhung aus Gesellschaftsmitteln von der ordentlichen Kapitalerhöhung (Kapitalerhöhung gegen Einlagen).

b) Erläutern Sie den Unterschied zwischen Optionsanleihe und Wandelschuldverschreibung hinsichtlich der Gläubiger oder Eigentümereigenschaft.

c) Beschreiben Sie den Unterschied zwischen Inhaber- und Namensaktien. Geben Sie zwei Gründe für eine Umstellung an.

Die Lösung finden Sie auf Seite 252.

Fall 27   Einzahlungs-Überschüsse
12 Punkte   ∗∗   **10 Minuten**

Die Abraham OHG hat liquide Mittel im Übermaß zur Verfügung. Diese möchte sie in Mietwohnobjekte anlegen. Von einem Makler sind ihr zwei vergleichbare Mietwohnhäuser angeboten worden, deren Anschaffungsauszahlungen etwa gleich hoch sind. Nachstehend sind die zu erwartenden Einzahlungsüberschüsse dargestellt:

Jahre	Immobilie 1	Immobilie 2
1	20 T€	55 T€
2	25 T€	45 T€
3	55 T€	50 T€
4	75 T€	25 T€
5	15 T€	15 T€

Aufgabenstellung:

a) Ermitteln Sie die gesamten Einzahlungsüberschüsse in den ersten fünf Jahren für jede Immobilie.

b) Begründen Sie aus Sicht der Investitionsrechnung, für welches Objekt Sie sich entscheiden würden, wenn nur die Investitionsüberschüsse betrachtet werden (keine Berechnungen).

Die Lösung finden Sie auf Seite 253.

Fall 28 Finanzierungsregeln
12 Punkte　　　　　　** 　　　　　10 Minuten

Die Maschinenbau AG benötigt einen neuen Lkw. Der Nettokaufpreis (ohne USt) beträgt 250.000 €. Die betriebsindividuelle Nutzungsdauer wird auf vier Jahre geschätzt.

Folgende Finanzierungsalternativen sind denkbar:

▶ Ausschöpfung des Kontokorrentkredits;

▶ Aufnahme eines Bankkredits über 250.000 € mit einer Laufzeit von vier Jahren und einer jährlichen Tilgung von 62.500 €.

Aufgabenstellung:

Beurteilen Sie die Finanzierungsmöglichkeiten unter dem Aspekt der goldenen Finanzierungsregel und der goldenen Bilanzregel.

Die Lösung finden Sie auf Seite 253.

Fall 29 Grundpfandrechte 1
10 Punkte　　　　　* 　　　　　8 Minuten

Hypothek und Grundschuld sind Grundpfandrechte. Aufgrund dieser Kreditsicherheiten können Grundstücke und grundstücksgleiche Rechte als Kreditsicherheiten verwendet werden. Die Auszubildende der Abraham OHG, Frau Elke Zillinger, hat in diesem Zusammenhang an den Gesellschafter, Herrn Martin Lange, einige Fragen.

Aufgabenstellung:

a) Was bedeuten die Bezeichnungen, dass eine Hypothek akzessorisch und eine Grundschuld abstrakt (fiduzarisch) ist?

b) Warum ist eine Hypothek nicht, aber eine Grundschuld durchaus für die Sicherung von Kontokorrentkrediten geeignet?

Die Lösung finden Sie auf Seite 253.

FALL

Fall 30 Cashflow
22 Punkte   ✳✳   **18 Minuten**

Die Maschinenbau AG hat zum 31.12.2005 folgende Bilanz veröffentlicht:

Aktiva		Passiva	
Sachanlagen	800	Gezeichnetes Kapital	1.000
Finanzanlagen	400	Kapitalrücklage	200
Vorräte	400	Gewinnrücklagen	100
Forderungen	500	Pensionsrückstellungen	260
Kasse/Bank	250	Langfr. Fremdkapital	420
		Kurzfr. Fremdkapital	370
	2.350		2.350

Die Gewinn- und Verlustrechnung per 31.12.2006 stellt sich wie folgt dar:

Umsatzerlöse	2.450
Aufwand für RHB	1.050
Löhne und Gehälter	800
Aufwand für Altersversorgung	120
Abschreibung auf Sachanlagen	200
Sonstige betriebliche Aufwendungen	40
Zinsen und ähnliche Aufwendungen	100
Ergebnis der gewöhnlichen Geschäftstätigkeit	140
Außerordentliche Erträge	280
Außerordentliche Aufwendungen	120
Außerordentliches Ergebnis	160
Steuern vom Einkommen und Ertrag	80
Sonstige Steuern	20
Jahresüberschuss	200

Der Aufwand für Altersversorgung führte in Höhe von 20 Mio. € zur Auszahlung an die im Ruhestand befindlichen Mitarbeiter, die Pensionsrückstellungen werden um 100 Mio. € erhöht.

Aufgabenstellung:

a) Berechnen Sie den Cashflow.

b) Zeigen Sie auf, welche Positionen der Bilanz zum 31.12.2005 sich durch die Angaben für 2006 ändern. Ermitteln Sie die neuen Beträge. Dabei gelten folgende Annahmen:

Vom Jahresüberschuss soll die Hälfte als Dividende ausgeschüttet werden.

Der Cashflow wurde im abgelaufenen Geschäftsjahr wie folgt verwendet:

► 70 % wurden in Sachanlagen investiert;

► 20 % wurden zum Abbau von kurzfristigen Verbindlichkeiten verwendet;

► 10 % wurden den liquiden Mitteln zugeführt.

c) Stellen Sie die Vorteile der Cashflow-Finanzierung gegenüber der Fremdfinanzierung dar.

Die Lösung finden Sie auf Seite 254.

FALL

Fall 31 Kostenvergleichsrechnung
30 Punkte   **   25 Minuten

Die Maschinenbau AG benötigt für den Fertigungsbereich Stahlbleche, die sie entweder durch einen Lieferanten für 25 € pro Stück beziehen oder selbst herstellen kann. Für die Eigenproduktion stehen zwei Maschinen alternativ zur Wahl:

	Maschine A	Maschine B
Anschaffungskosten:	48.000 €	120.000 €
Nutzungsdauer:	6 Jahre	6 Jahre
Leistungsmenge pro Jahr:	8.000 Stück	10.000 Stück
Gehälter:	10.000 €	10.000 €
sonstige fixe Kosten:	7.690 €	12.000 €
variable Kosten:		
Löhne:	44.000 €	16.000 €
Materialkosten:	80.000 €	90.000 €
sonstige variable Kosten:	6.000 €	6.000 €
Kalkulationszinsfuß:	8 %	8 %

Aufgabenstellung:

a) Ermitteln Sie die günstigste Alternative zwischen Fremdbezug, Maschine A und Maschine B mit Hilfe der Kostenvergleichsrechnung.

b) Bei welcher Stückzahl fallen bei Maschine A und bei Maschine B gleich hohe Kosten an?

Die Lösung finden Sie auf Seite 255.

FALL

Fall 32   Skonto
15 Punkte   *   12 Minuten

Die Zahlungsbedingungen eines Lieferanten der Maschinenbau AG lauten: „Bei Zahlung innerhalb 14 Tagen 3 % Skonto, 30 Tage netto". Um unter Abzug von Skonto zahlen zu können, muss ein Kontokorrentkredit zu einem Zinssatz von 10,5 % p. a. aufgenommen werden.

Aufgabenstellung:

a) Wie hoch ist der effektive Jahreszins?

b) Wie hoch ist der Finanzierungsgewinn oder der Finanzierungsverlust (in €) für eine Rechnung über 95.200 € (einschließlich 19 % USt)?

c) Welche wesentlichen Gemeinsamkeiten und Unterschiede haben Kontokorrent- und Avalkredit?

Die Lösung finden Sie auf Seite 255.

FALL

Fall 33   Grundpfandrechte 2
20 Punkte   **   18 Minuten

Die Finanzabteilung der Maschinenbau AG hat zu prüfen, ob im Grundbuch eine Hypothek oder Grundschuld eingetragen werden soll, um einen Kontokorrentkredit abzusichern.

Aufgabenstellung:

a) Wo im Grundbuch stehen die Belastungen durch Grundpfandrechte?

b) Ist die Hypothek oder ist die Grundschuld zur Absicherung von Kontokorrentkrediten geeignet (Begründung)?

c) Erläutern Sie, was mit den Begriffen **akzessorisch** und **abstrakt** (fiduzarisch) im Zusammenhang mit Hypothek und Grundschuld gemeint ist.

Die Lösung finden Sie auf Seite 256.

Fall 34 Zahlungsverkehr
15 Punkte   *   12 Minuten

Die Abraham OHG verkauft in einem eigenen Gebäude Produkte an die Mitarbeiter zu vergüns-
tigten Preisen. Sie, als Bilanzbuchhalter/in, sollen die Zahlung am „Point of Sale" einführen.
Hierfür bietet sich die Zahlung durch das POS-System und das POZ-System an.

Aufgabenstellung:

Wodurch unterscheiden sich die beiden Zahlungsformen?

Die Lösung finden Sie auf Seite 257.

Fall 35 Zinssicherung
15 Punkte   **   12 Minuten

Für das aktive Zinsmanagement bieten sich Wertpapier-Derivate an, um

► die Zinskosten zu senken,

► die Zinserträge zu steigern und

► die Risiken zu minimieren.

Aufgabenstellung:

a) Erläutern Sie den Unterschied zwischen Caps und Swaps.

b) Die Maschinenbau AG hat eine Geldanlage mit variabler Verzinsung getätigt. Sie sollen der
Geschäftsleitung vorschlagen, wie eine Zinsabsicherung erfolgen kann, wenn der Zinssatz
eine vorher festgelegte Untergrenze unterschreitet.

Die Lösung finden Sie auf Seite 257.

Fall 36 Leasing
20 Punkte   **   18 Minuten

Die Abraham OHG plant Handelswaren über ein eigenes Vertriebsnetz zu veräußern. Hierfür
sollen eigene Fahrzeuge der Mittelklasse angeschafft werden.

Der Listenpreis für einen Pkw beträgt 32.000 €. Der Händler ist bereit bei Abnahme von mindestens 10 Wagen und sofortiger Zahlung einen Preisnachlass von 10 % auf den Listenpreis ein-
zuräumen. Die betriebliche Nutzungsdauer der Pkw wird mit 4 Jahren veranschlagt. Danach sollen die Fahrzeuge für 8.000 € (ohne Umsatzsteuer) pro Stück veräußert werden.

Als Finanzierungsalternativen stehen ein Bankkredit oder Leasing zur Wahl.

Bei Leasing beträgt die Leasingrate pro Monat und Fahrzeug 550 €. Außerdem fällt eine einmalige Sonderzahlung von 6.400 € pro Pkw an. Die Laufzeit des Leasingvertrages ist 48 Monate. Die Hausbank räumt uns einen Kredit zu folgenden Konditionen ein: Auszahlung 97 %, Zinssatz: 6,5 % p. a., Tilgung: am Ende der Laufzeit von 4 Jahren.

Aufgabenstellung:

a) Berechnen Sie die Anschaffungskosten bei Abnahme von 10 Fahrzeugen.

b) Entscheiden Sie, ob dem Unternehmen Leasing oder Fremdfinanzierung (Berücksichtigung von Bankkredit, Abschreibungen, Liquidationserlös) zu empfehlen ist, wenn 10 Wagen abgenommen werden. Berechnen Sie hierzu die Jahreskosten pro Fahrzeug. Wählen Sie die statische Berechnungsmethode.

c) Welche Auswirkungen hätte es auf die Finanzierungsalternativen, wenn die Abraham OHG nur 5 Fahrzeuge abnehmen würde?

Die Lösung finden Sie auf Seite 258.

Fall 37   Cap
20 Punkte   **   18 Minuten

Die Maschinenbau AG bezahlt für einen Kredit in Höhe von 3.000.000 € für 5 Jahre den Drei-Monats-EURIBOR zuzüglich 1 % Marge und schließt einen Cap mit einem Strike von 5 % ab.

Aufgabenstellung:

a) Erläutern Sie den EURIBOR.

b) Worin besteht der Unterschied zwischen Cap, Floor und Collar?

c) Wie hoch ist die Ausgleichszahlung an die Maschinenbau AG, wenn der aktuelle Zinssatz auf 6,5 % steigt?

d) Wie viel Prozent bezahlt die Maschinenbau AG für den Kredit effektiv?

Die Lösung finden Sie auf Seite 258.

Fall 38   Scheck-Wechsel-Verfahren
25 Punkte   ***   22 Minuten

Die Abraham OHG bezieht von einem Lieferanten aus Süddeutschland Ware im Gesamtwert von 50.000 €. Als Zahlungsform wurde das Scheck-Wechsel-Verfahren (Umkehrwechsel) vereinbart. Der Lieferant gewährt 2 % Skonto.

Der von der Abraham OHG akzeptierte Wechsel hat am Tag der Diskontierung noch eine Restlaufzeit von 90 Tagen. Für den Überziehungskredit (Kontokorrentkredit) in Höhe des vollen Zahlungsbetrages berechnet die Bank 8 % Zinsen.

Aufgabenstellung:

a) Erklären Sie das Scheck-Wechsel-Verfahren. Worin besteht der Vorteil für die Abraham OHG?

b) Wie hoch ist der Finanzierungsgewinn für die Abraham OHG in Euro, wenn der Kontokorrentkredit durch die Wechseldiskontierung nach 10 Tagen abgelöst werden soll, der Diskontsatz 5 % beträgt und die Bank für die Diskontierung pauschal 30 € Spesen und Auslagen berechnet?

Die Lösung finden Sie auf Seite 259.

FALL

Fall 39 Finanzplanung
20 Punkte   **   18 Minuten

Die Maschinenbau AG hat in ihr Verkaufsprogramm einen neu entwickelten Schweißautomaten aufgenommen. Durch die Abteilung Fertigungssteuerung wurde ermittelt, dass für die Herstellung einer Anlage in Einzelfertigung durchschnittlich vier Wochen erforderlich sind. Anschließend kann mit der Fertigung des nächsten Schweißautomaten begonnen werden.

Die Maschine wird zu einem Stückpreis von 210.000 € verkauft. Den Kunden wird ein Zahlungsziel von vier Wochen eingeräumt, das auch eingehalten wird.

Durch die Controlling-Abteilung wurden folgende fertigungsbezogene durchschnittliche Ausgaben ermittelt:

1. Woche:	80.000 €
2. Woche:	25.000 €
3. Woche:	20.000 €
4. Woche:	15.000 €

Aufgabenstellung:

a) Erstellen Sie den Finanzplan in Tabellenform für einen Zeitraum von 12 Wochen.

b) Wie hoch ist der Kapitalbedarf?

c) Welche kurzfristige Finanzierungsmöglichkeit sehen Sie, um den Kapitalbedarf abzudecken?

Die Lösung finden Sie auf Seite 260.

Fall 40   Basel II
15 Punkte   *   12 Minuten

Der Finanzvorstand der Maschinenbau AG führt ein Gespräch mit dem Leiter der Kreditabteilung der Hausbank. Hierbei geht es um die Auswirkungen von „Basel II" auf die Fremdfinanzierung der Maschinenbau AG.

Aufgabenstellung:

a) Was ist der wesentliche Inhalt von „Basel II"?

b) Was wird im Zusammenhang mit „Basel II" unter Rating verstanden?

Die Lösung finden Sie auf Seite 261.

Fall 41   Ersatzinvestition
12 Punkte   *   10 Minuten

Die Maschinenbau AG steht vor der Frage, eine vorhandene CNC-Universalmaschine durch eine neue Maschine des gleichen Typs zu ersetzen. Die alte Maschine hat 200.000 € gekostet und ist seit 5 Jahren in Betrieb (maximale Nutzungsdauer 8 Jahre). Die Anschaffungskosten der neuen Maschine belaufen sich auf 250.000 €. Ein Restwert bleibt bei der alten Maschine unberücksichtigt.

Aufgabenstellung:

Ist es sinnvoll, die alte Maschine zu ersetzen, wenn der Betrieb mit einem Kalkulationszinsfuß von 10 % rechnet und folgende Werte ermittelt wurden:

	Maschine alt:	Maschine neu:
sonstige fixe Kosten (Jahr):	40.000 €	30.000 €
variable Kosten (Jahr):	17.500 €	16.250 €

Die Lösung finden Sie auf Seite 262.

Fall 42   Finanzierungsarten
30 Punkte   **   25 Minuten

Nachstehend finden Sie die stark vereinfachte Bilanz der Maschinenbau AG für das abgelaufene Geschäftsjahr (alle Angaben in Mio. €):

Aktiva		Passiva	
Anlagevermögen	1.230,00	gezeichnetes Kapital	410,00
Vorräte	353,80	Kapitalrücklage	210,00
Forderungen	202,20	Gewinnrücklagen	140,00
Liquide Mittel	114,00	Bilanzgewinn	40,00
		Pensionsrückstellungen	100,00
		Sonstige Rückstellungen	60,00
		Langfr. Fremdkapital	830,00
		Kurzfr. Fremdkapital	110,00
	1.900,00		1.900,00

Zusätzliche Hinweise:

► Der Bilanzgewinn wurde in voller Höhe als Dividende ausgeschüttet.

► Der Jahresüberschuss betrug 160,00 Mio. €. Davon wurden 120,00 Mio. € thesauriert.

► Die sonstigen Rückstellungen sind kurzfristig.

► Die Fremdkapitalzinsen betrugen im vergangenen Geschäftsjahr laut Gewinn- und Verlust-rechnung 11 Mio. €.

► Die Eigenkapitalquote beträgt im Branchendurchschnitt 18 %.

► Das Unternehmen plant eine Erweiterungsinvestition in einem Gesamtvolumen von 130 Mio. €.

Aufgabenstellung:

a) Prüfen Sie, ob die goldene Bilanzregel in der engen und der weiten Fassung im abgelaufenen Geschäftsjahr eingehalten wurde.

b) In welcher Höhe hat das Unternehmen offene Selbstfinanzierung betrieben?

c) In welchen Bilanzpositionen ist stille Selbstfinanzierung zu vermuten (Begründung)?

d) Wie hoch sind Eigenkapital- und Gesamtkapitalrentabilität?

e) Beurteilen Sie die Eigenkapitalquote des Unternehmens.

f) Prüfen Sie, ob und inwieweit die Rücklagen zur Finanzierung der geplanten Investition herangezogen werden können.

g) Bei einer Abteilungsleiterkonferenz schlägt der Leiter der Marketingabteilung vor, die geplante Investition durch eine Kapitalerhöhung aus Gesellschaftsmitteln zu finanzieren. Nehmen Sie zu diesem Vorschlag Stellung.

Die Lösung finden Sie auf Seite 262.

Fall 43 Kapitalerhöhung
24 Punkte   **   20 Minuten

In der Einladung zur Hauptversammlung der Maschinenbau AG ist ein Tagesordnungspunkt die Änderung der Satzung wegen einer Kapitalerhöhung in Höhe von 50 % in Form des genehmigten Kapitals gemäß §§ 202 – 206 AktG.

Aufgabenstellung:

Als Mitarbeiterin/Mitarbeiter der Finanzabteilung haben Sie die folgenden Fragen zu klären:

a) Worin bestehen Gemeinsamkeiten und Unterschiede zwischen der ordentlichen Kapitalerhöhung und der Kapitalerhöhung in Form des genehmigten Kapitals?

b) Der Kurs der Altaktien beträgt 58,00 €. Als Ausgabekurs für die jungen Aktien sind 43,00 € vorgesehen. Welchen rechnerischen Wert hat das Bezugsrecht?

c) Welche Bedeutung hat das Bezugsrecht?

Die Lösung finden Sie auf Seite 264.

Fall 44 Zession
24 Punkte   **   20 Minuten

Ein Kredit der Abraham OHG soll bei der Hausbank durch eine stille Zession besichert werden.

Im Kreditvertrag sind unter anderem die folgenden Klauseln zu finden:

„... Kommt ein Schuldner seinen Zahlungsverpflichtungen nicht fristgemäß nach oder bestehen anderweitige Zweifel an der Zahlungsfähigkeit des Schuldners, so behält sich die Bank das Recht vor, die stille Zession in eine offene Zession umzuwandeln. Zur Wahrung dieses Rechtes bedarf es der schriftlichen Mitteilung an den Kreditnehmer, wobei eine Begründung nicht erforderlich ist. Die Zession ist in der Form der Mantelzession durchzuführen.“

Aufgabenstellung:

a) Was wird unter einer Zession verstanden?

b) Warum hat die Abraham OHG mit der Hausbank eine stille Zession vereinbart?

c) Aus welchen Gründen hat die Hausbank die obige Klausel in den Vertrag aufgenommen?

d) Wodurch unterscheiden sich Mantel- und Globalzession?

Die Lösung finden Sie auf Seite 265.

Fall 45   Stille Gesellschaft
15 Punkte   *   12 Minuten

Die Abraham OHG plant den Bau eines Warenverteilzentrums für Unterhaltungselektronik in München. Der dafür erforderliche Kapitalbedarf soll durch Aufnahme des Kaufmanns Manfred Raddatz als stiller Gesellschafter abgedeckt werden.

Im Vertrag zwischen der Abraham OHG und Raddatz steht unter anderem:

„Der Kaufmann Manfred Raddatz (nachfolgend stiller Gesellschafter genannt) beteiligt sich an der Abraham OHG in Höhe von 100.000 €. Die Beteiligung erfolgt in stiller Form (stille Gesellschaft gemäß §§ 230 bis 237 HGB und §§ 705 bis 740 BGB). Es wird ausdrücklich vereinbart, dass der stille Gesellschafter an den stillen Reserven des Unternehmens beteiligt ist. Des Weiteren wird dem stillen Gesellschafter das Recht eingeräumt, ausschließlich im Innenverhältnis, die Organisation des Warenverteilzentrums in leitender Funktion zu übernehmen. Der stille Gesellschafter ist mit 15 % am Jahresreingewinn beteiligt, wobei seine Arbeitsleistung damit abgegolten ist. Eine Verlustbeteiligung ist ausgeschlossen."

Aufgabenstellung:

a) Um welche Finanzierungsform handelt es sich?

b) Welche Art der stillen Gesellschaft liegt vor?

Die Lösung finden Sie auf Seite 265.

Fall 46   Kurssicherung
15 Punkte   **   20 Minuten

Die Maschinenbau AG beabsichtigt 40 Maschinen, mit einem Auftragsvolumen von 12.000.000 €, nach Südostasien zu exportieren. Der Käufer verlangt zwingend die Fakturierung in US-Dollar. Bei den Vertragsverhandlungen zeichnet es sich ab, dass der Vertrag nur dann zustande kommt, wenn die Maschinenbau AG dem Kunden einen Lieferantenkredit mit zwölfmonatiger Laufzeit einräumt. Nach Rücksprache mit der Finanzabteilung und der Hausbank ist davon auszugehen, dass der Kurs des US-Dollars in absehbarer Zeit fallen wird. Deshalb soll die Absicherung mithilfe von Off-Balancesheet-Instrumenten (siehe Fall 62) erfolgen.

a) Vergleichen Sie Devisentermingeschäft und Devisenoptionsgeschäft als Möglichkeiten der Kursabsicherung.

b) Die Produktionszeit für die 40 Maschinen wird mit 8 Monaten veranschlagt. Die Vorfinanzierung der Produktion sowie die Finanzierung des Lieferantenkredits sollen über die AKA erfolgen.

    Ihre Aufgabe ist es, diese Finanzierungsmöglichkeit darzulegen.

Die Lösung finden Sie auf Seite 265.

Fall 47 Kapitalflussrechnung
15 Punkte   **✳✳**   **25 Minuten**

Für den Jahresabschluss (31.12.2008) hat die Maschinenbau AG eine Kapitalflussrechnung erstellt:

1	Jahresüberschuss	16.200,00
2	Abschreibungen auf das Anlagevermögen	5.200,00
3	Einzahlungen von Kunden	6.600,00
4	Sonstige Einzahlungen	1.200,00
5	Auszahlungen an Beschäftigte	-14.200,00
6	Auszahlungen an Lieferanten	-4.100,00
7	Sonstige Auszahlungen	-600,00
8	**Mittelzufluss aus betrieblicher Tätigkeit**	10.300,00
9	Einzahlungen aus Abgängen des Sachanlagevermögens	800,00
10	Auszahlungen für Investitionen in das Sachanlagevermögen	-7.800,00
11	Einzahlungen aus Abgängen des immateriellen Anlagevermögens	500,00
12	Auszahlungen für Investitionen in das Finanzanlagevermögen	-700,00
13	Auszahlungen für den Erwerb von Tochterunternehmen	-8.000,00
14	**Mittelabfluss aus der Investitionstätigkeit**	-15.200,00
15	Einzahlungen aus Eigenkapitalzuführung	6.000,00
16	Auszahlungen an Unternehmenseigner und Minderheitengesellschafter	-1.000,00
17	Einzahlungen aus der Aufnahme von Anleihen und Krediten	2.500,00
18	Auszahlungen (Zinsen und Tilgung) für Anleihen und Kredite	-400,00
19	**Mittelzufluss aus der Finanzierungstätigkeit**	7.100,00
20	Zahlungswirksame Veränderungen des Finanzmittelbestandes im Geschäftsjahr 2008	2.200,00
21	Wechselkursbedingte Veränderungen der liquiden Mittel	0,00
22	Finanzmittelbestand am 31. Januar 2008	1.200,00
23	**Finanzmittelbestand am Ende des Geschäftjahres 2008**	3.400,00

Aufgabenstellung:

a) Berechnen Sie den Cashflow. Aus den Bilanzen der Maschinenbau AG ist zu entnehmen:

	Geschäftsjahr 2007	Geschäftsjahr 2008
Pensionsrückstellungen	3.500 T€	2.100 T€
Kurzfristige Rückstellungen	800 T€	1.200 T€

b) Berechnen Sie die Nettokreditaufnahme.

c) Zeigen Sie auf, wofür der Zufluss an finanziellen Mitteln verwendet wurde.

Die Lösung finden Sie auf Seite 266.

Fall 48   SEPA
10 Punkte   **∗∗**   **25 Minuten**

Die Maschinenbau AG bezieht regelmäßig Rohstoffe aus dem europäischen Raum. Die Bezahlung der Rechnungen erfolgt überwiegend in Euro. Der Leiter der Abteilung Finanzmanagement wünscht von Ihnen einen Bericht über die Vereinheitlichung des Euro-Zahlungsverkehrsraumes und die zu erwartenden Auswirkungen auf die Maschinenbau AG.

Die Lösung finden Sie auf Seite 267.

Fall 49   Auslandszahlungsverkehr
20 Punkte   **∗∗**   **30 Minuten**

Bei den Vertragsverhandlungen der Maschinenbau AG über den Verkauf von 40 Maschinen, nach Südostasien (vgl. Fall 46), soll in den nächsten Tagen der Vertragspunkt „Liefer- und Zahlungsbedingungen" zur Sprache kommen.

Aufgabenstellung:

Ihre Aufgabe ist es, für die Verhandlungsführer der Maschinebau AG diesen Punkt schriftlich vorzubereiten.

a)   Erläutern Sie kurz die INCOTERMS. Welche Konsequenzen hätte es, wenn im Vertrag vereinbart würde: „FAS, Containerhafen Hamburg, Pier 28".

b)   Erläutern Sie das Dokumenteninkasso als eine mögliche Zahlungsbedingung.

c)   Warum scheidet „Clean Payment" als Zahlungsbedingung vermutlich aus?

d)   Prüfen Sie, ob ein Dokumentenakkreditiv als Zahlungsform in Frage kommt?

e)   Welche Dokumente (Papiere) können im Zusammenhang mit den dokumentären Zahlungsformen erforderlich sein?

Die Lösung finden Sie auf Seite 268.

Fall 50   Geldwäschegesetz
10 Punkte   **∗∗**   **25 Minuten**

Sie sind bei der Abraham OHG beschäftigt. Vom Buchhalter bekommen sie den Auftrag, ein neues Bankkonto für das Unternehmen zu eröffnen. Sie sollen aus der Kasse der Abraham OHG 20.000,00 € entnehmen und auf das zu eröffnende Konto einbezahlen. Ihnen kommen jedoch

Zweifel, ob dies aufgrund des Geldwäschegesetzes möglich ist. Vorsichtshalber wollen Sie sich über die Grundzüge des Gesetzes informieren.

Aufgabenstellung:

a) Was wird unter Geldwäsche verstanden?

b) Welcher Zweck wird mit der Geldwäsche verfolgt?

c) Wie wird versucht, die Geldwäsche zu bekämpfen?

Die Lösung finden Sie auf Seite 270.

FALL

Fall 51   Liquidität
20 Punkte   **   25 Minuten

Dem Anlagenspiegel der Maschinenbau AG sind die folgenden Informationen entnommen:

T€	Anschaffungs- bzw. Herstellungskosten (AK/HK) zum 1.1.01	Zugänge zu AK/HK	kumulierte Abschreibungen im Geschäftsjahr 01	Buchwert zum 31.12.01	Buchwert am 31.12.00	Abschreibungen im Geschäftsjahr 01
Anlagevermögen	6.000	1.300	3.200	4.100	5.600	400

Aus der Controllingabteilung erhalten Sie die folgenden Daten:

▶ Eigenkapitalquote 30 %,

▶ Deckungsgrad I (Eigenkapital/Anlagevermögen · 100) = 120 %,

▶ liquide Mittel: 5 % des Gesamtvermögens,

▶ kurzfristige Forderungen: 15 % des Gesamtvermögens,

▶ kurzfristige Verbindlichkeiten: 18 % des Gesamtkapitals.

Aufgabenstellung:

a) Was wird unter Liquidität verstanden?

b) Wie hoch ist die Liquidität ersten, zweiten und dritten Grades? Runden Sie die Kennzahlen auf eine Stelle nach dem Komma.

c) Aus welchen Gründen ist der Aussagewert von Liquiditätskennzahlen eingeschränkt?

Die Lösung finden Sie auf Seite 271.

Fall 52 Selbstfinanzierung 1
15 Punkte   **   30 Minuten

Es liegen Ihnen die Bilanzen der Maschinenbau AG für die letzten beiden Geschäftsjahre vor. Sie werden mit folgenden Arbeiten betraut:

a) Berechnen Sie die Veränderung der offenen Selbstfinanzierung gegenüber dem Vorjahr (in T€ und %).

b) Erörtern Sie die Vorteile der Finanzierung von Investitionen durch Selbstfinanzierung gegenüber der Kreditfinanzierung.

c) Führen Sie auf, wodurch stille Selbstfinanzierung zustande kommt.

d) In welchen Bilanzpositionen können sich Anteile von stiller Selbstfinanzierung befinden?

Bilanzen der Maschinenbau AG in T€:

Aktiva	Berichtsjahr	Vorjahr	Passiva	Berichtsjahr	Vorjahr
Anlagevermögen			gezeichnetes Kapital	5.000,00	5.000,00
Immaterielles Vermögen	400,00	380,00	Kapitalrücklage	500,00	500,00
Sachanlagen	5.900,00	3.000,00	Gewinnrücklagen	3.000,00	2.500,00
Finanzanlagen	3.000,00	1.500,00	Bilanzgewinn	1.500,00	1.000,00
Umlaufvermögen			Pensionsrückstellungen	6.000,00	4.000,00
Vorräte	7.900,00	8.100,00	andere Rückstellungen	200,00	100,00
Forderungen	5.200,00	4.100,00			
Kassenbestand	100,00	120,00	langfr. Verb. geg. Kreditinst.	6.500,00	5.000,00
Bankguthaben	2.500,00	1.800,00	Verb. aLL	1.500,00	750,00
			übrige kurzfr. Verbindlichk.	800,00	150,00
Summe Aktiva	25.000,00	19.000,00	**Summe Passiva**	25.000,00	19.000,00

Die Lösung finden Sie auf Seite 273.

Fall 53 Selbstfinanzierung 2
20 Punkte   **   30 Minuten

Im Rahmen eines Vortrages sollen Sie u. a. zu folgenden Themen referieren:

a) Die Merkmale der offenen Selbstfinanzierung.

b) Möglichkeiten der Selbstfinanzierung der Aktiengesellschaft unter besonderer Berücksichtigung der Rücklagen.

Die Lösung finden Sie auf Seite 273.

FALL

Fall 54 Rücklagen
15 Punkte   **   25 Minuten

In der Bilanz einer AG ist zu lesen (in €):

		PASSIVA
A. Eigenkapital		
I.	Gezeichnetes Kapital	60.000.000
II.	Kapitalrücklage	3.000.000
III.	Gewinnrücklagen	
	1. Gesetzliche Rücklage	1.000.000
	2. Andere Gewinnrücklagen	500.000
IV.	Verlustvortrag	8.000.000

Aus der Gewinn- und Verlustrechnung der AG ist zu entnehmen:

▶ Jahresüberschuss 20.000.000 €

Vorstand und Aufsichtsrat machen von ihrem Einstellungsrecht nach § 58 Abs. 2 AktG Gebrauch. Danach können sie einen Teil des Jahresüberschusses, höchstens jedoch die Hälfte, in andere Gewinnrücklagen einstellen.

Aufgabenstellung:

Berechnen Sie die zu bildende gesetzliche Rücklage, die maximalen anderen Gewinnrücklagen, den Bilanzgewinn. Wie hoch ist die durch die Verwendung des Jahresüberschusses gebildete offene Selbstfinanzierung?

Hinweis: Zur Lösung siehe auch Fall 53.

Die Lösung finden Sie auf Seite 274.

FALL

Fall 55 Annuitätenmethode
15 Punkte   **   25 Minuten

Die Maschinenbau AG plant den Kauf eines neuen Spritzgussautomaten (A). Der Anschaffungspreis der Maschine liegt bei 320.000,00 €. Die Zahlungsbedingungen lauten: 50 % des Kaufpreises sofort bei Lieferung, 50 % am Ende des ersten Jahres. Außerdem fallen in t_0 an: Montagekosten und Kosten für Testlauf und Inbetriebnahme in Höhe von 10.000,00 €.

Die Maschinenbau AG geht von einer Nutzungsdauer von 8 Jahren und einem Kalkulationszinsfuß von 10 % (i = 0,1) aus.

Es wird mit konstanten Einnahmeüberschüssen in Höhe von 150.000,00 € pro Jahr und einem Liquidationserlös von 30.000,00 € am Ende des letzten Jahres gerechnet.

Für eine baugleiche Maschine (B) wurde bereits die Annuität berechnet. Diese beträgt 25.000,00 € pro Jahr.

Aufgabenstellung:

a) Berechnen Sie für die Maschine A die Annuität.

b) Beurteilen Sie die Vorteilhaftigkeit der beiden Maschinen.

c) Für welche Maschine sollte sich die Maschinenbau AG entscheiden (Begründung)?

d) Wie hoch ist der Kapitalwert (C_0) der Maschine B?

e) Ein Mitarbeiter der Finanzabteilung schlägt vor, den Kalkulationszinsfuß auf 20 % zu erhöhen, da hohe Zinsen vorteilhaft seien. Entkräften Sie diesen Vorschlag.

Die Lösung finden Sie auf Seite 276.

FALL

Fall 56   Investitionsrechnung
20 Punkte   ***   40 Minuten

Die Maschinenbau AG hat mit der Horch GmbH in Zwickau einen Vertrag über die Lieferung von flexiblen Leiterplatten abgeschlossen. Das Auftragsvolumen beträgt 200.000 Stück pro Jahr, die zu einem Festpreis von 15 € pro Stück abgenommen werden. Außerdem besteht eine Abnahmegarantie über einen Zeitraum von 5 Jahren.

Für die Durchführung des Auftrags muss die Maschinenbau AG drei Bestückungsautomaten erwerben. Der Anschaffungspreis für einen Automaten beläuft sich auf 450.000 €. Außerdem werden für Fracht, Montage und Fundamentierung insgesamt 25.000 € berechnet.

Die Controlling Abteilung hat ermittelt, dass mit jährlichen Auszahlungen von 1.900.000 € im ersten Jahr auszugehen ist. Es wird in den kommenden Jahren mit einer Verteuerung des Fertigungsmaterials gerechnet. Die Auszahlungen würden sich dadurch im besten Fall (best case) um jährlich 5 %, im schlechtesten Fall (worst case) um 20 % erhöhen.

Nach dem Ablauf von 5 Jahren sollen die Automaten demontiert und verschrottet werden, wodurch noch einmal Kosten in Höhe von 10.000 € anfallen.

Die Maschinenbau AG rechnet mit einem Kalkulationszinsfuß von 12 %.

Aufgabenstellung:

a) Beurteilen Sie mithilfe der Kapitalwertmethode die Investitionsmaßnahme und zwar für den günstigsten Fall und für den schlechtesten Fall.

Folgende finanzmathematische Faktoren stehen für die Berechnungen zur Auswahl:

Jahr	Aufzinsungsfaktor	Abzinsungsfaktor	Diskontierungssummen-faktor
1	1,12	0,892857	0,892857
2	1,2544	0,797194	1,690051
3	1,404928	0,71178	2,401831
4	1,573519	0,635518	3,037349
5	1,762342	0,567427	3,604776

b) Erläutern Sie, wie sich eine Veränderung der von der Maschinenbau festgesetzten Mindest-verzinsung auf die Ergebnisse zu a) auswirken würde? Mit welcher Investitionsrechnungs-methode kann die tatsächliche Verzinsung der Investitionsmaßnahmen ermittelt werden?

c) Welche Kritik lässt sich an den dynamischen Verfahren der Investitionsrechnung üben?

Die Lösung finden Sie auf Seite 277.

FALL

Fall 57 Kapitalwertmethode
15 Punkte   ***   30 Minuten

Die Maschinenbau AG plant den Kauf einer Kunststoffspritzgussmaschine zur Herstellung von Typenschildern für die Automobilindustrie.

Der Nettopreis beträgt 50.000 €. Die Maschine soll 3 Jahre genutzt und am Ende des dritten Jahres für 2.000 € verkauft werden. Es wird davon ausgegangen, dass 10.000 Stück pro Jahr ge-fertigt und zu einem Stückpreis von 10 € abgesetzt werden. An variablen Stückkosten werden 5 € angesetzt und die Fixkosten sind 20.000 € jährlich.

Für diese Investition wird ein Kalkulationszinsfuß von 10 % angenommen.

Aufgabenstellung:

a) Lohnt sich die Investition? Wenden Sie für die Berechnung die Kapitalwertmethode an, wo-bei für die Berechnung folgende finanzmathematische Faktoren zur Wahl stehen:

Jahr	Aufzinsungsfaktor	Abzinsungsfaktor	Diskontierungs-summenfaktor	Kapitalwieder-gewinnungsfaktor
1	1,1	0,909091	0,909091	1,1
2	1,21	0,826446	1,735537	0,57619
3	1,331	0,751315	2,486852	0,402115

b) Um wie viel Euro und Prozent verändert sich der Kapitalwert, wenn der Stückdeckungsbei-trag um 10 % sinkt?

Die Lösung finden Sie auf Seite 279.

FALL

Fall 58   Finanzierungsentscheidung
15 Punkte   ***   40 Minuten

Die Strukturbilanz der Maschinenbau AG für das abgelaufene Geschäftsjahr 02 sieht wie folgt aus:

AKTIVA	Strukturbilanz (in T€)		PASSIVA
Anlagevermögen	6.000	Eigenkapital	3.000
Umlaufvermögen	9.000	Verbindlichkeiten	11.000
	15.000		15.000

Die Gewinn- und Verlustrechnung weist für das Geschäftsjahr 02 einen Jahresüberschuss von 590 T€, Abschreibungen von 60 T€ und Zinsaufwendungen von 80 T€ aus.

Die langfristigen Rückstellungen in 01 sind 120 T€ und in 02 betragen sie 70 T€. Die kurzfristigen Rückstellungen betragen in 01 60 T€ und in 02 90 T€.

Das Unternehmen plant für das kommende Jahr (Geschäftsjahr 03) Erweiterungsinvestitionen in einem Gesamtvolumen von 1.000 T€. Es ist beabsichtigt, die Investition durch den Cashflow des Geschäftsjahres 02 zu finanzieren. Ein eventueller Fehlbetrag soll durch ein langfristiges Bankdarlehen ausgeglichen werden. Die Kreditkonditionen der Bank sind: Nominalzinssatz 6 %, Disagio 3 %.

Der durchschnittliche Fremdkapitalzinssatz der Maschinenbau AG ist ebenfalls 6 %.

Aufgabenstellung:

a) Reicht der Cashflow aus, um die geplanten Investitionen damit zu finanzieren?

b) Über welchen Betrag muss ggf. das Bankdarlehen lauten?

c) Berechnen Sie die Eigenkapitalquote und den Verschuldungsgrad für das Geschäftsjahr 02.

d) Welchen Einfluss auf die Kennzahlen ergeben sich, wenn das Unternehmen in Höhe des eventuellen Fehlbetrages das Bankdarlehen aufnimmt?

e) Berechnen Sie die Eigenkapital- und die Gesamtkapitalrentabilität.

f) Erläutern Sie, wie sich die Aufnahme des Bankdarlehens auf die Eigenkapitalrentabilität auswirkt?

g) Wie wirkt sich das Disagio auf die Effektivverzinsung des Bankdarlehens aus?

h) Im Umlaufvermögen befinden sich festverzinsliche Wertpapiere über 350 T€. Wie könnten die Wertpapiere zur Besicherung des Bankdarlehens herangezogen werden?

Die Lösung finden Sie auf Seite 280.

Fall 59   Wechsel
10 Punkte   **   25 Minuten

Bei der Maschinenbau AG werden bestimmte Geschäfte mittels Wechsel abgewickelt und im Exportgeschäft spielen Akzeptkredite eine nicht unwesentliche Rolle.

Aufgabenstellung:

a) Erläutern Sie, was ein Wechsel ist und welche Beteiligten bei einem Wechselgeschäft vorkommen.

b) Beschreiben Sie den Akzeptkredit.

Die Lösung finden Sie auf Seite 281.

Fall 60   Außenhandelsfinanzierung
15 Punkte   **   35 Minuten

Die Abraham OHG bezieht unter anderem Flachbildschirme aus Südostasien und verkauft diese zum Teil weiter nach Polen.

Auf der kommenden Gesellschafterversammlung sollen Sie Möglichkeiten der kurzfristigen Außenhandelsfinanzierung aufzeigen. Dabei interessiert die Gesellschafter vor allem die Finanzierung über Rembours- und Negoziationskredite sowie die Forfaitierung.

Aufgabenstellung:

Erläutern Sie diese Finanzierungsformen.

Die Lösung finden Sie auf Seite 281.

Fall 61   Basel III
10 Punkte   **   20 Minuten

Als Assistent/in der Geschäftsleitung sollen Sie den Finanzvorstand über Basel III informieren.

Die Lösung finden Sie auf Seite 282.

Fall 62   Forward Rate Agreement
15 Punkte   **   25 Minuten

Die Maschinenbau AG betreibt ein aktives Zinsmanagement. Im Rahmen einer Vorstandssitzung sollen Sie das Forward Rate Agreement als Möglichkeit der Zinssicherung erörtern. Gehen Sie dabei allgemein auch auf Derivate und die Off-Balancesheet-Geschäfte ein.

Die Lösung finden Sie auf Seite 283.

Fall 63   Futures[1]
10 Punkte   **   20 Minuten

Im Rahmen einer Fortbildungsveranstaltung für die Mitarbeiter der Maschinenbau AG sollen Sie ein Kurzreferat zum Thema „Futures" halten. Bereiten Sie das Referat vor.

Die Lösung finden Sie auf Seite 284.

Fall 64   Finanzplan
25 Punkte   ***   40 Minuten

Als Assistent/in des Finanzvorstands der Maschinenbau AG haben Sie im Rahmen der kurzfristigen Planungsrechnung die Aufgabe, den voraussichtlichen Kapitalbedarf für den Planungszeitraum von Juli bis September (3. Quartal) zu ermitteln.

Von der Abteilung Controlling erhalten Sie die folgenden Angaben und Planzahlen:

liquide Mittel (Kasse, Bankguthaben) Anfang Juli:	812.500,00 €

Umsatzerlöse:

25 % gehen im laufenden Monat unter Abzug von 2 % Kundenskonto ein, 75 % gehen nach 2 Monaten ein.

Umsatzerlöse im Mai:	800.200,00 €
Umsatzerlöse im Juni:	920.000,00 €

Planzahlen:

Juli:	810.000,00 €
August:	660.000,00 €
September:	940.000,00 €

weitere zu erwartende Einzahlungen:

► aus Vermietung und Verpachtung:	monatlich	40.200,00 €
► Abgang von Vermögensgegenständen im Monat Juli:		60.000,00 €

Planzahlen für die Auszahlungen:

Fertigungsmaterial:	monatlich	220.000,00 €
Personalkosten:	monatlich	410.000,00 €
Steuern:	monatlich	20.000,00 €
Auszahlungen für bebaute Grundstücke:		
	Juli:	16.000,00 €
	August:	21.000,00 €
	September:	0,00 €
sonstige Auszahlungen:	monatlich	30.000,00 €
geplante Investitionen:		
	Juli:	180.000,00 €
	August:	200.000,00 €

weitere Angaben zu den Auszahlungen:

► zu erwartende Preissteigerungen beim Fertigungsmaterial 8 % ab September

► zu erwartende Lohnerhöhung ab August 5 %

► bei den Steuern werden im Juli zusätzlich 10.000,00 € fällig

Aufgabenstellung:

a) Erstellen Sie den Finanzplan für das 3. Quartal. Überschüsse oder Fehlbeträge sind in den jeweils nächsten Monat zu übernehmen. Der Überschuss am Ende des zweiten Quartals betrug 270.000,00 €.

b) Berechnen Sie die Liquidität 1. Grades (Barliquidität) für Juli, wenn sich das kurzfristige Fremdkapital auf 1.250.000,00 € belief.

c) Welche Werte benötigen Sie noch, um die Liquidität 2. und 3. Grades zu ermitteln?

d) Warum haben Liquiditätskennzahlen nur einen begrenzten Aussagewert?

Die Lösung finden Sie auf Seite 284.

FALL

Fall 65   Kapitalbedarfsrechnung 3
20 Punkte   ***   30 Minuten

Die Maschinenbau AG plant eine neue Fertigungsstraße zu errichten. Hierfür sind insgesamt 20.000.000 € eingeplant. Es stehen Eigenmittel i. H. von 12.000.000 € zur Verfügung. Über die restlichen 8.000.000 € besteht eine verbindliche Kreditzusage der Hausbank.

Es wird von weiteren folgenden Daten ausgegangen:

Der Einkaufspreis der Fertigungsstraße beläuft sich auf 15.000.000 €. Hierauf gewährt uns der Hersteller einen Preisnachlass von 5 %. Hinzu kommen weitere 16.000 € für die Montage. Die Transportversicherung beträgt 0,05 % vom Einkaufpreis, die Fracht beläuft sich auf 4.000 €.

Von den Lieferanten des Fertigungsmaterials erhalten wir durchschnittlich ein Zahlungsziel von 30 Tagen.

Die Kunden bezahlen die gelieferten Erzeugnisse nach durchschnittlich 20 Tagen.

Von der Abteilung Arbeitsvorbereitung erhalten wir die folgenden Informationen:

▶ durchschnittliche Lagerdauer für Fertigungsmaterial 4 Tage,

▶ Produktionsdauer 5 Tage,

▶ durchschnittliche Lagerdauer Fertigerzeugnisse 3 Tage,

▶ pro Tag 60.000 € durchschnittlicher Fertigungsmaterialverbrauch,

▶ pro Tag 80.000 € durchschnittliche Fertigungslöhne,

▶ Materialgemeinkosten fallen 10 Tage vor Materialanlieferung an,

▶ Fertigungslöhne fallen bei Fertigungsbeginn an,

▶ Fertigungsgemeinkosten fallen 12 Tage vor Fertigungsbeginn an,

▶ Verwaltungs- und Vertriebsgemeinkosten fallen 16 Tage vor Materiallieferung an.

Von der Abteilung Controlling bekommen wir folgende Zuschlagsätze mitgeteilt:

▶ Materialgemeinkostenzuschlagsatz 16 %,

▶ Fertigungsgemeinkostenzuschlagsatz 120 %,

▶ Verwaltungs- und Vertriebsgemeinkostenzuschlagsatz 6 %.

Aufgabenstellung

a) Berechnen Sie den Kapitalbedarf für das Anlage- und Umlaufvermögen.

b) Reichen die vorhandenen Mittel zur Kapitalbedarfsdeckung aus?

Die Lösung finden Sie auf Seite 286.

F. Lösungen

I. Berichterstattung

Lösung zu Fall 1   **6 Punkte**

a) Bedürfnisse werden allgemein als Gefühl des Mangels definiert, welches von dem Wunsch begleitet wird, den Mangel zu beseitigen.

Bedürfnisse können nach der Art der gesellschaftlichen Befriedigungsmöglichkeiten in Individualbedürfnisse (z. B. Stereoanlage) und Kollektivbedürfnisse (z. B. Sicherheit) unterteilt werden.

Ebenso ist eine Einteilung nach der Dringlichkeit der Bedürfnisse in Existenzbedürfnisse (Primärbedürfnisse) und Kultur- und Luxusbedürfnisse (Sekundärbedürfnisse) möglich.

b) Als Bedarf werden die Bedürfnisse bezeichnet, die mit Kaufkraft (dem Einkommen bzw. dem Vermögen eines Menschen) hinterlegt sind.

c) Der Bedarf, der auf dem Markt tatsächlich realisiert wird, wird als Nachfrage bezeichnet.

Lösung zu Fall 2   **8 Punkte**

a) Knappheit bedeutet, dass die Güter nicht in der Menge vorhanden sind, in der Bedürfnisse existieren.

b) Aus der Tatsache, dass die meisten Güter knapp sind, leitet sich die Notwendigkeit des Wirtschaftens ab. Das bedeutet, dass wirtschaftliche Tätigkeit das Bemühen darstellt, die Güterknappheit zu überwinden.

c) Die Notwendigkeit des Wirtschaftens führt dazu, entweder mit gegebenen Mitteln einen größtmöglichen Erfolg erzielen zu wollen (**Maximalprinzip**) bzw. einen bestimmten Erfolg unter Einsatz von möglichst geringen Mitteln erreichen zu wollen (**Minimalprinzip**). Diese beiden Vorgehensweisen werden zusammenfassend als **Ökonomisches Prinzip** bezeichnet.

Lösung zu Fall 3   **12 Punkte**

Die Volkswirtschaftslehre unterscheidet die innerbetriebliche, zwischenbetriebliche und internationale Arbeitsteilung.

Die **innerbetriebliche Arbeitsteilung** entsteht durch die Spezialisierung innerhalb eines Betriebes, z. B. in unterschiedliche Abteilungen wie Einkauf, Lager, Produktion Verwaltung und Vertrieb.

Die **zwischenbetriebliche Arbeitsteilung** beruht auf der Spezialisierung einzelner Betriebe in einem Fertigungsprozess, z. B. die Vorfertigung von Autoteilen durch Zuliefererfirmen in der Automobilindustrie.

Gehören die einzelnen Betriebe der zwischenbetrieblichen Arbeitsteilung zu unterschiedlichen Volkswirtschaften, so spricht man von **internationaler Arbeitsteilung**, z. B. der Zulieferer hat seinen Betrieb in Frankreich und der Automobilhersteller seinen in Deutschland.

Der Lehrsatz des **komparativen Kostenvorteils** nach David Ricardo (1772-1823) besagt, dass sich ein internationaler Handel für zwei Länder auch dann lohnt, wenn

1. ein Land alle Produkte billiger produzieren kann als das zweite und

2. die Verhältnisse der Produktionskosten in den Ländern unterschiedlich sind.

Dadurch, dass sich beide Volkswirtschaften auf die Produktion ihres günstigeren Produktes spezialisieren, wird durch Handel eine Gesamtmenge erwirtschaftet, die alleine nicht möglich wäre.

LÖSUNG

Lösung zu Fall 4   14 Punkte

a) Beim System der **sozialen Marktwirtschaft** in Deutschland handelt es sich um eine real existierende Wirtschaftsform, deren Ziel es ist, auf der Grundlage der freien Marktwirtschaft durch Eingriffe des Staates einen sozialen Ausgleich innerhalb der Gesellschaft zu erreichen.

b) Beispiele:

Beschränkung der Eigentumsrechte:

Grundsätzlich ist das Eigentum durch Art. 14 Abs. 1 GG gewährleistet.

Aber in Abs. 2 der Vorschrift wird geregelt, dass Eigentum auch verpflichtet. Sein Gebrauch soll zugleich dem Wohle der Allgemeinheit dienen. Hier ist eine soziale Bindung des Eigentums definiert, sodass der Eigentümer nicht beliebig über sein Eigentum verfügen kann.

Außerdem besagt Abs. 3, dass Enteignungen zum Wohle der Allgemeinheit zulässig sind, allerdings nur, wenn sie gegen Entschädigung erfolgen.

Eingriffe in die Preisbildung:

Um einen sozialen Ausgleich auf den Märkten zu erreichen wird in der sozialen Marktwirtschaft vom Staat in die Preisbildung eingegriffen. Dieses geschieht zum einen durch marktkonforme Maßnahmen, die den Preismechanismus nicht außer Kraft setzen, wie z. B. die Bezahlung von Wohngeld oder durch marktkonträre Maßnahmen, die den Preismechanismus außer Kraft setzen, wie z. B. die Gewährung von Mindestpreisen in der landwirtschaftlichen Erzeugung.

Beschränkung der Gewinnmaximierung:

In der sozialen Marktwirtschaft ist genau wie in der freien Marktwirtschaft ein Gewinnstreben als Wirtschaftsmotor gewollt. Aber in bestimmten Fällen sind hier Beschränkungen vorgesehen, z. B. werden durch § 138 BGB Wuchergeschäfte als nichtig erklärt. Auch die Missbrauchsaufsicht über marktbeherrschende Unternehmen stellt eine Beschränkung ihres Gewinnstrebens dar.

Beschränkung der Gewerbefreiheit:

In der sozialen Marktwirtschaft ist die freie Ausübung von gewerblicher Tätigkeit durch Zulassungsbedingungen und Anzeige- bzw. Genehmigungspflichten beschränkt.

Beschränkung der Vertragsfreiheit:

Auch in der sozialen Marktwirtschaft gilt grundsätzlich das Prinzip der Vertragsfreiheit. Aber in einigen Fällen, in denen Marktteilnehmer zu schützen sind, gibt es beschränkende Regelungen, wie z. B. die Vorschriften zur Geschäftsfähigkeit.

c) Beispiele:

▶ Ludwig Erhard (1897 – 1977),

▶ Alfred Müller-Armack (1901 – 1978),

▶ Walter Eucken (1891 – 1950).

d) Zentralverwaltungswirtschaft

e) Unterscheidung:

	Eigentum	Planung
Soziale Marktwirtschaft	Privateigentum	dezentrale Planung
Zentralverwaltungswirtschaft	Kollektiveigentum	zentrale Planung

LÖSUNG

Lösung zu Fall 5   14 Punkte

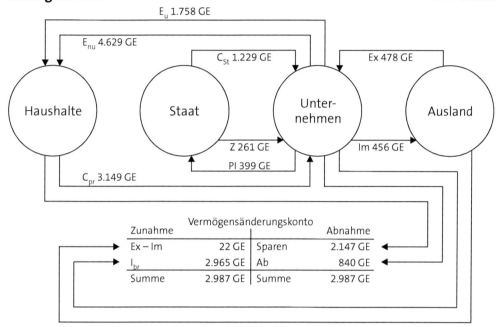

E_u 1.758 GE

E_{nu} 4.629 GE

C_{St} 1.229 GE

Ex 478 GE

| Haushalte | Staat | Unternehmen | Ausland |

Z 261 GE

Im 456 GE

PI 399 GE

C_{pr} 3.149 GE

Zunahme	Vermögensänderungskonto		Abnahme
Ex – Im	22 GE	Sparen	2.147 GE
I_{br}	2.965 GE	Ab	840 GE
Summe	2.987 GE	Summe	2.987 GE

LÖSUNG

Lösung zu Fall 6   18 Punkte

a)	Bruttoinvestitionen	2.965 GE
	- Abschreibungen	840 GE
	= Nettoinvestitionen	**2.125 GE**
b)	Export	478 GE
	- Import	456 GE
	= Außenbeitrag	**22 GE**
c)	Bruttoinvestitionen	2.965 GE
	+ Privater Konsum	3.149 GE
	+ Staatlicher Konsum	1.229 GE
	+ Außenbeitrag	22 GE
	= Bruttonationaleinkommen zu Marktpreisen	**7.365 GE**

oder

Abschreibungen	840 GE
+ Produktions- und Importabgaben	399 GE
- Subventionen	261 GE
+ Löhne und Gehälter	4.629 GE
+ Gewinne	1.758 GE
= Bruttonationaleinkommen zu Marktpreisen	**7.365 GE**

(Das Bruttonationaleinkommen entspricht hier aufgrund der Aufgabenstellung dem Bruttoinlandsprodukt.)

d)	Bruttonationaleinkommen zu Marktpreisen	7.365 GE
	- Abschreibungen	840 GE
	= Nettonationaleinkommen zu Marktpreisen	**6.525 GE**

oder

Nettoinvestitionen	2.125 GE
+ Privater Konsum	3.149 GE
+ Staatlicher Konsum	1.229 GE
+ Außenbeitrag	22 GE
Nettonationaleinkommen zu Marktpreisen	**6.525 GE**

(Das Nettonationaleinkommen entspricht hier aufgrund der Aufgabenstellung dem Nettoinlandsprodukt.)

e)	Löhne und Gehälter	4.629 GE
	+ Gewinne	1.758 GE
	= Volkseinkommen nach der Verteilung	**6.387 GE**
f)	Nettoinvestitionen	2.125 GE
	+ Privater Konsum	3.149 GE
	+ Staatlicher Konsum	1.229 GE
	- Produktions- und Importabgaben	399 GE
	+ Subventionen	261 GE
	+ Außenbeitrag	22 GE
	= Volkseinkommen nach der Verwendung	**6.387 GE**

g) $\dfrac{\text{Löhne und Gehälter} \cdot 100}{\text{Volkseinkommen}} = \text{Lohnquote}$ $\dfrac{4.629 \cdot 100}{6.387} = \mathbf{72{,}48\,\%}$

LÖSUNG

Lösung zu Fall 7   **18 Punkte**

a) In den Volkswirtschaftlichen Gesamtrechnungen werden die wichtigsten wirtschaftlichen Vorgänge innerhalb einer Volkswirtschaft in einem Kontensystem erfasst. Die Ergebnisse werden meistens in tabellarischer Form dargestellt. So entsteht ein relativ übersichtliches Gesamtbild des quantifizierbaren wirtschaftlichen Geschehens, als Grundlage für Zeit- und/oder internationale Vergleiche. Auf dieser Datenbasis werden Entscheidungen in Politik und Wirtschaft getroffen.

b) Das Bruttoinlandsprodukt erfasst den Gesamtwert der Güter und Dienstleistungen (ohne Vorleistungen), die während einer Periode im Inland erzeugt worden sind.

c) Das Bruttonationaleinkommen erfasst den Gesamtwert der Güter und Dienstleistungen (ohne Vorleistungen), die während einer Periode von Inländern erzeugt worden sind.

d) Entstehungsrechnung, Verwendungsrechnung und Verteilungsrechnung (das Bruttoinlandsprodukt lässt sich nach der Verteilungsrechnung allerdings nicht berechnen, da hierzu die notwendigen Daten fehlen; das Unternehmens- und Vermögenseinkommen ergibt sich als Restgröße)

e) Arbeitnehmerentgelt und Unternehmens- und Vermögenseinkommen

LÖSUNG

Lösung zu Fall 8   **18 Punkte**

a) Die Berechnung mit einem fünfjährlich wechselnden Basisjahr hat hauptsächlich die Nachteile, dass zum einen die Preise des Basisjahres immer weniger relevant werden und zum anderen die Anpassung an ein neues Basisjahr zu Veränderungen bei bereits vergangenen Jahren führen kann.

b) Der Unterschied zwischen dem **Bruttoinlandsprodukt zu Marktpreisen** und dem **Nettoinlandsprodukt zu Marktpreisen** sind die Abschreibungen der Volkswirtschaft.

c) Das Bruttoinlandsprodukt trifft keine Aussagen zur Einkommens- und Vermögensverteilung.

Das Bruttoinlandsprodukt erfasst nicht alle Vorgänge in einer Volkswirtschaft, so werden die großen Bereiche Heimarbeit (do-it-yourself), Hausarbeit, ehrenamtliche Tätigkeit und Schwarzarbeit nicht berücksichtigt.

Das Bruttoinlandsprodukt gibt keine Auskunft über qualitative Merkmale, wie Bildung und ärztliche Versorgung.

Das Bruttoinlandsprodukt berücksichtigt nicht den Ressourcenverbrauch.

Das Bruttoinlandsprodukt vernachlässigt die Umweltbelastung.

d) Volkseinkommen	600 GE
+ Abschreibungen	110 GE
+ Produktions- und Importabgaben minus Subventionen	70 GE
= Bruttoinlandsprodukt zu Marktpreisen	780 GE

Lösung zu Fall 9   10 Punkte

a) Das **Bruttonationaleinkommen** beinhaltet alle Güter und Dienstleistungen, die von Inländern erzeugt werden, also z. B. weltweit von allen Deutschen. Das **Bruttoinlandsprodukt** dagegen erfasst die Werte, die im Inland erzeugt werden, also z. B. innerhalb der Bundesrepublik Deutschland. Der Unterschied liegt somit im Saldo der Primäreinkommen aus der übrigen Welt.

b) Nettonationaleinkommen zu Marktpreisen	970 GE
- Abschreibungen	130 GE
= **Bruttonationaleinkommen zu Marktpreisen**	**1.100 GE**

Lösung zu Fall 10   12 Punkte

a) Es handelt sich hier um ein **Angebotsoligopol**, da sich auf der Angebotsseite nur wenige Unternehmen befinden.

b) Bei der Preisfestsetzung im Oligopol ist neben dem Kundenverhalten auch die Handlungsweise der Konkurrenz zu beobachten, denn der Spielraum für Preisveränderungen wird durch die Preise der Konkurrenz begrenzt. Bei einer Preissenkung ist zu befürchten, dass die Mitbewerber folgen und so kein höherer Absatz sondern nur ein niedrigerer Umsatz entsteht. Eine Preissteigerung kann zu einem geringeren Absatz führen, wenn die Konkurrenz nicht folgt. Ist der relative Absatzrückgang höher als die relative Preiserhöhung, sinkt ebenfalls der Umsatz. In diesem Zusammenhang wird von einer Preisstarrheit im Oligopol gesprochen.

c) Wenn die Maschinenbau AG der einzige Anbieter wäre, würde es sich um die Marktform des **Angebotsmonopols** handeln.

d) Ein Monopolist könnte theoretisch seine Preise in beliebiger Höhe festsetzen. Da er aber nicht gleichzeitig die nachgefragte Menge beeinflussen kann, muss er für sein Gewinnmaximum das Nachfragerverhalten berücksichtigen, sodass er um so weniger absetzt, je höher der Preis ist.

LÖSUNG

Lösung zu Fall 11   20 Punkte

a) Kriterien eines vollkommenen Marktes:

- ► Homogenität der Güter
- ► Vollkommene Markttransparenz
- ► (Unendlich) schnelle Reaktionsmöglichkeit
- ► Keine persönlichen Präferenzen
- ► Keine sachlichen Präferenzen
- ► Keine räumlichen Präferenzen
- ► Keine zeitlichen Präferenzen

b)

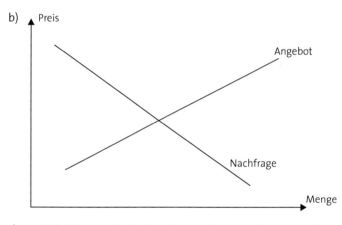

c) Im Schnittpunkt der beiden Kurven liegt der **Gleichgewichtspreis** (p) und die **Gleichgewichtsmenge** (x).

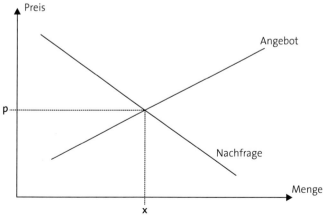

Der Gleichgewichtspreis bringt Angebot und Nachfrage zum Ausgleich, man sagt auch er „räumt den Markt".

d)

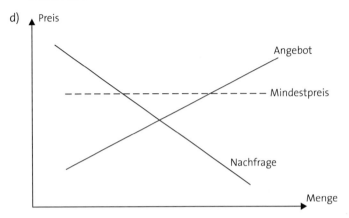

e) Ein Mindestpreis, der üblicherweise über dem Gleichgewichtspreis liegt, schränkt den Marktmechanismus ein. Durch diese Preisgarantie für die Produzenten erfolgt eine Überproduktion, d. h. das Angebot ist größer als die Nachfrage (kein Gleichgewichtspreis).

Die Produktionsüberschüsse müssen von der garantierenden Stelle aufgekauft werden. Ein typisches Beispiel für Mindestpreise sind die landwirtschaftlichen Erzeugnisse in der Europäischen Union. Durch den Aufkauf der Überproduktion entstehen die berühmten „Lebensmittelberge".

f) Ein solcher Eingriff des Staates wird als marktkonträr bezeichnet, weil er den Preismechanismus außer Kraft setzt.

g) Wesentliche Funktionen des Preises:

Gleichgewichtsfunktion: Es gibt auf Dauer keine unverkäuflichen Mengen bei den Produzenten und keine unbefriedigte Nachfrage.

Signalfunktion: Ein sich ändernder Preis zeigt, dass sich auf der Angebots- und/oder Nachfrageseite Veränderungen ergeben haben.

Lenkungsfunktion: Die Produktion wird auf die Märkte gelenkt, die die höchsten Preise (den höchsten Gewinn) einbringen (Allokation der Ressourcen).

Sanktionsfunktion: Produzenten, die z. B. durch falsche Produkte oder überhöhte Preise am Markt vorbei produzieren, werden durch niedrigere Gewinne oder höhere Verluste bestraft.

LÖSUNG

Lösung zu Fall 12   12 Punkte

a) **Kartell:**

Ein Kartell ist ein vertraglicher Zusammenschluss von rechtlich selbständigen Unternehmen, die ihre wirtschaftliche Selbständigkeit im Rahmen der Kartellvereinbarung aufgeben (z. B. Ausweitung des Absatzgebietes bei einem Gebietskartell).

Konzern:

Ein Konzern ist ein horizontaler, vertikaler oder anorganischer Unternehmenszusammenschluss rechtlich selbständiger Unternehmen, die ihre wirtschaftliche Selbständigkeit an die Muttergesellschaft verloren haben. Dieses kann durch vertragliche Vereinbarungen (Vertragskonzern) oder durch Beteiligungen (Faktischer Konzern) geschehen. Häufig sind beide Möglichkeiten gleichzeitig zu finden.

b) Nach § 1 des Gesetzes gegen Wettbewerbsbeschränkungen (GWB) sind Vereinbarungen zwischen Unternehmen, Beschlüsse von Unternehmensvereinigungen und aufeinander abgestimmte Verhaltensweisen, die eine Verhinderung, Einschränkung oder Verfälschung des Wettbewerbs bezwecken oder bewirken, verboten.

Nach § 2 GWB können Vereinbarungen zwischen Unternehmen, Beschlüsse von Unternehmensvereinigungen oder aufeinander abgestimmte Verhaltensweisen unter bestimmten Bedingungen vom Verbot freigestellt werden. Es sind allerdings die Bestimmungen von Art. 101 Abs. 3 des Vertrages über die Arbeitsweise der Europäischen Union zu beachten.

Eine Sonderregelung besteht für Mittelstandskartelle (§ 3 GWB), soweit dadurch der Markt nicht wesentlich beeinträchtigt und die Wettbewerbsfähigkeit kleiner oder mittlerer Unternehmen verbessert wird.

c) Ein **horizontaler Unternehmenszusammenschluss** entsteht, wenn sich Unternehmen der gleichen Produktionsstufe zusammenschließen (z. B. ein Zusammenschluss von zwei Möbelfabriken).

Ein **vertikaler Unternehmenszusammenschluss** entsteht durch die Verbindung von Unternehmen mit aufeinander folgenden Produktionsstufen (z. B. ein Sägewerk, eine Möbelfabrik und ein Möbelhändler).

Ein **anorganischer Unternehmenszusammenschluss** wird durch die Verflechtung von Unternehmen unterschiedlicher Produktionsstufen und Produktionsziele gebildet (z. B. eine Möbelfabrik, ein Stahlwerk, eine Reederei und eine Bäckerei).

d) Das Bundeskartellamt soll im Bereich der Fusionskontrolle den Zusammenschluss von Unternehmen untersagen, wenn durch ihn eine marktbeherrschende Stellung entsteht oder verstärkt wird. Um eine Marktbeherrschung nicht jedes Mal im Einzelfall nachweisen zu müssen, stellt das Bundeskartellamt Vermutungen über die Marktbeherrschung auf.

Damit eine Prüfung eines Zusammenschlusses erfolgen kann, ist dieser vor dem Vollzug unter Angabe bestimmter Daten anzumelden. Zusätzlich kann das Bundeskartellamt Angaben z. B. über Marktanteile oder Umsatzerlöse von bestimmten Waren oder Leistungen verlangen. Um einen Zusammenschluss untersagen zu können, muss das Bundeskartellamt innerhalb von einem Monat ein Hauptprüfverfahren einleiten und innerhalb von vier Monaten eine Entscheidung treffen.

Wird ein Zusammenschluss vom Bundeskartellamt untersagt, kann der Bundeswirtschaftsminister unter bestimmten Bedingungen die Erlaubnis zu diesem Zusammenschluss erteilen.

LÖSUNG

Lösung zu Fall 13   24 Punkte

a) Durch die Unternehmenskonzentration können die Produktionskosten je Stück gesenkt werden, wenn die Ausbringungsmenge schneller steigt, als die gesamten Produktionskosten.

Auch eine verbesserte Ausnutzung von Lerneffekten kann bei Großunternehmen erreicht werden, da die Arbeiter in einem eingeschränkten Arbeitsbereich eine größere Fertigkeit entwickeln können.

Teure Forschungs- und Entwicklungsprojekte können entweder nur in Kooperationen oder in Großunternehmen durchgeführt werden.

Für Großunternehmen wird es in der Regel einfacher, Kapital zu beschaffen; dies gilt sowohl für Eigenkapital (Aktienemission an der Börse), als auch für Fremdkapital (Anleihen und Zinsvorteile bei Großkrediten).

Durch die Zusammenfassung mehrerer Betriebe zu einem Großunternehmen können Vorteile durch Fixkostenersparnisse entstehen (Diversifizierungsvorteile), z. B. wenn zwei Unternehmen fusionieren und nur noch eine verkleinerte Gesamtverwaltung benötigen.

b) Die absolute Konzentration nach den drei üblichen Kriterien ergibt sich aus den prozentualen Anteilen der drei, sechs und zehn größten Unternehmen am Gesamtumsatz der Branche.

Unternehmen	Umsatz Mio. €	Umsatz Mio. €	Prozent
1	528		
2	469		
3	371	= 1.368	= 41,07 %
4	270		
5	265		
6	186	= 2.089	= 62,71 %
7	161		
8	138		
9	112		
10	96	= 2.596	= 77,93 %
Rest	735		
Gesamt	3.331		= 100,00 %

c) Um eine Lorenzkurve der Unternehmenskonzentration zeichnen zu können, müssen zuerst die Einzelwerte kumuliert werden.

Umsatz Mio. €	Menge der Unternehmen	Menge der Unternehmen kumuliert	Umsatz	Umsatz kumuliert
bis 10	69,8 %	69,8 %	3,5 %	3,5 %
10 bis 50	18,7 %	88,5 %	7,2 %	10,7 %
50 bis 100	7,3 %	95,8 %	15,6 %	26,3 %
100 bis 500	3,4 %	99,2 %	26,3 %	52,6 %
über 500	0,8 %	100,0 %	47,4 %	100,0 %

Danach sind die kumulierten Werte in einen Graphen mit der Unternehmensanzahl als x-Achse und den Umsätzen als y-Achse einzuzeichnen. Abschließend sind die Punkte so zu verbinden, dass sich eine Kurve ergibt.

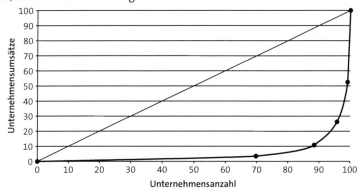

Die Lorenzkurve zeigt im Vergleich zur Kurve der Gleichverteilung (Diagonale) die Unternehmenskonzentration, die umso größer ist, je weiter die Lorenzkurve von der Diagonalen entfernt ist.

Lösung zu Fall 14   12 Punkte

a) Geld ist ein **Wertaufbewahrungsmittel**, d. h. dass mit Hilfe von Geld Werte über einen längeren Zeitraum aufbewahrt werden können, ohne dass Wertverluste eintreten (Voraussetzung: Geldwertstabilität).

Geld ist eine **Recheneinheit**; es dient der Bewertung aller Güter, die durch den Geldwert auf einfache Weise vergleichbar werden.

Geld hat die Funktion eines **Wertübertragungsmittels**; durch Geld können Vermögenswerte auf einfache Art und Weise weitergegeben werden.

Geld ist ein allgemeines **Tauschmittel**; es kann jederzeit zum Tauschen gegen beliebige Güter verwendet werden, ohne dass ein bestimmtes Gut für ein anderes geboten werden muss, wie in einer reinen Tauschwirtschaft.

b) Bargeld (Münzen, Banknoten), Buchgeld (Giralgeld), Elektronisches Geld.

LÖSUNG

Lösung zu Fall 15   **14 Punkte**

a) Seit dem 1. 1. 1999 ist der Rat der Europäischen Zentralbank (EZB) in Frankfurt für die Geldpolitik der Mitgliedsstaaten der Europäischen Währungsunion verantwortlich (siehe auch Fall 27).

b) Offenmarktgeschäfte und ständige Fazilitäten.

c) Befristete Transaktionen (z. B. Hauptrefinanzierungsgeschäfte oder Längerfristige Refinanzierungsgeschäfte), Endgültige Käufe bzw. Verkäufe, Devisenswaps, Hereinnahme von Termineinlagen, Emission von EZB-Schuldverschreibungen.

d) Regelmäßiges Offenmarktgeschäft, das vom Eurosystem in Form einer befristeten Transaktion durchgeführt wird. Hauptrefinanzierungsgeschäfte werden im Wege von wöchentlichen Standardtendern mit einer Laufzeit von einer Woche durchgeführt. Über Hauptrefinanzierungsgeschäfte wird Geld auf dem Kreditweg zur Verfügung gestellt.

e) Seit dem 1. 1. 1999 gelten folgende ständige Fazilitäten:

Zinssatz für Spitzenrefinanzierungsfazilität (Eine ständige Kreditmöglichkeit des Eurosystems, die die Geschäftspartner nutzen können, um von einer nationalen Zentralbank Übernachtkredit gegen refinanzierungsfähige Sicherheiten und zu einem im Voraus festgesetzten Zinssatz zu erhalten.)

Zinssatz für Einlagefazilität (Eine ständige Kreditmöglichkeit des Eurosystems, die den Geschäftspartnern die Möglichkeit bietet, täglich fällige Einlagen zu einem vorher festgesetzten Zinssatz bei der nationalen Zentralbank anzulegen.)

(Buchstabe b) bis e) aus: Die Geldpolitik der EZB, Europäische Zentralbank, 2011)

f) Die Deutsche Bundesbank ist nicht zum 31. 12. 1998 oder zum 31. 12. 2001 aufgelöst worden, sondern hat als nationale Zentralbank und Mitglied im Europäischen System der Zentralbanken (ESZB) weiterhin wichtige Funktionen, wie z. B. folgende:

Aufgaben im Eurosystem/Europäisches System der Zentralbanken:

► Mitentscheidung und Umsetzung der gemeinsamen Geldpolitik

► Bargeldversorgung

► Verwalterin der Währungsreserven

► Zahlungsverkehr

► Information und Öffentlichkeitsarbeit

Nationale und internationale Aufgaben:

► Mitwirkung bei der Bankenaufsicht

► Statistische Aufgaben

► Hausbank des Bundes (eingeschränkt auch für die Länder)

(Internet-Seite der Deutschen Bundesbank)

LÖSUNG

Lösung zu Fall 16   **14 Punkte**

a) **Inflation:**

Unter Inflation wird ein über einen längeren Zeitraum anhaltendes Steigen des Preisniveaus verstanden.

Deflation:

Deflation im klassischen Sinne bedeutet ein anhaltendes Sinken des Preisniveaus (Gegenteil von Inflation).

b) **Offene Inflation:**

Bei einer offenen Inflation ergeben sich die Steigerungen des Preisniveaus aus den allgemeinen Marktbedingungen, also ohne marktkonträre Eingriffe des Staates, wie Höchst- oder Festpreise.

Verdeckte Inflation:

Bei einer verdeckten Inflation greift der Staat z. B. durch Höchst- oder Festpreise in das Marktgeschehen ein. Durch diese Wirtschaftspolitik wird das tatsächliche Preisniveau unterdrückt, weil die festgelegten Preise oder Preisgrenzen üblicherweise nicht laufend angepasst werden. Der Wertverlust entsteht durch ein sinkendes Güterangebot, da Produzenten die Güter zu den festgelegten Preisen nicht verkaufen wollen oder können. Der Staat muss im Ergebnis die Güter rationieren.

c) **Importierte Inflation:**

Für den Fall der importierten Inflation sind zwei Möglichkeiten denkbar.

Variante 1: Eine importierte Inflation kann durch stärker steigende Preise im Ausland entstehen, wenn diese Preissteigerungen zu vermehrten Exporten führen. Dadurch steht dann einer gestiegenen Geldmenge im Inland eine verminderte Warenmenge gegenüber; die Folge ist eine Steigerung des Preisniveaus im Inland.

Variante 2: Eine importierte Inflation kann durch steigende Preise z. B. für Rohstoffe, die importiert werden, entstehen (auch ein Fall der Kosteninflation).

Kosteninflation:

Auch im Falle der Kosteninflation sind mehrere Ursachen denkbar.

Variante 1: Durch Lohnerhöhungen, die über der Produktivitätssteigerung liegen, kann es zu Preissteigerungen kommen.

Variante 2: Durch abnehmende Kapazitätsauslastungen steigen die Stückkosten, mit der Folge, dass die Preise für diese Produkte steigen könnten.

Variante 3: Anstieg der Preise für importierte Rohstoffe oder Zwischenprodukte.

Außerdem können Kosteninflationen durch steigende Abgaben oder Zinsen sowie durch veränderte rechtliche Rahmenbedingungen entstehen.

LÖSUNG

Lösung zu Fall 17   12 Punkte

a) Harmonisierter Verbraucherpreisindex (HVPI)

b) Mit Hilfe des HVPI soll überprüft werden, ob Preisstabilität erreicht ist. Dieser Index ist in den Ländern des EURO-Währungsgebiets harmonisiert worden. Diese eingeführten Harmonisierungsmaßnahmen beruhen auf mehreren Verordnungen und Richtlinien der EG, die mit den Mitgliedstaaten vereinbart wurden. Infolge der Harmonisierung und statistischer Verbesserungen, mit denen eine größere Exaktheit, Verlässlichkeit und Zeitnähe erreicht werden sollten, wurde der HVPI zu einem qualitativ hochwertigen Preisindex von internationalem Standard und einem länderübergreifend weitgehend vergleichbaren Indikator.

Die von Eurostat veröffentlichten HVPI-Daten stehen seit Januar 1995 zur Verfügung. Der HVPI ist der Index, der die im Zeitverlauf zu beobachtenden Veränderungen des Preises eines repräsentativen Korbs von Konsumgütern und Dienstleistungen am besten abbildet. Auf der Basis der für 2003 geltenden Gewichtung der Konsumausgaben sind Waren für 58,0 % des HVPI verantwortlich und Dienstleistungen für 42,0 %. Die Verwendung eines harmonisierten Index macht die Verpflichtung der EZB zu einem umfassenden, effektiven Schutz vor Kaufkraftverlusten transparent.

(Die Geldpolitik der EZB, Europäische Zentralbank, 2011)

HVPI werden erstellt und veröffentlicht unter Verwendung eines gemeinsamen Index-Referenzzeitraums (2005 = 100). (Internetseite Eurostat)

c) Der HVPI ist seit 2009 (= 100) auf 104,7715 Ende 2012 gestiegen. Die Kaufkraftverringerung berechnet sich dann mit (100 · 100 / 104,7715 =) 95,4458. Daraus ergibt sich, dass die Kaufkraft des Euros seit 2009 um 4,55 % gesunken ist.

LÖSUNG

Lösung zu Fall 18   18 Punkte

Die **Zahlungsbilanz** ist eine außenwirtschaftliche Gesamtrechnung. Sie zeigt in einer statistischen Gegenüberstellung den internationalen Waren-, Dienstleistungs- und Kapitalverkehr einer Volkswirtschaft in einer Periode.

Die Zahlungsbilanz wird von der Deutschen Bundesbank veröffentlicht. Sie untergliedert sich hauptsächlich in die beiden großen Zweige Leistungsbilanz und Kapitalbilanz. In der Darstellung der Deutschen Bundesbank finden außerdem noch die Vermögensübertragungen und eine Position für den Saldo der statistisch nicht aufgliederbaren Transaktionen.

Die Teilbilanzen der Leistungsbilanz sind die Handelsbilanz, die Dienstleistungsbilanz, die Erwerbs- und Vermögenseinkommensbilanz und die Übertragungsbilanz.

In der **Handelsbilanz** wird der Außenhandel, also die Importe und Exporte von Waren dargestellt. Dabei ist es gleichgültig, ob z. B. ein Kreditkauf/-verkauf oder eine Barzahlung vorliegt.

Die **Dienstleistungsbilanz** zeigt die Inanspruchnahme ausländischer Dienste durch Inländer bzw. inländischer Dienste durch Ausländer.

In der **Erwerbs- und Vermögenseinkommensbilanz** werden die Faktoreinkommen aus dem Ausland und an das Ausland dargestellt (z. B. an das Ausland gezahlte Erwerbseinkommen).

Die **Übertragungsbilanz** beinhaltet alle Leistungen an das Ausland, denen keine direkte Gegenleistung gegenübersteht (z. B. Beiträge für internationale Organisationen).

Die Vorgänge werden folgendermaßen erfasst:

1.   Warenverkauf an das Ausland gegen langfristigen Kredit:

    Handelsbilanz (Erhöhung Export) und
    Langfristiger Kapitalverkehr (Zunahme Forderungen)

2.   Urlaubsreise in das Ausland gegen Barzahlung:

    Kurzfristiger Kapitalverkehr (Zunahme Schulden) und
    Dienstleistungsbilanz (Erhöhung Import)

3.   Staatlicher Entwicklungshilfe gegen Barzahlung:

    Kurzfristiger Kapitalverkehr (Zunahme Schulden) und
    Übertragungsbilanz (Zunahme Ausgaben)

Bei einer Bilanz handelt es sich im Normalfall um ein ausgeglichenes Zahlenwerk; einen Saldo, also auch einen Überschuss, kann es per Definition nicht geben.

LÖSUNG

Lösung zu Fall 19   14 Punkte

a)   ► Aufschwung (Expansion)

       ► Hochphase (Boom)

       ► Abschwung (Rezession)

       ► Talsohle (Depression)

b) Die grafische Darstellung könnte folgendermaßen aussehen:

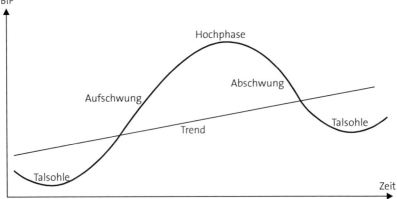

c) Ein wirtschaftlicher Aufschwung ist durch eine optimistische Zukunftserwartung gekennzeichnet.

Die Auftragsbestände steigen, da durch die konjunkturelle Erholung sowohl die privaten Haushalte als auch die Unternehmen mehr nachfragen. Es werden mehr Konsum- und Investitionsgüter benötigt.

Die Produktionskapazitäten können durch die höhere Nachfrage besser ausgenutzt werden.

Die Arbeitslosenquote sinkt, da durch die Erholung der Wirtschaft Arbeitskräfte benötigt werden.

Die Sparneigung nimmt ab, weil eine Vorsorge für wirtschaftliche Krisen nicht mehr so dringend erforderlich ist.

Die Zinsen sind noch niedrig, beginnen aber zu steigen, da sich die Kreditnachfrage ausweitet.

LÖSUNG

Lösung zu Fall 20   8 Punkte

a) Vier Unterziele:
- ► Stabilität des Preisniveaus
- ► Hoher Beschäftigungsstand
- ► Außenwirtschaftliches Gleichgewicht
- ► Stetiges und angemessenes Wirtschaftswachstum

b) Diese Unterziele werden als magisches Viereck bezeichnet, weil eine gleichzeitige Erfüllung aller Ziele in der Realität nicht möglich ist. Das Problem liegt darin, dass es sich teilweise um konträre Ziele handelt, die miteinander unvereinbar sind. Z. B. handelt es sich bei den Zielen außenwirtschaftliches Gleichgewicht und hoher Beschäftigungsstand um konkurrierende Ziele, da eine „Vollbeschäftigung" einfacher zu erreichen wäre, wenn der Export möglichst hoch wäre.

c) zwei zusätzliche Unterziele

▶ Gerechte Einkommens- und Vermögensverteilung

▶ Lebenswerte Umwelt

= (Magisches Sechseck, mit den vier Punkten aus a))

LÖSUNG

Lösung zu Fall 21   **14 Punkte**

a) Eine Vollbeschäftigung, also ein Zustand in dem jeder arbeitet, ist gesamtwirtschaftlich nicht zu erreichen, weil es wegen Arbeitsplatzwechsel oder saisonalen Schwankungen immer einige Arbeitslose geben wird. Die Zielgröße hoher Beschäftigungsstand meint also nicht eine Arbeitslosenquote von 0,0 %, sondern als Zielgröße werden ca. 1,0 % bis 1,5 % angepeilt.

b) Die **konjunkturelle** Arbeitslosigkeit entsteht durch einen allgemeinen Nachfragerückgang und betrifft deshalb alle Bereiche und Regionen einer Volkswirtschaft.

Die **strukturelle** Arbeitslosigkeit entsteht infolge von Anpassungsschwierigkeiten an sich ändernde Strukturen. So sind manche Arbeitnehmer nicht gewillt und/oder nicht in der Lage, den Beruf oder den Beschäftigungsort zu wechseln.

Die **saisonale** Arbeitslosigkeit tritt durch Schwankungen der Beschäftigungszahlen in einigen Branchen auf. Häufige Ursache für diese Schwankungen sind die Wetterverhältnisse (z. B. Winterarbeitslosigkeit im Baugewerbe).

Die **friktionelle** Arbeitslosigkeit entsteht z. B. durch das Suchen eines Arbeitnehmers nach einem neuen Arbeitgeber nach einer Kündigung (Sucharbeitslosigkeit) oder durch die verzögerte Neueinstellung auf Arbeitgeberseite.

c) **Berechnung der Erwerbsquote**

Bevölkerung	75.000
- Nichterwerbspersonen	31.000
Erwerbspersonen	44.000

$$\frac{\text{Erwerbspersonen} \cdot 100}{\text{Bevölkerung}} = \text{Erwerbsquote} \qquad \frac{44.000 \cdot 100}{75.000} = \mathbf{58,7\,\%}$$

Berechnung der Erwerbslosenquote

Erwerbspersonen	44.000
- Arbeitnehmer (Inländer)	37.520
- Selbständige	2.960
Erwerbslose	3.520

$$\frac{\text{Erwerbslose} \cdot 100}{\text{Erwerbsperson}} = \text{Erwerbsquote} \qquad \frac{3.520 \cdot 100}{44.000} = 8{,}0\,\%$$

Lösung zu Fall 22   12 Punkte

a) Bei der **prozyklischen Fiskalpolitik** wirken die Maßnahmen des Staates noch verstärkend auf die Konjunkturschwankungen. Z. B. wenn in einer Hochphase viele Steuereinnahmen zur Verfügung stehen und ausgegeben werden, würde diese Maßnahme die schon hohe gesamtwirtschaftliche Nachfrage weiter erhöhen. Entsprechend würden in einer Talsohle weniger staatliche Ausgaben erfolgen.

Bei der **antizyklischen Fiskalpolitik** wirken die Maßnahmen des Staates glättend auf die Konjunkturschwankungen. Z. B. wenn in einer Hochphase viele Steuereinnahmen zur Verfügung stehen aber nicht ausgegeben werden, würde diese Maßnahme die schon hohe gesamtwirtschaftliche Nachfrage nicht weiter erhöhen. Entsprechend würden in einer Talsohle mehr staatliche Ausgaben erfolgen, die gegebenenfalls durch Kredite zu finanzieren sind (defecit spending).

b) Fiskalpolitische Maßnahmen:

   ▶ Veränderungen der Steuersätze

   ▶ Veränderungen der Steuerbemessungsgrundlagen (z. B. Abschreibungen)

   ▶ Investitionszulagen

   ▶ Veränderung der Staatsausgaben

   ▶ Veränderung der Transferleistungen

Lösung zu Fall 23   18 Punkte

a) Die **Tarifautonomie** bedeutet, dass die Tarifvertragsparteien (üblicherweise Gewerkschaften und Arbeitgeberverbände bzw. einzelne Arbeitgeber) Lohn- und Arbeitsbedingungen unabhängig miteinander aushandeln und Tarifverträge abschließen können.

Eine Einmischung von Dritten (z. B. des Staates) ist verboten. Die Rechtsgrundlage für die Tarifautonomie ist im Tarifvertragsgesetz (TVG) von 1949 geschaffen worden.

b) 1. Tarifverhandlungen werden geführt.

   2. In den Verhandlungen wird keine Einigkeit erzielt.

   3. Ein Schlichtungsversuch durch einen unparteiischen Dritten wird unternommen.

   4. Bei einem Scheitern der Tarifverhandlungen wird die Urabstimmung über Kampfmaßnahmen eingeleitet.

5. Wenn mindestens 75 % der Mitglieder der Gewerkschaft zustimmen, ist ein Streik möglich; vorher sind eventuell Warnstreiks möglich.

6. Eine mögliche Gegenmaßnahme der Arbeitgeber ist die Aussperrung der Arbeitnehmer.

7. Es werden neue Verhandlungen geführt.

8. Der Streik ist beendet, wenn auf einer weiteren Urabstimmung mindestens 25 % der Mitglieder dem Vorschlag zustimmen.

9. Tarifabschluss und damit Entstehung einer Friedenspflicht.

c) Die Allgemeinverbindlichkeit eines Tarifvertrages bedeutet, dass die Rechtsnormen des Tarifvertrages in seinem Geltungsbereich jetzt auch die bisher nicht tarifgebundenen Arbeitgeber und Arbeitnehmer erfassen (§ 5 Abs. 4 TVG). So werden z. B. Arbeitsverhältnisse von Arbeitnehmern, die nicht in der Gewerkschaft sind, durch den Abschluss eines neuen Tarifvertrages nicht direkt berührt. Erst durch die Allgemeinverbindlichkeit haben auch diese Arbeitnehmer einen Anspruch auf z. B. ausgehandelte Lohnerhöhungen.

LÖSUNG

Lösung zu Fall 24   18 Punkte

a) Der Aufsichtsrat

b) Die Mitbestimmung nach

► dem Drittelbeteiligungsgesetz von 2004

► dem Mitbestimmungsgesetz von 1976 (MitbestG)

► dem Montan-Mitbestimmungsgesetz von 1951

c) Da das Unternehmen nicht mehr als 10.000 Arbeitnehmer hat, besteht der Aufsichtsrat nach § 7 Abs. 1 Nr. 1 MitbestG aus je sechs Aufsichtsratmitgliedern der Anteilseigner und der Arbeitnehmer, wobei diese nach § 7 Abs. 2 Nr. 1 MitbestG vier Arbeitnehmer des Unternehmens, davon ein leitender Angestellter nach § 15 Abs. 1 Satz 2 MitbestG und zwei Vertreter von Gewerkschaften sind. Der Vorsitzende wird nach § 27 MitbestG gewählt.

d) Die betriebliche Mitbestimmung wird durch den Betriebsrat ausgeübt. Die Regelungen dazu finden sich im Betriebsverfassungsgesetz von 1972.

LÖSUNG

Lösung zu Fall 25   8 Punkte

a) Zweige der gesetzlichen Sozialversicherung

► Arbeitslosenversicherung

► Krankenversicherung

- ▶ Pflegeversicherung

- ▶ Rentenversicherung

- ▶ Unfallversicherung

b) Beispiele:

- ▶ Die Beiträge zur Unfallversicherung werden nur vom Arbeitgeber bezahlt.

- ▶ Bei der Krankenversicherung müssen die Arbeitnehmer einen Extrabeitrag von 0,9 % allein zahlen.

- ▶ Bei der Pflegeversicherung müssen kinderlose Arbeitnehmer einen Extrabeitrag von 0,25 % allein zahlen.

- ▶ Sonderregelung bei der Pflegeversicherung in Sachsen wegen der Beibehaltung des Buß- und Bettages als gesetzlicher Feiertag (Arbeitnehmer 1,35 % ggf. zzgl. Zuschlag und Arbeitgeber 0,35 %)

- ▶ Bei Minijobs werden die pauschalen Beiträge zur Kranken- und Rentenversicherung nur vom Arbeitgeber bezahlt.

- ▶ In der Gleitzone muss der Arbeitgeber die vollen Beiträge zur Sozialversicherung leisten, während beim Arbeitnehmer nur teilweise Beiträge fällig werden.

LÖSUNG

Lösung zu Fall 26   14 Punkte

a) Die Mitglieder des Europäischen Rates sind die Staats- und Regierungschefs der Mitgliedsstaaten (für die Bundesrepublik Deutschland der/die Bundeskanzler/in), der/die Präsident/in des Europäischen Rates und der/die Präsident/in der Europäischen Kommission.

Die Hauptaufgabe dieses Organs ist es, die Leitlinien der Gemeinschaftspolitik festzulegen.

b) Das ausführende Organ der Europäischen Union ist die Europäische Kommission mit Sitz in Brüssel.

Die Kommission hat im Wesentlichen die folgenden Aufgaben:

- ▶ Sie macht dem Parlament und dem Rat Vorschläge für neue Rechtsvorschriften.

- ▶ Sie verwaltet den Haushaltsplan.

- ▶ Sie sorgt (gemeinsam mit dem Gerichtshof) für die Einhaltung des europäischen Rechts.

- ▶ Sie vertritt die Europäische Union auf internationaler Ebene, zum Beispiel durch Aushandeln von Übereinkommen zwischen der EU und anderen Ländern.

c) Das Europäische Parlament hat im Wesentlichen die folgenden drei Rechte:

- ▶ Es teilt sich die **gesetzgebende Gewalt** mit dem Rat in vielen Politikbereichen. Durch die direkte Wahl des Parlaments wird die demokratische Legitimierung des europäischen Rechts gewährleistet.

► Es übt eine **demokratische Kontrolle** über alle Organe der EU und insbesondere über die Kommission aus. Es stimmt der Benennung der Kommissionsmitglieder zu oder lehnt sie ab und kann einen Misstrauensantrag gegen die gesamte Kommission einbringen.

► Es teilt sich die **Haushaltsbefugnis** mit dem Rat und kann daher Einfluss auf die Ausgaben der EU ausüben. In letzter Instanz nimmt es den Gesamthaushalt an oder lehnt ihn ab.

(Buchstabe a) bis c) aus Internet-Seite der Europäischen Union)

LÖSUNG

Lösung zu Fall 27   14 Punkte

Organisation der EZB:

Die Europäische Zentralbank (EZB) ist als zentrale Institution im Europäischen System der Zentralbanken (ESZB) zu sehen. Sie ging aus dem Europäischen Währungsinstitut hervor.

Die Organe sind der EZB-Rat und das Direktorium.

Das Direktorium besteht aus dem Präsidenten, dem Vizepräsidenten und vier weiteren Mitgliedern, die einmalig auf acht Jahre gewählt werden. Das Direktorium führt die laufenden Geschäfte der EZB und bereitet die Sitzungen des EZB-Rates vor. Außerdem führt das Direktorium die Geldpolitik gemäß den Leitlinien und Entscheidungen des EZB-Rates aus.

Der EZB-Rat besteht seit 1.1.2015 aus dem Direktorium und den Präsidenten der nationalen Zentralbanken jener Mitgliedstaaten, der 19 Länder, die zurzeit dem Euroraum angehören. Er ist das zentrale Entscheidungsgremium und tagt in der Regel zweimal im Monat in Frankfurt. In den Sitzungen haben alle Mitglieder eine Stimme. Der EZB-Rat erlässt die Leitlinien und Entscheidungen, die notwendig sind, um die Erfüllung der dem ESZB nach diesem Vertrag und dieser Satzung übertragenen Aufgaben zu gewährleisten. Der EZB-Rat legt die Geldpolitik der Gemeinschaft fest, fasst Beschlüsse zu Leitzinssätzen und der Bereitstellung von Zentralbankgeld im ESZB, und erlässt die für ihre Ausführung notwendigen Leitlinien.

Zusätzlich besteht noch der Erweiterte Rat, in dem auch die neun Länder vertreten sind, die den Euro noch nicht eingeführt haben.

Aufgaben der EZB:

Gemäß Artikel 127 Absatz 2 des Vertrags über die Arbeitsweise der Europäischen Union (AEU-Vertrag) bestehen die grundlegenden Aufgaben darin

► die Geldpolitik des Euro-Währungsgebiets festzulegen und auszuführen,

► Devisengeschäfte durchzuführen,

► die offiziellen Währungsreserven der Mitgliedstaaten zu halten und zu verwalten (Portfoliomanagement),

► das reibungslose Funktionieren der Zahlungssysteme zu fördern.

Weitere Aufgaben sind:

► Banknoten: Die EZB hat das ausschließliche Recht, die Ausgabe von Banknoten innerhalb des Euroraums zu genehmigen.

► Statistik: In Zusammenarbeit mit den nationalen Zentralbanken erhebt die EZB entweder von nationalen Behörden oder direkt von den Wirtschaftsakteuren die für die Erfüllung der Aufgaben notwendigen statistischen Daten.

► Aufsicht über die Kreditinstitute und Stabilität des Finanzsystems: Das Eurosystem trägt zur reibungslosen Durchführung der von den zuständigen Behörden auf dem Gebiet der Aufsicht über die Kreditinstitute und der Stabilität des Finanzsystems ergriffenen Maßnahmen bei.

► Internationale und Europäische Zusammenarbeit: Zum Zwecke der Erfüllung der dem Eurosystem übertragenen Aufgaben arbeitet die EZB sowohl innerhalb der EU als auch international mit den zuständigen Organen, Einrichtungen und Foren zusammen.

(Internet-Seite der Europäischen Zentralbank)

LÖSUNG

Lösung zu Fall 28   14 Punkte

Die **betriebswirtschaftlichen Produktionsfaktoren** sind dispositive Arbeit, ausführende Arbeit, Betriebsmittel und Werkstoffe.

► Zur dispositiven Arbeit gehören die leitenden Arbeitskräfte, deren Aufgabe es ist, die wirtschaftlichste Kombination der drei folgenden Produktionsfaktoren (Elementarfaktoren) einzusetzen.

► Zur ausführenden Arbeit gehören alle Arbeitskräfte eines Unternehmens, die nicht überwiegend leitende Funktionen ausüben.

► Zu den Betriebsmitteln gehören alle Gebäude, Maschinen, Werkzeuge, Fahrzeuge u. ä. Güter.

► Zu den Werkstoffen gehören die Rohstoffe, Hilfsstoffe und Betriebsstoffe.

Die **volkswirtschaftlichen Produktionsfaktoren** sind Arbeit, Boden, Kapital und mittlerweile von vielen anerkannt Bildung.

► Zur Arbeit gehört das gesamte Arbeitskräftepotenzial einer Volkswirtschaft.

► Zum Boden gehört die gesamte wie auch immer genutzte Bodenfläche und die Bodenschätze.

► Zum Kapital gehören die gesamten Vermögenswerte ohne Boden. Da das Kapital aus Boden und Arbeit geschaffen wird bezeichnet man es als abgeleiteten Produktionsfaktor.

► Zur Bildung gehört das Wissen, das für die Umwandlung von Rohstoffen in Kapital notwendig ist.

Lösung zu Fall 29   10 Punkte

a) **Produktivität:**

Die Produktivität ist das Ergebnis des Verhältnisses der Ausbringungsmenge zur entsprechenden Einsatzmenge.

$$\text{Produktivität} = \frac{\text{Ausbringung}}{\text{Einsatz}}$$

b) **Wirtschaftlichkeit:**

Die Wirtschaftlichkeit ist das Ergebnis des Verhältnisses von Ertrag und Aufwand bzw. Leistung und Kosten.

$$\text{Wirtschaftlichkeit} = \frac{\text{Ertrag}}{\text{Aufwand}} \quad \text{oder} \quad \frac{\text{Leistung}}{\text{Kosten}}$$

Die Wirtschaftlichkeit kann auch in Prozent ausgedrückt werden.

$$\text{Wirtschaftlichkeit} = \frac{\text{Ertrag} \cdot 100}{\text{Aufwand}} \quad \text{oder} \quad \frac{\text{Leistung} \cdot 100}{\text{Kosten}}$$

c) **Eigenkapitalrentabilität:**

Die Eigenkapitalrentabilität zeigt die effektive Verzinsung des eingesetzten Eigenkapitals.

$$\text{Eigenkapitalrentabilität} = \frac{\text{Gewinn} \cdot 100}{\text{Eigenkapital}}$$

d) **Umsatzrentabilität:**

Die Umsatzrentabilität zeigt, welchen prozentualen Anteil am Umsatz der Gewinn ausmacht.

$$\text{Umsatzrentabilität} = \frac{\text{Gewinn} \cdot 100}{\text{Umsatz}}$$

e) **Liquidität 2. Grades:**

Die Liquidität zeigt den Grad der Zahlungsfähigkeit. Die Liquidität 2. Grades stellt die flüssigen Mittel (inkl. der Wertpapiere) und die Forderungen den kurzfristigen Verbindlichkeiten gegenüber.

$$\text{Liquidität 2. Grades} = \frac{(\text{flüssige Mittel} + \text{Forderungen}) \cdot 100}{\text{Kurzfristige Verbindlichkeiten}}$$

LÖSUNG

Lösung zu Fall 30 12 Punkte

	OHG	AG
Einlagepflicht	Eine gesetzliche Einlagepflicht besteht nicht	Das Grundkapital muss mindestens 50.000 € betragen. (§ 7 AktG)
Haftung	Die OHG-Gesellschafter haften unbeschränkt und gesamtschuldnerisch (§ 128 HGB) sowie unmittelbar (§ 129 HGB)	Die Haftung der AG ist auf das Gesellschaftsvermögen beschränkt (§ 1 AktG)
Geschäftsführung/ Vertretung	Zur Führung der Geschäfte sind grundsätzlich alle Gesellschafter berechtigt und verpflichtet (§ 114 HGB). Sonderregelungen enthalten die §§ 114 ff. HGB. Zur Vertretung der Gesellschaft ist grundsätzlich jeder ermächtigt, wenn er nicht durch den Gesellschaftsvertrag von der Vertretung ausgeschlossen ist (§ 125 HGB). Sonderregelungen zur Vertretung enthalten die §§ 125 ff. HGB.	Die Geschäftsführung und Vertretung wird durch den Vorstand wahrgenommen (§ 77 und § 78 AktG)
Gewinnanteil	Vom Jahresgewinn steht grundsätzlich jedem Gesellschafter eine 4 %ige Verzinsung seiner Einlage zu. Der restliche Gewinn wird nach Köpfen verteilt (§ 121 HGB)	Der Gewinnanteil bestimmt sich nach dem Verhältnis der Anteile am Grundkapital (§ 60 AktG). Die Höhe richtet sich nach den Verwendungsentscheidungen über den Jahresüberschuss (§ 58 AktG)

LÖSUNG

Lösung zu Fall 31 14 Punkte

a) Zu skizzieren ist hier ein Stabliniensystem:

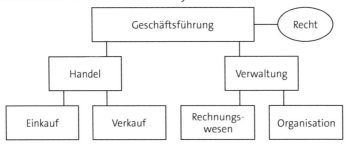

b) Eine **Stabsstelle** ist eine Stelle in der Aufbauorganisation, die nur beratende Funktion wahrnimmt und Entscheidungsunterlagen vorbereitet. Die Stabsstellen besitzen keine Weisungsbefugnis gegenüber anderen Stellen.

c) Matrixorganisation:

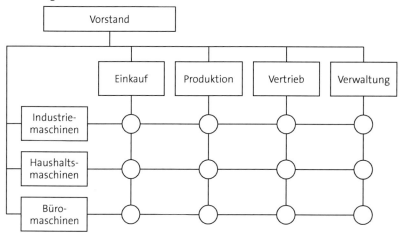

Lösung zu Fall 32   14 Punkte

a) **Organisation** ist die Schaffung von generellen Regelungen für sich immer wiederholende Tätigkeiten. Sie führt zu einem stabilen Rahmen für den Unternehmensablauf, der gewährleistet, dass gleiche Vorgänge immer gleich gelöst werden.

Unter Disposition ist die fallweise Regelung von Sachverhalten im Rahmen eines vorgegebenen Entscheidungsspielraumes zu verstehen.

Improvisation ist das Reagieren im Rahmen ungeplanter Vorgänge, hauptsächlich beim Auftreten von unvorhersehbaren oder unerwarteten Ereignissen.

b) Die **Aufbauorganisation** stellt die organisatorische Struktur der Stellen und Abteilungen zueinander dar. Sie befasst sich mit den Problemen der Instanzen.

Die **Ablauforganisation** ist die systematisierte Darstellung von Arbeitsprozessen in einer Unternehmung. Sie befasst sich mit der Problematik der Arbeitsabläufe.

c) Eine **Stelle** entsteht durch die Zusammenfassung von Funktionen zum Aufgabenbereich einer einzigen Person. Sie ist die kleinste organisatorische Instanz eines Unternehmens.

Abteilungen entstehen durch die Zusammenfassung von Stellen unter einer einheitlichen Leitung.

LÖSUNG

Lösung zu Fall 33   5 Punkte

In einer Stellenbeschreibung sollten folgende Themenbereiche geregelt werden:

► Bezeichnung der Stelle

► Rang der Stelle

► Vorgesetzter

► Unterstellte Mitarbeiter

► Vertretungsregelungen

► Ziel der Stelle

► Aufgaben der Stelle

► Zusammenarbeit mit anderen Stellen

► Informationsfluss

► Anforderungen an den Stelleninhaber

► Bewertungsmaßstäbe für die Leistung

LÖSUNG

Lösung zu Fall 34   50 Punkte

Strukturbilanz (Angaben in T€)	2014	2013
Aktiva Summe	36.381	36.173
A. Anlagevermögen	22.129	21.647
B. Umlaufvermögen		
Vorräte	5.328	7.264
Forderungen	3.159	6.213
Liquide Mittel (inkl. Wertpapiere)	5.765	1.049
Passiva Summe	36.381	36.173
A. Eigenkapital	13.786	10.895
B. Verbindlichkeiten		
1. Kurzfristig (< 1 Jahr)	11.820	19.337
2. Mittelfristig (1–5 Jahre)	2.300	1.350
3. Langfristig (> 5 Jahre)	8.475	4.591

Zur Berechnung der Strukturbilanz:

Beim Eigenkapital ist jeweils nur die Hälfte des Bilanzgewinns anzusetzen, da die andere Hälfte ausgeschüttet werden soll.

Bei den kurzfristigen Verbindlichkeiten sind neben dem jeweiligen Ausschüttungsbetrag und den Verbindlichkeiten < 1 Jahr auch die Steuer- und sonstigen Rückstellungen auszuweisen.

Berechnung der Kennzahlen:

a) **Anlagenintensität**

$$\frac{\text{Anlagevermögen} \cdot 100}{\text{Gesamtvermögen}}$$

2014 $\quad \dfrac{22.129 \cdot 100}{36.381} = 60,83\,\%$

2013 $\quad \dfrac{21.647 \cdot 100}{36.173} = 59,84\,\%$

b) **Anlagendeckungsgrad I** (kann auch in Prozent ausgedrückt werden)

$$\frac{\text{Eigenkapital}}{\text{Anlagevermögen}}$$

2014 $\quad \dfrac{13.786}{22.129} = 0,62$

2013 $\quad \dfrac{10.895}{21.647} = 0,50$

c) **Anlagendeckungsgrad II** (kann auch in Prozent ausgedrückt werden)

$$\frac{\text{Eigenkapital} + \text{langfristiges Fremdkapital}}{\text{Anlagevermögen}}$$

2014 $\quad \dfrac{13.786 + 8.475}{22.129} = 1,01$

2013 $\quad \dfrac{10.895 + 4.591}{21.647} = 0,72$

d) **Arbeitsintensität** (Umlaufintensität)

$$\frac{\text{Umlaufvermögen} \cdot 100}{\text{Gesamtvermögen}}$$

2014 $\dfrac{(5.328 + 3.159 + 5.765) \cdot 100}{36.381} = 39{,}17\,\%$

2013 $\dfrac{(7.264 + 6.213 + 1.049) \cdot 100}{36.173} = 40{,}16\,\%$

e) **Liquidität 2. Grades** (kann auch in Prozent ausgedrückt werden)

$\dfrac{\text{Liquide Mittel} + \text{Forderungen}}{\text{kurzfristiges Fremdkapital}}$

2014 $\dfrac{5.765 + 3.159}{11.820} = 0{,}75$

2013 $\dfrac{1.049 + 6.213}{19.337} = 0{,}38$

f) **Eigenkapitalquote**

$\dfrac{\text{Eigenkapital} \cdot 100}{\text{Gesamtkapital}}$

2014 $\dfrac{13.786 \cdot 100}{36.381} = 37{,}89\,\%$

2013 $\dfrac{10.895 \cdot 100}{36.173} = 30{,}12\,\%$

g) **Verschuldungsgrad**

$\dfrac{\text{Fremdkapital} \cdot 100}{\text{Eigenkapital}}$

2014 $\dfrac{(11.820 + 2.300 + 8.475) \cdot 100}{13.786} = 163{,}90\,\%$

2013 $\dfrac{(19.337 + 1.350 + 4.591) \cdot 100}{10.895} = 232{,}01\,\%$

Hinweis zu den Rentabilitätsberechnungen: Bei den Berechnungen der Rentabilitäten ist zu beachten, dass bei Vergleichen von Unternehmen verschiedener Rechtsformen (AG – OHG) oder verschiedener Steuerrechtskreise (Deutschland – Frankreich) der Jahresüberschuss grundsätzlich um die Ertragssteuern zu erhöhen ist und somit eine Ergebnis vor Ertragssteuern anzusetzen ist. Da hier nur ein Unternehmen betrachtet wird, wird vom Jahresüberschuss ausgegangen und zusätzlich die Berechnung mit dem Gewinn vor Steuern dargestellt.

Beim eingesetzten Kapital ist zu beachten, dass das Kapital am Periodenende nicht im gesamten Zeitraum zur Verfügung stand. Im Allgemeinen wird für die Analyse ein Durchschnittswert aus dem Betrag am Periodenanfang und Periodenende verwendet. Zum Teil wird auch vereinfachend vom Wert am Periodenende ausgegangen.

h) **Eigenkapitalrentabilität**

$$\frac{\text{Jahresüberschuss} \cdot 100}{\text{durchschn. Eigenkapital}}$$

2014 $\quad \dfrac{1.191 \cdot 100}{(13.786 + 10.895) / 2} = 9,65\,\%$

$$\frac{\text{Gewinn vor Steuern} \cdot 100}{\text{durchschn. Eigenkapital}}$$

2014 $\quad \dfrac{2.088 \cdot 100}{12.341} = 16,92\,\%$

i) **Gesamtkapitalrentabilität**

$$\frac{(\text{Jahresüberschuss} + \text{Fremdkapitalzinsen}) \cdot 100}{\text{durchschn. Gesamtkapital}}$$

2014 $\quad \dfrac{(1.191 + 1.096) \cdot 100}{(36.381 + 36.173) / 2} = 6,30\,\%$

$$\frac{(\text{Gewinn vor Steuern} + \text{Fremdkapitalzinsen}) \cdot 100}{\text{durchschn. Gesamtkapital}}$$

2014 $\quad \dfrac{(2.088 + 1.096) \cdot 100}{36.277} = 8,78\,\%$

LÖSUNG

Lösung zu Fall 35   35 Punkte

Mittelverwendung			Mittelherkunft		
Ausschüttung		630	Cashflow		17.966
Jahresüberschuss 2013	1.236		Jahresüberschuss 2014	3.423	
Einst. Gewinnrückl.	– 500		Abschreibungen	14.543	
Gewinnvortrag	– 106		Cashflow	17.966	
Ausschüttung	630				
Investition Anlageverm.		13.161	Desinvestition Anlageverm.		2.320
Sachanlagen	12.567		Sachanlagen	*1.653	
Finanzanlagen	594		Finanzanlagen	*667	
Anlagevermögen	13.161		Anlagevermögen	2.320	
Zunahme Umlaufvermögen		4.164	Abnahme Umlaufvermögen		6.827
Liquide Mittel	4.164		Vorräte	4.864	
Umlaufvermögen	4.164		Forderungen	1.963	
			Umlaufvermögen	6.827	
			Kapitaleinlagen		1.030
			Gezeichnetes Kapital	800	
			Kapitalrücklagen	230	
			Kapitaleinlagen	1.030	
Rückzahlung Verb.		14.039	Erhöhung Verb.		3.851
Verb. ggü. Kreditin.	13.010		Verb. aLL	3.058	
sonst. Verb.	1.029		Erh. Rückstellungen	793	
Verbindlichkeiten	14.039		Verbindlichkeiten	3.851	
Summe		31.994	Summe		31.994

* Berechnung = Restbuchwert 2013 + Zugänge – Abschreibungen des Geschäftsjahres – Restbuchwert 2014

LÖSUNG

Lösung zu Fall 36   18 Punkte

a) **Fremdkapitalquote**

$$\frac{\text{Fremdkapital} \cdot 100}{\text{Gesamtkapital}}$$

$$\frac{74.940 \cdot 100}{91.080} = 82{,}28\,\%$$

b) **Verschuldungsgrad**

$$\frac{\text{Fremdkapital} \cdot 100}{\text{Eigenkapital}}$$

$$\frac{74.940 \cdot 100}{16.140} = 464{,}31\,\%$$

c) **Vorratsintensität**

$$\frac{\text{Vorräte} \cdot 100}{\text{Gesamtvermögen}}$$

$$\frac{37.650 \cdot 100}{91.080} = 41{,}34\,\%$$

d) **Anlagendeckungsgrad II** (kann auch in Prozent ausgedrückt werden)

$$\frac{\text{Eigenkapital} + \text{langfristiges Fremdkapital}}{\text{Anlagevermögen}}$$

$$\frac{16.140 + 23.880}{25.480} = 1{,}57$$

e) **Liquidität 2. Grades** (kann auch in Prozent ausgedrückt werden)

$$\frac{\text{Liquide Mittel} + \text{Forderungen}}{\text{kurzfristiges Fremdkapital}}$$

$$\frac{9.590 + 18.360}{25.330} = 1{,}10$$

f) **Absolutes Net Working Capital**

Umlaufvermögen − kurzfristiges Fremdkapital

65.600 − 25.330 = 40.270 €

g) **Relatives Net Working Capital**

$$\frac{\text{Umlaufvermögen} \cdot 100}{\text{kurzfristiges Fremdkapital}}$$

$$\frac{65.600 \cdot 100}{25.330} = 258{,}98\,\%$$

Lösung zu Fall 37   60 Punkte

Strukturbilanz (Angaben in T€)		2014
Aktiva Summe		43.072
A. Anlagevermögen		19.028
Immaterielle Vermögensgegenstände (ohne FW)	270	
Sachanlagen	17.758	
Sachanlagen	17.230	
stille Reserven Sachanlagen	528	
Finanzanlagen	1.000	
B. Umlaufvermögen		
Vorräte		14.874
Vorräte	14.390	
stille Reserven Vorräte	484	
Forderungen		3.830
Liquide Mittel		5.340
Passiva Summe		43.072
A. Eigenkapital		8.671
Gezeichnetes Kapital	200	
Kapitalrücklage	3.620	
Gewinnrücklagen	4.530	
Bilanzgewinn 2013 25 %	65	
Eigenkapital stille Reserven 50 %	506	
abzüglich Firmenwert	− 80	
abzüglich Disagio	− 170	
B. Verbindlichkeiten		
1. Kurzfristig		15.407
Verb. ggü. Kreditinstituten	3.120	
Verbindlichkeiten aLL	5.220	
sonstige Verbindlichkeiten	3.190	
Steuerrückstellungen	110	
sonstige Rückstellungen	3.330	

Bilanzgewinn 2014 75 %	195	
stille Reserven Vorräte (latente Steuern) 50 %	242	
2. Mittelfristig (1–5 Jahre)		4.922
Verb. ggü. Kreditinstituten	3.300	
Verbindlichkeiten aLL	1.490	
stille Reserven Sachanlagen (lat. Steuern) 25 %	132	
3. Langfristig (> 5 Jahre)		14.072
Verb. ggü. Kreditinstituten	13.940	
stille Reserven Sachanlagen (lat. Steuern) 25 %	132	

Berechnung des Eigenkapitals für 2013

A. Eigenkapital		8.192
Gezeichnetes Kapital	180	
Kapitalrücklage	3.470	
Gewinnrücklagen	4.120	
Bilanzgewinn 2013 75 %	150	
Eigenkapital stille Reserven 50 %	552	
abzüglich Firmenwert	− 90	
abzüglich Disagio	− 190	

Berechnung der Kennzahlen:

a) **Betriebsergebnis**

Umsatzerlöse	85.720
Bestandserhöhung	3.610
aktivierte Eigenleistung	117
sonstige betriebliche Erträge	5.367
Materialaufwand	− 48.315
Personalaufwand	− 31.947
Abschreibungen	− 4.416
sonstige betriebliche Aufwendungen	− 7.308
Betriebsergebnis	2.828

b) **Cashflow**

Jahresüberschuss	520
zuzüglich Abschreibungen	4.416
Cashflow	4.936

c) **Eigenkapitalrentabilität** (Siehe Hinweis Lösung Fall 34)

$$\frac{\text{Jahresüberschuss} \cdot 100}{\text{durchschn. Eigenkapital}}$$

$$\frac{520 \cdot 100}{(8.671 + 8.192) / 2} = 6,17\,\%$$

$$\frac{\text{Gewinn vor Steuern} \cdot 100}{\text{durchschn. Eigenkapital}}$$

$$\frac{1.000 \cdot 100}{8.432} = 11,86\,\%$$

d) **Eigenkapitalquote**

$$\frac{\text{Eigenkapital} \cdot 100}{\text{Gesamtkapital}}$$

$$\frac{8.671 \cdot 100}{43.072} = 20,13\,\%$$

e) **Investitionsquote des Sachanlagevermögens**

$$\frac{\text{Nettoinvestitionen (Zugänge} - \text{Abgänge zu RBW)} \cdot 100}{\text{Sachanlagevermögen zu historischen AK/HK}}$$

Abgänge zu RBW = Restbuchwert 2013 + Zugänge − Abschreibungen des Geschäftsjahres − Restbuchwert 2014

Abgänge zu RBW = 19.740 + 3.280 − 4.396 − 17.230 = 1.394 T€

$$\frac{(3.280 - 1.394) \cdot 100}{41.750} = 4,52\,\%$$

f) **Anlagenabnutzungsgrad des Sachanlagevermögens**

$$\frac{\text{kumulierte Abschreibungen} \cdot 100}{\text{Sachanlagevermögen zu historischen AK/HK}}$$

$$\frac{25.950 \cdot 100}{41.750} = 62,16\,\%$$

g) **Abschreibungsquote des Sachanlagevermögens**

$$\frac{\text{Abschreibungen des Geschäftsjahres} \cdot 100}{\text{Sachanlagevermögen zu historischen AK/HK}}$$

$$\frac{4.396 \cdot 100}{41.750} = 10,53\,\%$$

h) **Liquidität 2. Grades** (kann auch in Prozent ausgedrückt werden)

$$\frac{\text{Liquide Mittel} + \text{Forderungen}}{\text{kurzfristiges Fremdkapital}}$$

$$\frac{5.340 + 3.830}{15.407} = 0,60$$

i) **Debitorenumschlag**

$$\frac{\text{Umsatzerlöse} + \text{USt}}{\text{durchschn. Debitorenbestand}}$$

$$\frac{85.720 + 85.720 \cdot 19\,\%}{(3.830 + 1.440) / 2} = 38,71$$

j) **Debitorenziel**

$$\frac{360}{\text{Debitorenumschlag}} \quad \text{oder} \quad \frac{\text{durchschn. Debitorenbestand} \cdot 360}{\text{Umsatzerlöse} + \text{USt}}$$

$$\frac{360}{38,71} = 9,30\ \text{Tage} \quad \text{oder} \quad \frac{(3.830 + 1.440) / 2 \cdot 360}{85.720 + 85.720 \cdot 19\,\%} = 9,30\ \text{Tage}$$

k) **Dynamischer Verschuldungsgrad**

Fremdkapital	34.401
abzüglich monetäres Umlaufvermögen (3.830 + 5.340 =)	− 9.170
Effektivverschuldung	25.231

$$\frac{\text{Effektivverschuldung}}{\text{Cashflow}}$$

$$\frac{25.231}{4.936} = 5,11\ \text{Jahre}$$

LÖSUNG

Lösung zu Fall 38   25 Punkte

a) **Rohergebnis**

Umsatzerlöse	18.320.590
sonstige betriebliche Erträge	2.768.330
Materialaufwand	− 9.438.770
Rohergebnis	11.650.150

b) **Betriebsergebnis**

Umsatzerlöse	18.320.590
sonstige betriebliche Erträge	2.768.330
Materialaufwand	− 9.438.770
Personalaufwand	− 5.596.420
Abschreibungen	− 4.654.490
sonstige betriebliche Aufwendungen	− 1.283.650
Betriebsergebnis	115.590

c) **Ergebnis der gewöhnlichen Geschäftstätigkeit**

Betriebsergebnis	115.590
Finanzergebnis (86.390 − 168.590 =)	− 82.200
Ergebnis der gewöhnlichen Geschäftstätigkeit	33.390

d) **Anlagendeckungsgrad II** (kann auch in Prozent ausgedrückt werden)

$$\frac{\text{Eigenkapital} + \text{langfristiges Fremdkapital}}{\text{Anlagevermögen}}$$

$$\frac{128.570 + 119.820}{469.350} = 0{,}53$$

e) **Liquidität 2. Grades** (kann auch in Prozent ausgedrückt werden)

$$\frac{\text{Liquide Mittel} + \text{Forderungen}}{\text{kurzfristiges Fremdkapital}}$$

$$\frac{22.850 + 284.370}{368.540} = 0{,}83$$

f) **Eigenkapitalrentabilität** (siehe Hinweis Lösung Fall 34)

$$\frac{\text{Jahresüberschuss} \cdot 100}{\text{durchschn. Eigenkapital}}$$

$$\frac{15.020 \cdot 100}{(128.570 + 112.600) / 2} = 12,46\,\%$$

$$\frac{\text{Gewinn vor Steuern} \cdot 100}{\text{durchschn. Eigenkapital}}$$

$$\frac{33.390 \cdot 100}{120.585} = 27,69\,\%$$

g) **Umsatzrentabilität** (siehe Hinweis Lösung Fall 34)

$$\frac{\text{Jahresüberschuss} \cdot 100}{\text{Umsatz}}$$

$$\frac{15.020 \cdot 100}{18.320.590} = 0,08\,\%$$

$$\frac{\text{Gewinn vor Steuern} \cdot 100}{\text{Umsatz}}$$

$$\frac{33.390 \cdot 100}{18.320.590} = 0,18\,\%$$

h) **ROI** (siehe Hinweis Lösung Fall 34)

$$\frac{\text{Jahresüberschuss} \cdot 100}{\text{Umsatz}} \cdot \frac{\text{Umsatz}}{\text{durchschn. Gesamtkapital}}$$

$$\frac{15.020 \cdot 100}{18.320.590} \cdot \frac{18.320.590}{(1.044.760 + 956.540) / 2}$$

$$0,0820 \cdot 18,3087 = 1,50\,\%$$

$$\frac{\text{Gewinn vor Steuern} \cdot 100}{\text{Umsatz}} \cdot \frac{\text{Umsatz}}{\text{durchschn. Gesamtkapital}}$$

$$\frac{33.390 \cdot 100}{18.320.590} \cdot \frac{18.320.590}{1.000.650}$$

$$0,1823 \cdot 18,3087 = 3,34\,\%$$

i) **Personalaufwandsquote**

$$\frac{\text{Personalaufwand} \cdot 100}{\text{Umsatzerlöse}}$$

$$\frac{5.596.420 \cdot 100}{18.320.590} = 30,55\,\%$$

LÖSUNG

Lösung zu Fall 39   35 Punkte

1.	Jahresüberschuss	520
2.	+ Abschreibungen auf das Anlagevermögen	4.416
3.	+ Zunahme der Rückstellungen	330
4.	– zahlungsunwirksame Erträge (Bestandserhöhung + aktivierte Eigenleistung) [– 3.610 – 117]	– 3.727
5.	+ sonstige zahlungsunwirksame Aufwendungen (Zinsaufwand Disagio)	20
6.	+ Abnahme der Vorräte, Forderungen aus Lieferungen und Leistungen (ohne Bestandserhöhung) [– 780 – 2.390 + 3.610]	440
7.	+ Zunahme der Verbindlichkeiten aus Lieferungen und Leistungen und sonstigen Verbindlichkeiten [1.380 + 210]	1.590
8.	**= Cashflow aus laufender Geschäftstätigkeit**	**3.589**
9.	Einzahlungen aus Abgängen des Sachanlagevermögens (Zur Berechnung siehe Lösung Fall 37 e))	1.394
10.	– Auszahlungen für Investitionen in das Sachanlagevermögen (ohne aktivierte Eigenleistung) [– 3.280 + 117]	– 3.163
11.	– Auszahlungen für Investitionen in das Finanzanlagevermögen	– 165
12.	**= Cashflow aus der Investitionstätigkeit**	**– 1.934**
13.	Einzahlungen aus Kapitalerhöhungen [20 + 150]	170
14.	– Auszahlungen an Gesellschafter	– 50
15.	– Auszahlungen aufgrund der Tilgung von Krediten	– 1.120
16.	**= Cashflow aus der Finanzierungstätigkeit**	**– 1.000**
17.	Zahlungswirksame Veränderungen des Finanzmittelfonds (Summe aus 8., 12. und 16.)	655
18.	+ Finanzmittelfonds am Anfang der Periode	4.685
19.	**= Finanzmittelfonds am Ende der Periode**	**5.340**

LÖSUNG

Lösung zu Fall 40   17 Punkte

1. Die Eigenkapitalquote der AG, also der Anteil des Eigenkapitals am Gesamtkapital, ist im Zeitvergleich der letzten fünf Jahre ständig niedriger geworden. Da sich die Eigenkapitalquote aus dem Verhältnis von Eigenkapital zu Gesamtkapital ergibt, kann hier keine ab-

schließende Aussage über den Verlauf der absoluten Zahlen getroffen werden. Es kann sein, dass

a) das Eigenkapital bei gleichem oder höherem Fremdkapital gesunken ist,

b) das Fremdkapital bei gleichem oder niedrigerem Eigenkapital gestiegen ist,

c) das sowohl das Eigen- als auch das Fremdkapital gestiegen sind, wobei das Fremdkapital stärker gewachsen ist,

d) das sowohl das Eigen- als auch das Fremdkapital gesunken sind, wobei das Eigenkapital stärker abgenommen hat.

Die Kennzahl gibt Aufschluss über die Kreditwürdigkeit eines Unternehmens. Auch hier kann keine absolute Aussage getroffen werden, aber tendenziell hat sich mit der Abnahme der Eigenkapitalquote die Kreditwürdigkeit der AG verschlechtert.

2. Die Umsatzrendite der AG ist im Ist höher als im Soll; der Planwert wurde also übertroffen. Allerdings muss jetzt geprüft werden, warum der Wert gegenüber der Planung gestiegen ist. Da auch hier wieder zwei Werte, nämlich Jahresüberschuss vor Steuern und Umsatz ins Verhältnis gesetzt werden, kann keine Aussage über die absolute Entwicklung der Zahlen getroffen werden. Es sind alle Positionen der GuV-Rechnung auf Abweichungen zu prüfen. Der Erhöhung der Umsatzrendite kann z. B. auf Einsparungen bei den Material- oder Personalaufwendungen, Umsatzausweitungen, verbessertem Finanzergebnis oder Erträgen aus Anlagenverkäufen beruhen.

3. Hier soll die Finanzierung des Anlagevermögens im Unternehmensvergleich analysiert werden. Der Anlagendeckungsgrad II dient der Analyse der statischen Liquidität und soll grundsätzlich größer oder mindestens gleich 1 sein, also das Anlagevermögen durch Eigenkapital und langfristiges Fremdkapital gedeckt (fristenkongruent finanziert) sein. Durch die sehr unterschiedlichen Strukturen die das Anlagevermögen und das Fremdkapital haben können, ist eine absolute Aussage zur Liquiditätslage über diese Kennzahl nicht zu treffen, es geht bei der fristenkongruenten Finanzierung vielmehr um die Signalisierung der Kreditwürdigkeit. Da die Banken auf die Einhaltung der Kennzahl achten, besteht hier ein faktischer Zwang zur Einhaltung der Vorgabe. Bei der AG und den beiden ersten Mitbewerbern ist die Grundbedingung der Kennzahl erfüllt. Bei Unternehmen 3 liegt der Wert deutlich unter 1, sodass hier die Kreditwürdigkeitsprüfung in diesem Punkt negativ ausfällt.

LÖSUNG

Lösung zu Fall 41   22 Punkte

Mittelverwendung			Mittelherkunft		
Ausschüttung		700	Cashflow		20.556
Bilanzgewinn 2013	1.304		Jahresüberschuss 2014	2.130	
Einst. Gewinnrückl.	− 604		Abschreibungen	18.426	
Ausschüttung	700		Cashflow	20.556	

Investition Anlageverm.		21.327	Abnahme Umlaufvermögen	9.322
			Forderungen	8.702
Zunahme Umlaufvermögen		5.435	Liquide Mittel	620
Vorräte	5.435		Umlaufvermögen	9.322
Umlaufvermögen	5.435			
			Kapitaleinlagen	0
Rückzahlung Verb.		13.900		
Verb. ggü. Kreditin.	12.185		Erhöhung Verb.	11.484
Steuerrückst.	259		Verb. aLL	7.443
Sonst. Rückst.	1.456		Sonst. Verb.	4.041
Verbindlichkeiten	13.900		Verbindlichkeiten	11.474
Summe		41.362	Summe	41.362

LÖSUNG

Lösung zu Fall 42   35 Punkte

a) **Anlagenintensität**

Die Anlagenintensität dient der Beschreibung der Struktur des Vermögens. Eine hohe Anlagenintensität deutet auf ein anlagenintensives Unternehmen hin, dies muss aber nicht zwangsläufig so sein. Tendenziell gilt, dass ein Unternehmen mit hoher Anlagenintensität weniger flexibel auf Veränderungen reagieren kann und deshalb das Unternehmensrisiko mit wachsender Intensität zunimmt. Ein Unternehmensvergleich ist nur innerhalb der gleichen Branche sinnvoll, aber auch dort durch verschiedene Einflüsse, wie z. B. Abschreibungsverhalten, selbsterstellte immaterielle Vermögensgegenstände des Anlagevermögens oder Leasing, nur bedingt aussagekräftig. Änderungen der Abschreibungs- und/oder Investitionspolitik können bei einem Zeitvergleich zu Fehlinterpretationen führen.

b) **Eigenkapitalquote**

Die Eigenkapitalquote, also der Anteil des Eigenkapitals am Gesamtkapital, beschreibt die Struktur des Kapitals. Die Kennzahl gibt Aufschluss über die Kreditwürdigkeit eines Unternehmens, dies gilt insbesondere im Zeitvergleich. Je höher die Eigenkapitalquote ist, umso kreditwürdiger ist das Unternehmen, da dem Gläubiger im Insolvenzfall dann ein umso größerer Anteil am Vermögen zur Verfügung steht. Ein Unternehmensvergleich ist aufgrund der unterschiedlichen Kapitalstrukturen nur innerhalb der gleichen Branche sinnvoll.

c) **Anlagendeckungsgrad II**

Der Anlagendeckungsgrad II dient der Analyse der statischen Liquidität und soll grundsätzlich größer oder mindestens gleich 1 sein, also das Anlagevermögen durch Eigenkapital und langfristiges Fremdkapital gedeckt (fristenkongruent finanziert) sein. Durch die sehr unterschiedlichen Strukturen die das Anlagevermögen und das Fremdkapital haben können, ist eine absolute Aussage zur Liquiditätslage über diese Kennzahl nicht zu treffen, es geht bei der fristenkongruenten Finanzierung vielmehr um die Signalisierung der Kreditwürdigkeit.

Da die Banken auf die Einhaltung der Kennzahl achten, besteht hier ein faktischer Zwang zur Einhaltung der Vorgabe. Ein Unternehmensvergleich ist nur eingeschränkt möglich und sinnvoll. Beim Zeitvergleich können Interpretationsfehler durch geändertes Managementverhalten entstehen.

d) **Liquidität 2. Grades**

Auch die Liquidität 2. Grades dient der Analyse der statischen Liquidität. Dabei wird geprüft, ob die Liquiden Mittel und die Forderungen ausreichen, um die kurzfristigen Verbindlichkeiten zu decken. Auch hier ist aufgrund der unterschiedlichen Struktur der Positionen eine Aussage zur tatsächlichen Liquidität – auch im Zeitvergleich – nicht möglich. Ein Unternehmensvergleich ist nur eingeschränkt möglich und sinnvoll.

e) **Cashflow**

Der Cashflow stellt im Rahmen der dynamischen Liquidität eine wichtige finanzwirtschaftliche Strömungsgröße dar. Eine Hauptschwierigkeit ist allerdings die in Literatur und Praxis uneinheitliche Meinung über Funktion und Umfang des Cashflows. Hier geht es vor allem um die Frage, ob es sich beim Cashflow um eine Ertrags- und/oder eine Finanzkennzahl handelt. Durch diese Unklarheit in Funktion und Umfang ist auch die Berechnung nicht einheitlich. Grundsätzlich ist anerkannt, dass der Cashflow sowohl direkt (progressiv = Ertragseinzahlungen – Aufwandsauszahlungen) als auch indirekt (retrograd = Jahreserfolg + auszahlungslose Aufwendungen – einzahlungslose Erträge) ermittelt werden kann. In der Praxis wird die indirekte Methode bevorzugt und zum Teil stark vereinfacht, indem zum Jahreserfolg die Abschreibungen hinzuaddiert werden.

f) **Debitorenziel (Kundenziel)**

Die Kennzahl Debitorenziel gibt Auskunft über das durchschnittliche Zahlungsverhalten der Kunden, also darüber, wie lange es durchschnittlich in Tagen dauert, bis ein Kunde die Forderung des Unternehmens bezahlt. Je niedriger der Wert ist, umso schneller werden die Umsatzerlöse zu Liquiden Mitteln. Dieser Wert sollte sowohl im Zeit-, als auch im Unternehmensvergleich möglichst niedrig sein.

LÖSUNG

Lösung zu Fall 43   **14 Punkte**

Die Eigenkapitalrichtlinien sollen für eine bessere Eigenkapitalausstattung von Kreditinstituten im Verhältnis zu ihrem Risikogeschäft sorgen. Diese Anforderung wird durch Überprüfungs- und Offenlegungsregelungen unterstützt.

Die Mindestkapitalanforderung verpflichtet die Kreditinstitute differenziert nach unterschiedlichen Risiken (Kreditrisiko, Marktrisiko und operationelles Risiko) ihre Geschäfte mit Eigenkapital zu unterlegen. Diese Regelung begrenzt somit die Risikoübernahmemöglichkeiten eines Kreditinstitutes und soll so die Eingehung von bestandsgefährdenden Risiken verhindern.

Der aufsichtsrechtliche Überprüfungsprozess ergänzt die quantitativen Mindestkapitalanforderungen der Säule 1 um ein qualitatives Element. Es geht hauptsächlich darum, das Gesamtrisiko eines Instituts und die wesentlichen Einflussfaktoren auf dessen Risikosituation zu identifizieren und bankenaufsichtlich zu würdigen. Durch den regelmäßigen Dialog zwischen der Bankenaufsicht und den einzelnen Kreditinstituten soll es zu einer kontinuierlichen Verbesserung des Risikosteuerungsprozesses und der Risikotragfähigkeit kommen.

Die Marktdisziplin, d. h. die Erweiterung der Offenlegungspflichten der Kreditinstitute, soll die disziplinierenden Kräfte der Märkte zusätzlich zu den Anforderungen der Säulen 1 und 2 nutzen. Dem liegt der Gedanke zugrunde, dass nur gut informierte Marktteilnehmer in ein Kreditinstitut investieren.

Zusätzlich zu diesen durch Basel II bestehenden Regelungen verpflichtet Basel III die nationalen Gesetzgeber, Regelungen für die Vergütungspolitik zu erlassen, um falschen Anreizregelungen, z. B. bezogen auf einen möglichst hohen kurzfristigen Ertrag, entgegenzuwirken.

Gesamtziel der Regulierungen soll eine Stabilisierung des Finanzsektors sein.

LÖSUNG

Lösung zu Fall 44   22 Punkte

Externes Rating findet nicht durch das kreditgebende Institut, sondern durch einen Dritten statt. Zum einen können dies die bekannten Ratingagenturen z. B. Fitch, Moody's oder Standard & Poor's sein. Diese Unternehmen befassen sich hauptsächlich mit dem Rating von großen Unternehmen und Staaten, die Wertpapiere auf den Kapitalmärkten emittiert haben. Daneben gibt es noch eine ganze Reihe von kleineren Dienstleistern, die sich mit Ratings befassen. Die Ratingberichte von Dritten dürfen aber nicht das Rating durch das kreditgebende Institut (internes Rating) ersetzen, sondern sie dürfen es nur ergänzen.

Ziel des Ratings ist es, die Ausfallwahrscheinlichkeit eines Kreditnehmers zu ermitteln. Dafür werden sowohl quantitative Faktoren (Hard Facts) als auch qualitative Faktoren (Soft Facts) analysiert.

Quantitative Faktoren: Den Kern eines Ratingverfahrens bildet die Analyse des Jahresabschlusses des Kreditnehmers. Die ermittelten Kennzahlen aus dem Jahresabschluss werden sowohl im Zeit- als auch im Branchenvergleich betrachtet. Liefert der Kreditnehmer auch Planzahlen, so erfolgt auch ein Soll-Ist-Abgleich. Auch unterjährige Daten können die Qualität des Ratings verbessern. Wichtig für eine gute Bewertung ist neben den Daten selbst deren Aktualität und Genauigkeit.

Qualitative Faktoren: Hier spielen z. B. die Markt- und Wettbewerbssituation, die Managementqualität und die Organisationsstrukturen eine Rolle. Zum Teil werden diese Informationen bei den Kreditnehmern mit Fragebögen oder Interviews der Geschäftsleitung abgefragt oder durch Vorlage von Dokumenten eingeholt. Diese Faktoren sollen das Bild von der Bonität des Kreditnehmers unterstützen und die Möglichkeit bieten, wichtige Informationen der Kreditexperten in die Bewertung einfließen zu lassen.

Die Ergebnisse der Auswertung werden dann in einer Ratingnote zusammengefasst. Diese Note kann dann noch in besonderen, für einen Dritten nachvollziehbaren Fällen manuell geändert werden (Overruling).

Das eigentliche Verfahren ist zwar zwischen den einzelnen Kreditinstituten bzw. Institutsgruppen unterschiedlich, aber man hat sich darauf verständigt, dass das Ergebnis in eine sogenannte

Ratingstufe, hinter der eine Ausfallwahrscheinlichkeit steht, eingruppiert werden kann. So entspricht z. B. eine Ratingnote 7 (von 18) bei einer Sparkasse einer Ausfallwahrscheinlichkeit von 0,9 %.

LÖSUNG

Lösung zu Fall 45　　　　14 Punkte

Die Eigenkapitalrichtlinien können für die kreditnachfragenden Unternehmen in unterschiedlicher Form Auswirkungen haben.

Der Prozess bei der Kreditvergabe ist jetzt fast immer um den Vorgang des Ratings erweitert worden. Die anderen Faktoren, die auch bisher eine Rolle spielten, wie z. B. aktueller Liquiditätsstatus und Sicherheiten, sind weiterhin von Bedeutung, vor allem da Sicherheiten dem Kreditinstitut die Möglichkeit geben, den Kredit mit weniger Eigenkapital unterlegen zu müssen. Für die Menge des zu unterlegenden Eigenkapitals spielt das Ergebnis des Ratings ebenfalls eine Rolle. Grundsätzlich kann man sagen, je besser das Ratingergebnis, umso weniger Eigenkapitalunterlegung. Da die Unterlegung mit Eigenkapital für das Kreditinstitut Kosten darstellt, bedeutet dies tendenziell je schlechter das Ratingergebnis und die Sicherheiten, umso teurer der Kredit. Auch die Kosten für die Durchführung des Ratings werden in die Kreditkosten einfließen.

Auch bisher hat schon eine Kreditwürdigkeitsprüfung stattgefunden, aber durch das Ratingverfahren ist diese strukturiert und vereinheitlicht worden. Das jetzt durchzuführende Rating weitet die Kreditwürdigkeitsprüfung zudem weiter aus und erfordert laufende aktuelle und detaillierte Informationen des Kreditnehmers.

Der Zugang zu Krediten wird durch das verpflichtende Rating für Kunden mit schlechter Bonität schwieriger. Von einer allgemeinen „Kreditklemme" kann aufgrund der bisher vorliegenden Zahlen aber nicht gesprochen werden. Eine Ausnahme gilt für Existenzgründer, da diese keine vergangenheitsbezogenen Daten vorlegen können und auch das Ausfallrisiko im Vergleich zu bestehenden Unternehmen größer ist. Hier hat sich der Zugang zu Krediten tendenziell verschlechtert.

II. Recht

LÖSUNG

Lösung zu Fall 1　　　　12 Punkte

Lars ist als Siebzehnjähriger nur beschränkt geschäftsfähig. Das bedeutet, dass er gemäß § 107 BGB für alle von ihm abzugebenden Willenserklärungen – sofern sie nicht für ihn ausschließlich vorteilhaft sind – der Einwilligung seiner gesetzlichen Vertreter – also seiner Eltern – bedarf. Diese haben ihm aber – mit vormundschaftsgerichtlicher Genehmigung – gemäß § 112 Abs. 1 Satz 1 BGB die Genehmigung zum Betreiben des Lebensmittelgeschäfts erteilt, sodass er für alle Geschäfte, die dessen Geschäftsbetrieb mit sich bringt, als voll geschäftsfähig gilt. Gemäß § 112

Abs. 1 Satz 2 BGB gilt dies jedoch nicht für solche Geschäfte, für die auch der gesetzliche Vertreter einer vormundschaftsgerichtlichen Genehmigung bedürfte.

§ 1643 Abs. 1 BGB stellt hierzu fest, dass die Eltern bei den Rechtsgeschäften für das Kind einer Genehmigung bedürfen, bei denen einer solchen auch ein Vormund bedarf und verweist auf die Aufzählung in den §§ 1821 und 1822 BGB. Dort finden wir zum einen sämtliche Grundstücksgeschäfte und schließlich in § 1822 alle sonstigen genehmigungspflichtigen Rechtsgeschäfte. In Nr. 8 verbietet das Gesetz dem Vormund die Aufnahme von Geld auf den Kredit für das Mündel, was für den Fall bedeutet, dass Lars den Kredit in Höhe von 20.000 € nicht ohne Genehmigung der Eltern und des Vormundschaftsgerichts aufnehmen darf.

Was die Anmietung der Geschäftsräume anbelangt, ist Nr. 5 bereits nicht in § 1643 Abs. 1 BGB genannt, sodass Lars für diese Art von Geschäften keine zusätzliche Genehmigung bräuchte. Außerdem ist Nr. 5 laut Sachverhalt sowieso nicht zutreffend, da Lars nicht zur Zahlung des Mietzinses für länger als ein Jahr nach seiner Volljährigkeit verpflichtet werden soll.

Auch die Nr. 7 ist nicht für die geplante Einstellung der Verkäuferin einschlägig, da Lars nicht zu persönlichen Leistungen für länger als ein Jahr verpflichtet werden soll.

LÖSUNG

Lösung zu Fall 2   6 Punkte

a) Rudi kann von Max nicht die Zahlung von 25 € verlangen, da Max die 25 €, die er von seinem Vater als Taschengeld gemäß § 110 BGB erhalten hat, bereits wirksam für die CD ausgegeben hat.

Durch das „Anschreiben lassen" bei Rudi hat dieser mit Max einen – schwebend unwirksamen – Darlehensvertrag abgeschlossen, der noch der Einwilligung des Vaters bedürfte. Wird diese verweigert, hat Rudi keinen Anspruch gegen Max auf Zahlung, sondern lediglich gemäß § 812 Abs. 1 Satz 1, 1. Alt. BGB einen Anspruch auf Herausgabe des Posters.

b) Der Vertrag zwischen Max und Franz ist wirksam zustande gekommen, da Max die CD mit den 25 € bezahlt hat, die er von seinem Vater als Taschengeld geschenkt bekommen hat. Gemäß § 110 BGB sind solche Rechtsgeschäfte Minderjähriger voll wirksam, die sie mit Mitteln bewirken, die sie von ihrem gesetzlichen Vertreter zur freien Verfügung bekommen haben.

Da Max' Vater auch nicht wusste, wofür Max denn nun die 25 € haben wollte, lässt sich nicht sagen, er hätte sie lediglich für den Kauf des Posters bekommen. Max kann also nicht die Rückgabe der 25 € gegen Rückgabe der original verpackten CD verlangen.

LÖSUNG

Lösung zu Fall 3   6 Punkte

a) Die Bücherkiste kann von Ihnen die Bezahlung verlangen, da Sie dem Moritz im Außenverhältnis zur Bücherkiste gemäß § 167 Abs. 1 BGB die Vollmacht zum Kauf des Buches erteilt haben ohne sie dann anschließend gemäß §§ 168 Satz 1, 170 BGB auch gegenüber der Bücherkiste wieder zurückzunehmen.

Im Innenverhältnis zu Moritz haben Sie die Vollmacht zurückgenommen, sodass Sie dann – nach erfolgter Zahlung an die Bücherkiste – von Moritz das Geld zurückverlangen können.

b) „Anfechtung" setzt immer das Vorliegen eines so genannten **Anfechtungsgrundes** voraus. Anerkannte Anfechtungsgründe sind Irrtümer im Sinne der §§ 119, 120 bzw. § 123 BGB. Die Tatsache, dass ein Gegenstand „nicht gebraucht" wird, begründet dagegen allenfalls einen so genannten **Motivirrtum**, der grundsätzlich nicht anfechtbar ist. Da Sie sich nicht geirrt haben, können Sie den Kaufvertrag auch nicht anfechten.

LÖSUNG

Lösung zu Fall 4   24 Punkte

Leifheit kann zu Recht auf Zahlung des Kaufpreises und Abnahme der Fernseher bestehen (§ 433 Abs. 2 BGB), da Vlegel gegenüber Leifheit mit so genannter Duldungsvollmacht gehandelt hat. Diese liegt immer dann vor, wenn jemand – wie hier die OHG – wissentlich zulässt, dass ein anderer – hier der Vlegel – in seinem Namen Rechtsgeschäfte oder Rechtshandlungen vornimmt, ohne dazu bevollmächtigt zu sein. In diesem Fall muss der Duldende das Handeln des anderen gegen sich gelten lassen. Die OHG hat gewusst und es zugelassen, dass Vlegel in seinem Geschäft eigenständig Bestellungen tätigte. Daher durfte Leifheit davon ausgehen, dass Vlegel auch in diesem Fall mit Zustimmung der OHG handelte.

1. Abwandlung:

Die **Handlungsvollmacht** ist in den §§ 54 – 58 HGB geregelt. Gemäß § 54 Abs. 1 und 2 HGB darf der Handlungsbevollmächtigte alle Geschäfts- und Rechtshandlungen vornehmen, die der Betrieb eines Handelsgewerbes oder die Vornahme von Handelsgeschäften gewöhnlich mit sich bringt. Ausgenommen hiervon sind lediglich die Veräußerung und Belastung von Grundstücken, nicht jedoch deren Erwerb. Dies hat zur Folge, dass die Expansionsgeschäfte wirksam von Vlegel vorgenommen worden sind.

2. Abwandlung:

Die so genannte **Prokura** ist in den §§ 48 – 53 HGB geregelt. Gemäß § 49 berechtigt die Prokura ihren Inhaber zu allen Arten gerichtlicher und außergerichtlicher Geschäfts- und Rechtshandlungen, die der Betrieb eines Handelsgewerbes mit sich bringt. Der Prokura entzogen sind dagegen alle Geschäfte, die darauf gerichtet sind, den Betrieb zur Einstellung zu bringen, sowie solche, die allein dem Inhaber obliegen.

Der Kauf der Weinhandlung ist darauf gerichtet, den Betrieb zur Einstellung zu bringen und ist daher nicht von der Prokura erfasst und schwebend unwirksam, bis der Inhaber seine Einwilligung erteilt oder nicht.

Die Aufnahme der Brüder ist eine Handlung, die nur den Gesellschaftern der OHG gemeinschaftlich oder mehrheitlich zusteht. Auch sie ist daher bis zur Entscheidung der Gesellschafterversammlung schwebend unwirksam.

Die Belastung des Firmengrundstücks ist nur dann wirksam, wenn dem Prokuristen gemäß § 49 Abs. 2 HGB hierfür ausdrücklich eine – auch im Handelsregister eingetragene – Befugnis erteilt worden ist. Da sich hierüber im Sachverhalt kein Anhalt findet, ist diese Handlung ebenso schwebend unwirksam, wie der Erwerb der Anteile an der Sportfirma.

LÖSUNG

Lösung zu Fall 5   12 Punkte

Das Handelsregister ist ein bei den Amtsgerichten geführtes öffentliches Register, welches Kaufleute und Handelsgesellschaften verzeichnet und bestimmte Rechtsvorgänge offenkundig macht.

Das bedeutet auch, dass alle Tatsachen, die eingetragen sind, zwei Wochen nach der Bekanntmachung der Eintragung als wahr gelten. Hier hat die Abraham OHG durch die Mitteilung des Amtsgerichts gewusst, dass eine unrichtige Tatsache ins Handelsregister eingetragen worden ist. Dies bedeutet für sie, dass sie unverzüglich – zumindest jedoch innerhalb von zwei Wochen nach Bekanntmachung – dem Gericht gegenüber hätte anzeigen müssen, dass Petersen zu Unrecht als Prokurist eingetragen worden ist. Dies hat sie jedoch unterlassen, sodass Hansen sich nun auf die Eintragung Petersens in das Register berufen und Zahlung des Kaufpreises verlangen kann. Die OHG hat lediglich einen Schadensersatzanspruch gegenüber Petersen.

LÖSUNG

Lösung zu Fall 5 (Ergänzung)   12 Punkte

a) § 164 Abs. 1 BGB: Jemand gibt

   ▶ eine eigene Willenserklärung (nicht als Bote; Bsp.: „Ich kaufe …")

   ▶ im fremden Namen (ausdrückliche Erklärung, nicht im eigenen Namen zu handeln; Bsp.: „… für den …" oder „… im Namen des …")

   ▶ innerhalb der ihm zustehenden Vertretungsmacht (d. h. das vom Stellvertreter vorgenommene Rechtsgeschäft wird in vollem Umfang von der Vollmacht des Vertretenen abgedeckt)

   ab. Als Rechtsfolge kommt das Geschäft dann nicht mit dem Stellvertreter, sondern mit dem Vertretenen zustande.

b) „Vertretungsmacht" (vgl. § 164 Abs. 1 Satz 1 BGB) ist der Oberbegriff im Recht der Stellvertretung. Diese unterteilt sich dann noch einmal in die gesetzliche Vertretungsmacht (z. B. der Eltern für ihre Kinder, § 1629 Abs. 1 Satz 1 BGB) und die rechtsgeschäftlich erteilte Vertretungsmacht, die „Vollmacht" genannt wird (vgl. die Legaldefinition – das Gesetz definiert den Begriff – des § 166 Abs. 2 Satz 1 BGB).

c) Auftrag und Vertretungsmacht bzw. Vollmacht haben gemeinsam, dass der Beauftragte und der Bevollmächtigte jeweils im fremden Interesse handeln. Sie unterscheiden sich allerdings dahingehend, dass letztere die so genannte Rechtsmacht regelt, namens eines anderen gegenüber Dritten wirksam handeln zu können, während der Auftrag nur das Innenverhältnis zwischen Auftraggeber und -nehmer regelt.

Es bedarf für bestimmte Aufträge nicht immer auch der Vertretungsmacht, so z. B. bei rein tatsächlichen Verrichtungen.

d) Eine **Anscheinsvollmacht** liegt vor, wenn der Vertretene zwar nicht weiß, dass jemand anderes sich als sein Vertreter ausgibt, er sich aber trotzdem aufgrund bestimmter Umstände so behandeln lassen muss, als ob er Vollmacht erteilt hätte. Voraussetzung ist allerdings, dass der Vertretene bei pflichtgemäßer Sorgfalt das Auftreten des „Vertreters" hätte erkennen und verhindern können. Außerdem muss dadurch bei einem Dritten der Anschein entstanden sein, der Vertretene dulde das Auftreten.

Eine **Duldungsvollmacht** dagegen liegt vor, wenn der Vertretene es wissentlich zulässt, dass ein anderer Rechtsgeschäfte und Rechtshandlungen in seinem Namen vornimmt, ohne dazu bevollmächtigt zu sein. Auch in diesem Fall muss er das Handeln des anderen gegen sich gelten lassen.

e) Unter Prokura versteht man die besondere handelsrechtliche Vollmacht mit dem in § 49 HGB gesetzlich festgelegten Umfang.

LÖSUNG

Lösung zu Fall 6   12 Punkte

a) Die Kündigungsfristen bemessen sich – sofern tarif- oder einzelvertraglich nicht etwas anderes bestimmt ist – nach § 622 BGB.

Sofern nicht einer der Ausnahmetatbestände des § 622 Abs. 2 BGB eingreift, beträgt die Kündigungsfrist gemäß § 622 Abs. 1 BGB vier Wochen zum 15. oder zum Ende des Kalendermonats. Dies bedeutet hier, dass die OHG erst zum 30. 6. kündigen kann.

b) Gemäß § 130 Abs. 1 BGB werden Willenserklärungen, die gegenüber Abwesenden abgegeben werden sollen, erst dann wirksam, wenn der Empfänger sie tatsächlich erhalten hat. Dies bedeutet, dass die Kündigung zum 30.6. nur wirksam wird, wenn Carstens sie vor dem 31. 5. erhält.

c) Eine Kündigung ist eine so genannte einseitige empfangsbedürftige Willenserklärung, die auf ein bestehendes Rechtsverhältnis derart gestaltend einwirkt, dass das Rechtsverhältnis aufgelöst wird. Carstens muss sich mit der Kündigung nicht einverstanden erklären, damit sie wirksam wird, allerdings hat er die Möglichkeit, bei Vorliegen bestimmter Voraussetzungen die Wirksamkeit der Kündigung arbeitsgerichtlich überprüfen zu lassen.

d) Der Absender einer Willenserklärung muss im Zweifel ihren Zugang beweisen können. Für schriftliche Willenserklärungen bieten sich daher in der Regel zwei Möglichkeiten an: Entweder man gibt die Kündigung mit Einschreiben gegen Rückschein zur Post, wobei der Empfänger mit seiner Unterschrift auf der Rückkarte den Empfang bestätigt, oder aber man verbringt das Schreiben in Zeugengegenwart eigenhändig oder per Kurier in den Herrschaftsbereich des Empfängers, d. h. man wirft es in seinen Briefkasten oder übergibt es ihm persönlich.

LÖSUNG

Lösung zu Fall 6 (Ergänzung)   24 Punkte

a) Eine Willenserklärung im Sinne des bürgerlichen Rechts ist eine auf Hervorbringung einer Rechtsfolge gerichtete Privatwillenserklärung, d. h. die Erklärung einer Person, durch die sie bewusst eine auf dem Gebiete des bürgerlichen Rechts liegende Rechtsfolge herbeiführen will, z. B. Vertragsangebot, Vertragsannahme, Kündigung, Anfechtung etc. Ihre Bestandteile sind der **Handlungswille**, der **Erklärungswille** und der **Geschäftswille**.

b) Willenserklärungen können schriftlich, mündlich oder durch schlüssiges Verhalten abgegeben werden. Schweigen ist nur in zwei Ausnahmen als Willenserklärung zu werten: Entweder, wenn dies zwischen den Vertragsparteien vorher so vereinbart worden ist oder gemäß der Bestimmung des § 362 HGB unter den dort bestimmten Voraussetzungen zwischen Kaufleuten.

c) Grundsätzlich bedürfen Willenserklärungen keiner bestimmten Form, d. h. sie sind grundsätzlich formfrei wirksam. Durch Gesetz, Vertrag oder durch einseitige Erklärungen wie die Vollmacht oder das Testament kann jedoch die Einhaltung einer bestimmten Form vorgeschrieben sein:

▶ Einfache Schriftform, § 126 Abs. 1 BGB, d. h. die Urkunde muss vom Aussteller eigenhändig durch Namensunterschrift oder mittels notariell beglaubigtem Handzeichen unterzeichnet sein.

▶ Öffentliche Beglaubigung, §§ 129 Abs. 1 BGB, 39, 40 BeurkG, d. h. die Erklärung muss schriftlich abgefasst sein und die Unterschrift des Erklärenden von einem Notar beglaubigt werden.

▶ Notarielle Beurkundung, §§ 128 BGB, 8 ff. BeurkG, d. h. die Willenserklärungen müssen in einer Niederschrift vor einem Notar aufgenommen werden.

d) Formnichtigkeit hat gemäß § 125 S. 1 BGB grundsätzlich die Nichtigkeit der Willenserklärung zur Folge, d. h. es wird rechtlich so getan, als sei eine Willenserklärung überhaupt nicht abgegeben worden. Unter bestimmten Voraussetzungen bewirkt allerdings der Vollzug, also die Erfüllung dessen, wozu man sich mit einer formnichtigen Willenserklärung verpflichtet hat, die Heilung des Formmangels, so z. B. nach § 518 Abs. 2 BGB bei Erfüllung des formnichtigen Schenkungsversprechens.

e) Willenserklärungen:
- ► Bestandteile: vgl. a)
- ► Kundgabe: vgl. b)
- ► **Mängel**: Willensmängel sind zu unterscheiden in bewusste und unbewusste. Geregelt sind die Willensmängel und ihre Rechtsfolgen in den §§ 116 – 124, 142 f. BGB.
- ► **Anfechtung**: Nach § 142 Abs. 1 BGB bewirkt die Anfechtung einer Willenserklärung, dass diese als von Anfang an nichtig anzusehen ist (zu den Voraussetzungen der Anfechtung s. u. Fall 8 (Ergänzung)).
- ► Form: vgl. c)
- ► **Wirksamwerden**: Eine Willenserklärung wird grundsätzlich dann wirksam, wenn sie entweder dem anderen zugeht, d. h. unter Anwesenden sofort, bei Abwesenden gemäß § 130 BGB, oder aber – ist sie unter Zeitbestimmung bzw. einer Bedingung abgegeben – wenn der Zeitpunkt erreicht ist bzw. die Bedingung eintritt.
- ► **Auslegung**: Gemäß § 133 BGB bzw. auch § 157 BGB ist bei Willenserklärungen, aber auch bei Verträgen der wirkliche Wille des Abgebenden bzw. der Vertragschließenden zu erforschen und nicht am buchstäblichen Ausdruck festzuhalten. So ist zum Beispiel die Frage „Leihst Du mir eine Flasche Wein?" nicht als Angebot zum Abschluss eines Leihvertrages gemäß § 598 BGB zu verstehen, sondern als eines zum Abschluss eines Darlehensvertrages gemäß § 607 BGB.
- ► **Verbote**: Bestimmte Rechtsgeschäfte verbietet das BGB. So führen Verstöße gegen die §§ 134 – 138 BGB zur Unwirksamkeit oder gar Nichtigkeit der Willenserklärungen.

f) Beim so genannten „bösen Scherz" (§ 116 BGB) behält sich jemand insgeheim vor, das, was er geäußert hat, tatsächlich nicht zu wollen. Ist dies für den Erklärungsempfänger nicht zu erkennen, ist die geäußerte Willenserklärung wirksam.

Beim so genannten „guten Scherz" (§ 118 BGB) geht der Erklärende dagegen davon aus, dass der Erklärungsempfänger erkennen werde, dass seine Willenserklärung nicht ernsthaft gemeint ist. Diese Willenserklärung ist daher nichtig.

g) Irrtümer:
- ► **Inhaltsirrtum**, § 119 Abs. 1 1. Alt. BGB (Faustregel: Jemand irrt sich über den Inhalt dessen, was er sagt); dieser Irrtum führt zur Anfechtbarkeit der Willenserklärung;
- ► **Erklärungsirrtum**, § 119 Abs. 1 2. Alt. BGB (Faustregel: Jemand irrt sich über das, was er erklärt); dieser Irrtum führt ebenfalls zur Anfechtbarkeit der Willenserklärung;
- ► **Eigenschaftsirrtum**, § 119 Abs. 2 BGB (Faustregel: Jemand irrt sich über eine verkehrswesentliche Eigenschaft); dieser Irrtum führt ebenfalls zur Anfechtbarkeit der Willenserklärung;
- ► **Motivirrtum**, gesetzlich nicht geregelt: Die eigentliche Willenserklärung ist nicht irrtumsbehaftet, lediglich in dem Grund, der zur Willenserklärung geführt hat – also dem Motiv – lag der – unbeachtliche – Irrtum; diese Willenserklärung ist nicht anfechtbar;
- ► **Kalkulationsirrtum**, gesetzlich nicht geregelt: Unterfall des Motivirrtums, jemand verspekuliert bzw. „verrechnet" sich (nicht in tatsächlicher Hinsicht, sondern bei der Aussicht auf eine Chance); dieser Irrtum ist ebenfalls unbeachtlich – die Willenserklärung ist nicht anfechtbar.

h) Kalkulationsirrtum <> Motivirrtum, vgl. g)

i) In dem Augenblick, in dem die Zwangslage beendet ist, § 124 Abs. 2 2. Alt. BGB.

Lösung zu Fall 7   6 Punkte

a) Es liegt kein Anfechtungsgrund vor, allenfalls ein unbeachtlicher Kalkulationsirrtum.

b) Es liegt kein Anfechtungsgrund vor, allenfalls ein unbeachtlicher Motivirrtum.

c) Es liegt ein Anfechtungsgrund vor, da die Unfallfreiheit eine verkehrswesentliche Eigenschaft im Sinne von § 119 Abs. 2 BGB ist, mit der man normalerweise beim Kauf eines – auch gebrauchten – Pkw rechnen darf.

Lösung zu Fall 8   6 Punkte

Der Kaufvertrag ist zunächst einmal wirksam zustande gekommen, auch wenn die Willenserklärung durch das Vertippen der Sekretärin irrtumsbehaftet war.

Beim Vertippen liegt allerdings – ebenso wie beim Verschreiben oder beim Versprechen – ein Erklärungsirrtum im Sinne von § 119 Abs. 1 2. Alt. BGB vor, der zur Anfechtbarkeit der Willenserklärung führt.

Lösung zu Fall 8 (Ergänzung)   6 Punkte

a) Voraussetzungen für eine wirksame Anfechtung sind:

   ► Es muss ein so genannter Anfechtungsgrund vorliegen, z. B. gemäß §§ 119, 120, 122 BGB;

   ► es muss eine Anfechtungserklärung gegenüber dem Anfechtungsgegner (also demjenigen, dem gegenüber man die anfechtbare Willenserklärung abgegeben hat), abgegeben werden, vgl. § 143 BGB;

   ► die Anfechtungsfristen müssen eingehalten werden, §§ 121, 124 BGB.

b) Die wirksame Anfechtung bewirkt gemäß § 142 Abs. 1 BGB die Nichtigkeit der Willenserklärung von Anfang an (lat.: ex tunc), d. h. es wird so getan, als habe es sie nie gegeben.

Lösung zu Fall 9 18 Punkte

a) Der Vertrag ist zunächst einmal wirksam zustande gekommen. Allerdings hätte Redlich den Vertrag gemäß § 123 Abs. 1 2. Alt. BGB anfechten können. Da er allerdings das zweite Exemplar nach Wegfall der Zwangslage und in Kenntnis der Anfechtbarkeit seiner Willenserklärung angenommen hat, hat er mit der Annahme der zweiten Zeitung das anfechtbare Rechtsgeschäft bestätigt, wodurch er gemäß § 144 Abs. 1 BGB sein Anfechtungsrecht verloren hat.

b) Eigentümer des Geldes wird Sabbel bzw. der Zeitschriftenverlag, Eigentümer der Zeitungen Redlich. Hätte Redlich sein Geld wiederhaben wollen, hätte er wegen des Abstraktionsprinzips nicht nur seine Willenserklärung, sondern auch die Übereignung des Geldes gesondert anfechten müssen. In diesem Falle wäre er bis zur Rückforderung der Zeitungen durch Sabbel oder den Verlag Eigentümer der Zeitungen geblieben.

Lösung zu Fall 10 12 Punkte

a) Durch die Anfechtung „aller Verträge" sind sowohl der zunächst wirksame Kaufvertrag als Verpflichtungsgeschäft, als auch die Übereignung des Geldes als Verfügungsgeschäft gemäß § 142 Abs. 1 BGB von Anfang an nichtig.

b) Schlau hat durch die Anfechtung von Blöd das Eigentum an dem Geld wieder verloren. Blöd ist allerdings noch bis zur Aufforderung des Schlau auf Herausgabe der CD deren Eigentümer.

Lösung zu Fall 11 4 Punkte

Es liegen drei Rechtsgeschäfte vor: Zunächst der Kaufvertrag mit den zwei übereinstimmenden Willenserklärungen von K und V (auch kausales oder Verpflichtungsgeschäft); sodann die Übereignung des Geldes von K an V (1. Verfügungs- oder Erfüllungsgeschäft) und schließlich die Übereignung des Fahrzeugs von V an K (2. Verfügungs- oder Erfüllungsgeschäft).

Lösung zu Fall 11 (Ergänzung) 6 Punkte

Mit dem Verpflichtungsgeschäft verpflichten sich die Parteien eines Vertrages dazu, einander Leistungen zu erbringen. Man nennt dieses Geschäft auch das so genannte kausale Geschäft, weil es die Rechtsgrundlage für die dann folgenden Erfüllungsgeschäfte darstellt. Diese wiederum nennt man auch Verfügungs- oder abstrakte Rechtsgeschäfte, weil mit Ihnen über den Vertragsgegenstand als solches verfügt wird, d.h. es findet eine Rechtsänderung (z.B. Eigentums- oder Besitzwechsel) statt.

Abstrakt werden diese Geschäfte auch deswegen genannt, weil sie auch dann zunächst einmal Bestand haben, wenn das kausale Geschäft bzw. das Verpflichtungsgeschäft aus irgendeinem Grunde nichtig sein sollte (z.B. weil eine Vertragspartei geschäftsunfähig gewesen ist). Diese Differenzierung, d.h. das „Zerpflücken" eines scheinbar einheitlichen Geschäftes, nennt man auch das Abstraktionsprinzip.

Lösung zu Fall 11 (Ergänzung 2) 6 Punkte

a) Für das Zustandekommen eines Vertrages ist es vonnöten, dass Angebot und Annahme inhaltlich voll übereinstimmen.

Ist dies nicht der Fall, weil der Annehmende das Angebot nur unter Änderungen annehmen will, so korrespondieren die Willenserklärungen, also die Erklärungsmittel, nicht miteinander mit der Folge, dass der Annehmende das Angebot nicht angenommen hat, sondern seinerseits dem Anbietenden ein neues Angebot unterbreitet, dass nun wiederum dieser annehmen oder ablehnen kann.

b) Ein Warenhauskatalog ist wegen der Unbestimmtheit der Adressaten kein Angebot gemäß § 145 BGB, sondern lediglich eine Einladung des Warenhauses an alle potentiellen Käufer, ihm ein Angebot für die im Katalog enthaltenen Waren zu unterbreiten.

Lösung zu Fall 12 12 Punkte

Anton hat dem anwesenden Beton ein mündliches Angebot unterbreitet, dass dieser gemäß § 147 Satz 1 BGB sofort angenommen hat. Anton kann nunmehr Lieferung von 20 Kopiergeräten zum Katalogpreis verlangen – Beton die Bezahlung.

1. Abwandlung:

Hier gilt § 147 Abs. 2 BGB, d.h. hat Beton das schriftliche Angebot innerhalb der Zeit angenommen, die man üblicherweise und unter regelmäßigen Umständen erwarten darf und dies dem

Anton auch schriftlich oder mündlich mitgeteilt, so ist der Vertrag gleichfalls wirksam zustande gekommen mit den gleichen Rechtsfolgen bzw. Ansprüchen. Unter Abwesenden gilt eine Frist von rund acht Tagen als angemessen.

2. Abwandlung:

Hätte Anton den Beton direkt am Telefon gehabt, käme § 147 Abs. 1 BGB zur Anwendung. Da Beton allerdings zur Zeit des Anrufes nicht da war, gilt wiederum § 147 Abs. 2 BGB mit der Rechtsfolge, dass der Vertrag wirksam zustande gekommen ist.

3. Abwandlung:

Da die Rechtsprechung bei Anträgen an Abwesende eine Frist von längstens acht Tagen als angemessen erachtet, ist das Angebot gemäß §§ 147 Abs. 2, 146 2. Alt. BGB nicht rechtzeitig angenommen worden – das Angebot ist daher erloschen und es ist kein wirksamer Vertrag zustande gekommen.

LÖSUNG

Lösung zu Fall 13   12 Punkte

Wenn die OHG lediglich 400 Eisschränke mit jeweils 130 Litern Fassungsvermögen geliefert hat, so hat sie den mündlich mit der AG geschlossenen Vertrag über 500 Geräte mit jeweils 140 Litern noch nicht erfüllt. Hätte die AG dagegen das Bestätigungsschreiben der OHG nicht beantwortet bzw. richtig gestellt, wäre der mündlich geschlossene Vertrag dahingehend abgeändert worden, dass 400 Geräte mit jeweils 130 Litern zu liefern gewesen wären.

LÖSUNG

Lösung zu Fall 14   12 Punkte

Sofern die OHG das Bestätigungsschreiben der AG nicht auch noch korrigiert, kommt ein Vertrag über ein Partie Glühbirnen (75 Watt) zum Preis von 4.000 € brutto zustande. Grundsätzlich bedeutet Schweigen auf ein so genanntes kaufmännisches Bestätigungsschreiben Zustimmung, d. h. der Vertrag gilt dann mit dem bestätigten Inhalt als abgeschlossen.

Die widerspruchslose Entgegennahme ergänzt also das vorher mündlich Besprochene oder ändert es auch ab. Wer den Inhalt nicht gegen sich gelten lassen will, muss nach Treu und Glauben und kaufmännischer Sitte unverzüglich widersprechen.

Lösung zu Fall 14 (Ergänzung) 6 Punkte

a) Erlöschensgründe:

► **Erfüllung**, § 362 Abs. 1 BGB: die Leistung(en) aus dem Schuldverhältnis werden so erbracht, wie sie erbracht werden sollten.

► **Aufrechnung**, §§ 387 ff. BGB: Tilgung der geschuldeten Leistung mit einer gleichartigen und fälligen Gegenforderung mittels Aufrechnungserklärung.

► **Erlass**, § 397 BGB: Gläubiger erklärt dem Schuldner mit dessen – auch stillschweigend möglichem – Einverständnis, dass er ihm die Forderung erlässt, d. h. auf sie verzichtet.

► **Hinterlegung**, §§ 372 ff. BGB: Schuldner hinterlegt den geschuldeten Gegenstand für den Gläubiger bei einer öffentlichen Hinterlegungsstelle, wenn ein Hinterlegungsgrund, z. B. Annahmeverzug des Gläubigers, gegeben ist.

► **Rücktritt**, §§ 346 ff. BGB: Wenn vertraglich vereinbart oder gesetzlich vorgesehen, können die Parteien vom Vertrag zurücktreten, d. h. den Vertrag rückgängig machen; eventuell schon erbrachte Leistungen sind dann zurückzugewähren.

b) Verträge sind grundsätzlich einzuhalten! Schon die Römer waren dieser Auffassung und prägten den bis heute geltenden Leitsatz „pacta sunt servanda". Gleichwohl kommt es immer wieder dazu, dass die aufgrund des Vertrages zu erbringende Leistung auf irgendeine Art und Weise nicht dem entspricht, was geschuldet wurde. Man spricht dann von einer Pflichtverletzung (vgl. § 280 Abs. 1 BGB).

Unterschieden wird hierbei danach, ob die Leistung überhaupt erbracht wurde oder (noch) nicht.

► Wurde die Leistung nicht erbracht und kann sie auch nicht (mehr) erbracht werden, spricht man von Unmöglichkeit. Unmöglichkeit der Leistung bedeutet, dass der Schuldner die Leistung nicht erbringen kann. Hat der Schuldner die Unmöglichkeit zu vertreten, d. h. ist er dafür verantwortlich (vgl. § 276 BGB), dann kann der Gläubiger Schadensersatz gemäß § 280 Abs. 1 Satz 1 BGB verlangen. Es spielt dabei keine Rolle, ob es sich um die Hauptleistung handelt, die nicht erbracht wurde (beim Kaufvertrag der Kaufgegenstand, der nicht übergeben wurde) oder um eine Nebenleistungspflicht, die verletzt wurde (z. B. wenn der Verkäufer auf bestimmte spezielle Eigenschaften des Kaufgegenstandes nicht hinweist und dem Käufer entsteht daraus ein Schaden o. Ä.).

► Wurde die Leistung **noch** nicht erbracht, wäre sie aber schon zu erbringen gewesen, befindet sich der Schuldner im so genannten Leistungsverzug gemäß § 286 BGB, mit der Folge, dass der Gläubiger auch hier Schadensersatz verlangen kann. (vgl. § 281 Abs. 1 Satz 1 BGB).

► Auch der Gläubiger kann übrigens in Verzug kommen, wenn er die ihm vom Schuldner angebotene (fällige und richtige) Leistung nicht annimmt (vgl. § 293 ff. BGB).

Wurde die Leistung zwar erbracht, aber entspricht sie nicht dem vertraglich geschuldeten, dann spricht man von Schlechtleistung. Man kann die Schlechtleistung dann noch dahingehend unterscheiden, ob es sich um die geschuldete Leistung gehandelt hat oder nicht.

▶ Handelt es sich zwar um die geschuldete Leistung, aber sie entspricht nicht dem Vertrag, liegt ein Sachmangel im klassischen Sinne vor, der dem Gläubiger eine Reihe von Gewährleistungsansprüchen beschert (z. B. im Kaufvertragsrecht §§ 434 ff. BGB).

▶ Handelt es sich gar nicht um die geschuldete sondern um eine andere Leistung, dann hat der Schuldner ein so genanntes Aliud erbracht, d. h. er hat noch gar nicht erfüllt. Im Kaufvertragsrecht wird dies wie ein Sachmangel behandelt (vgl. § 434 Abs. 3 BGB).

Lösung zu Fall 15   12 Punkte

Die Kaufpreisforderung von H gegenüber der OHG über 10.000 € wird gemäß § 271 BGB erst am 15. 6. fällig. Der Rückzahlungsanspruch der OHG gegen H aus der stornierten Leistung wird gemäß § 271 Abs. 1 BGB sofort – also am 20. 5. – fällig. Der Kaufpreis für die erste der beiden am 1. 6. gelieferten Maschinen in Höhe von 5.000 € wird gemäß § 271 Abs. 1 BGB ebenfalls sofort fällig, der für die zweite erst am 1. 7. Da die Aufrechnung gemäß § 387 BGB verlangt, dass die beiden Forderungen gleichartig – hier gegeben, da beides Geldforderungen in € – und fällig sind, kann die OHG bei Fälligkeit der Forderung über 10.000 € am 15. 6. sowohl mit der Rückzahlungsforderung über 5.000 € als auch mit der Forderung für die erste Maschine vom 1. 6. aufrechnen. Dieses hat zur Folge, dass sämtliche Forderungen gemäß § 389 BGB erlöschen.

H seinerseits könnte – wenn die Rückzahlungsforderung am 15. 6. noch besteht – gegen diese mit seiner Kaufpreisforderung über 10.000 € aufrechnen mit der Folge, dass die Rückzahlungsforderung ganz und seine Kaufpreisforderung in Höhe von 5.000 € erlischt. Sollte die Forderung der OHG in Höhe von 5.000 € für die erste am 1. 6. gelieferte Maschine zu diesem Zeitpunkt noch bestehen, könnte sie die restlichen 5.000 € hiergegen aufrechnen.

Lösung zu Fall 16   12 Punkte

G sollte sich die Forderung der X gegen die K in Höhe von 5.000 € gemäß § 398 BGB abtreten lassen und diese dann gegen die Forderung der K aus dem Pkw-Kauf aufrechnen. So verringern sich die Forderungen der X gegen K auf nur noch 5.000 € – der durch den Konkurs der K drohende Verlust der Warenlieferungsforderung würde sich dadurch halbieren.

Lösung zu Fall 16 (Ergänzung)   6 Punkte

a) § 387 BGB: Zwei Personen schulden sich gegenseitig Leistungen, die sowohl gleichartig als auch fällig sein müssen. Dann ist die Aufrechnung dieser Forderungen möglich.

b) Der Vorteil liegt darin, dass auf der einen Seite Kosten für den jeweiligen Transfer der Geldleistungen gespart werden. Auf der anderen Seite kann die Aufrechnung verhindern, dass lange, mit zum Teil erheblichen Kosten verbundene Prozesse zur Durchsetzung einer Forderung geführt werden müssen, wenn der Schuldner nicht leistet.

LÖSUNG

Lösung zu Fall 17   6 Punkte

§ 323 Abs. 1 Satz 1 u. Abs. 2 Nr. 2 BGB: Zu Recht, da Beton mit seiner Leistung in Verzug gekommen ist, als er den Wagen nicht am 1. 4. bei Anton vorbei gebracht hat (§ 286 Abs. 2 Nr. 1 BGB). Da auch die von Anton gesetzte Nachfrist (§ 323 Abs. 1) verstrichen ist, kann Anton vom Vertrag zurücktreten.

LÖSUNG

Lösung zu Fall 18   6 Punkte

§ 281 Abs. 1 Satz 1 BGB: Zu Recht, da die AG der OHG mit der Mahnung vom 2. 5. in Verzug gesetzt hat (§ 286 Abs. 1 Satz 1 BGB).

Da die OHG auch die von der AG gesetzte Nachfrist bis zum 8. 5. verstreichen ließ, kann die AG Schadensersatz wegen Nichterfüllung verlangen (§ 325 BGB).

Abwandlung:

Die AG muss die OHG gemäß § 286 Abs. 1 Satz 1 BGB durch eine Mahnung in Verzug setzen und ihr gemäß § 323 Abs. 1 BGB eine Frist mit Ablehnungsandrohung setzen.

LÖSUNG

Lösung zu Fall 19   18 Punkte

Der Leistung wird infolge eines Umstandes, den niemand zu vertreten hat (höhere Gewalt), unmöglich.

a) Für den Anspruch des Vatzke (Übergabe des Wagens an ihn) gilt § 275 Abs. 1 BGB: Uvis wird von der Verpflichtung zur Übergabe des Wagens frei, d. h. er muss nicht mehr leisten.

b) Für den Anspruch des Uvis (Zahlung des Mietzinses) gelten §§ 275 Abs. 4, 326 Abs. 1 BGB: Vatzke muss auch nicht mehr den Mietzins an ihn zahlen.

LÖSUNG

Lösung zu Fall 20   18 Punkte

a) Nein, da Raff gemäß § 275 Abs. 1 BGB von der Verpflichtung zur Leistung frei wird.

b) Nein, da er gemäß § 326 Abs. 1 Satz 1 BGB den Anspruch auf die Gegenleistung der unmöglichen Leistung verliert.

c) Ja, denn nach § 283 Satz 2 BGB kann der Gläubiger der unmöglichen Leistung Schadensersatz wegen Nichterfüllung verlangen, wenn die Leistung infolge eines Umstandes unmöglich wird, den der Schuldner der unmöglichen Leistung zu vertreten hat.

LÖSUNG

Lösung zu Fall 20 (Ergänzung)   6 Punkte

Nach § 311a Abs. 1 BGB ist auch ein auf eine zum Zeitpunkt des Vertragsabschluss bereits unmögliche Leistung gerichteter Vertrag voll wirksam. Wegen § 275 Abs. 1 BGB wird Paletti gleichwohl von seiner Leistungspflicht frei.

Er schuldet jedoch gem. §§ 280 Abs. 3, 283 Satz 1 BGB Schadensersatz. Könnte er allerdings beweisen, dass er an der Zerstörung „unschuldig" ist (§ 276 Abs. 1 BGB), dann haftet er nicht (§ 280 Abs. 1 Satz 2 BGB).

LÖSUNG

Lösung zu Fall 20 (Ergänzung 2)   6 Punkte

§ 320 Abs. 1 Satz 1 BGB regelt das Zurückbehaltungsrecht bei einem gegenseitigen Vertrag, die so genannte Einrede des nicht erfüllten Vertrages. Danach kann der Schuldner die ihm obliegende Leistung verweigern, bis auch der Gläubiger eine andere, ihm dem Schuldner gegenüber obliegende Leistung erbracht hat. Voraussetzung ist, dass es sich um dasselbe rechtliche Verhältnis handelt, aus dem beide Ansprüche entstanden sind. Außerdem müssen beide Ansprüche fällig sein, § 271 Abs. 1 BGB.

LÖSUNG

Lösung zu Fall 20 (Ergänzung 3)   6 Punkte

Im Unterschied zur Gattungsschuld, bei der die Vertragspartner von unbestimmt vielen gleichartigen Leistungsmöglichkeiten ausgehen, ist bei der Wahlschuld ein Gegenstand aus einer bestimmten Zahl untereinander verschiedenartiger Güter zu leisten. Der Schuldner ist zur Leistung eines individuell bestimmten Gegenstandes nach Wahl des Schuldners oder des Gläubigers verpflichtet. Nach § 262 steht dieses Wahlrecht im Zweifel dem Schuldner zu, der dieses Recht durch Erklärung gegenüber dem anderen Teil ausüben kann, § 263 Abs. 1 BGB.

LÖSUNG

Lösung zu Fall 20 (Ergänzung 4)   12 Punkte

a) Factoring ist ein Finanzierungsgeschäft in Industrie und Handel, bei dem der eine Teil, der so genannte Factor (engl. für Agent) die Forderungen seines Kunden gegen dessen Abnehmer entgeltlich durch stille Order oder offene Zession zu eigenem Recht erwirbt und bei Fälligkeit einzieht, bis dahin überwacht, zugleich aber auch das Risiko für den Eingang übernimmt.

b) Beim echten Factoring übernimmt der Factor das Risiko für den Eingang der Forderung, während beim unechten Factoring der Factoringkunde das Risiko des Forderungsausfalls trägt.

c) Während beim offenen Factoring der Factor die Forderung in offener Zession zu eigenem Recht erwirbt, bleibt beim verdecktem Factoring rechtlich der Factoringkunde Inhaber der Forderung.

d) Unter Bonität versteht man gemeinhin den Wertmaßstab für die Zahlungsfähigkeit und -willigkeit von Personen oder Firmen als Unterlage für ihre Kreditwürdigkeit. Grundlage hierfür sind in erster Linie die persönlichen, fachlichen und finanziellen Verhältnisse des Kreditnehmers. Als Bonität werden auch die hohe Qualität von Waren und Werten (z. B. bei Wechseln) sowie der Bodenwert bezeichnet. Der Begriff Verität leitet sich aus dem englischen „verity" ab und bedeutet schlichtweg „Wahrheit".

Beide Begriffe bezeichnen und bewerten im Zusammenhang mit Factoring die Qualität sowohl der Factoringkunden und der Einbringbarkeit ihrer Forderungen als auch deren Abnehmer.

LÖSUNG

Lösung zu Fall 21   9 Punkte

Zwischen Fröhlich und der Schule besteht ein so genannter Dienstvertrag, § 611 BGB. Dessen Hauptleistungspflichten bestehen für Fröhlich darin, dass er zu den von der Schule bestimmten Zeiten Unterricht gibt. Für die Schule besteht die Hauptleistungspflicht darin, dem Fröhlich ein Honorar bzw. Gehalt zu zahlen. Neben den vertraglich geregelten Hauptleistungspflichten gibt es aber noch eine Reihe so genannter Nebenleistungspflichten, die nicht unbedingt im Dienstvertrag geregelt sein müssen.

Eine dieser Pflichten besteht für Fröhlich darin, über seine Tätigkeit und die dabei erlangten Erkenntnisse Schweigen gegenüber Dritten zu wahren, soweit seinem Dienstherrn andernfalls ein Schaden entstehen kann. Gegen diese Verschwiegenheitspflicht hat Fröhlich hier verstoßen.

Ist der Schule durch diese Pflichtverletzung ein Schaden entstanden, kann sie über das zunächst von der Rechtsprechung entwickelte Institut der „positiven Vertragsverletzung" (pVV oder auch pFV, positive Forderungsverletzung), das seit dem 1.1.2002 durch das Schuldrechtsmodernisierungsgesetz Eingang ins BGB gefunden hat, Ersatz verlangen.

Geregelt ist dies durch § 280 Abs. 1 BGB, wonach jede vertragliche Pflichtverletzung, also auch Nebenpflichtverletzungen, den Schuldner zum Schadensersatz verpflichten.

LÖSUNG

Lösung zu Fall 22   12 Punkte

Grundsätzlich ist Anton verpflichtet, seine gesamte Arbeitskraft in den Dienst der Abraham OHG zu stellen. Hieraus folgt, dass eine Nebentätigkeit dem Arbeitgeber anzuzeigen ist und dieser sie gegebenenfalls verbieten kann, wenn zu befürchten steht, dass die Haupttätigkeit von Anton nicht mehr ordnungsgemäß erbracht werden kann.

Wie aber bereits bei Fall 21 dargestellt, hat der Anton alles zu unterlassen, wodurch seinem Arbeitgeber ein Schaden entstehen kann. Arbeitet Anton für einen Konkurrenten der OHG, so besteht die Gefahr, dass Anton – ob nun absichtlich oder unabsichtlich – Interna aus seiner Tätigkeit bei der OHG der Bethlehem KG zur Kenntnis gibt, bzw. dieser von dem Wissen des A profitiert. Aus diesem Grunde stellt die Tätigkeit des Anton bei der KG eine Verletzung von Nebenleistungspflichten aus dem Arbeitsvertrag mit der OHG dar mit der Folge, dass die OHG von Anton die Aufgabe der Nebentätigkeit bei der KG verlangen kann.

LÖSUNG

Lösung zu Fall 23   12 Punkte

Lustig kann von der Schule zum Schadensersatz herangezogen werden, da er gegen eine nebenvertragliche Pflicht verstoßen hat, vgl. auch Fall 21. Derartige Verhaltenspflichten bestehen nicht nur, solange der Vertrag dauert, sondern u.U. auch noch nach dessen Beendigung.

LÖSUNG

Lösung zu Fall 24   12 Punkte

Gemäß § 823 Abs. 1 ist derjenige, der einem anderen vorsätzlich oder fahrlässig einen Schaden zufügt, zum Ersatz verpflichtet. Gemäß § 831 Abs. 1 Satz 1 BGB gilt dies auch dann, wenn er den Schaden nicht selbst, sondern durch einen von ihm beschäftigten Arbeitnehmer angerichtet hat. Dies bedeutet für Valerie, dass sie dem Petersen den durch Hansen verursachten Schaden ersetzen muss, sofern Hansen schuldhaft gehandelt hat.

Lösung zu Fall 25   12 Punkte

Der Händler hat mangelhafte Ware geliefert. Zwar werden die gelieferten, unerkannt kranken Hühner wieder gesund, sodass der Züchter nicht den Kaufvertrag wandeln kann. Allerdings haben diese Hühner 200 andere derart angesteckt, dass sie sterben. Man spricht hier von einem Mangelfolgeschaden, der dadurch entsteht, dass der Mangel der gelieferten Hühner sozusagen um sich greift und an dem Eigentum des Käufers weiteren Schaden verursacht. Mangelfolgeschäden sind von dem Verkäufer H über das von der Rechtsprechung entwickelte Rechtsinstitut der positiven Vertragsverletzung zu ersetzen.

Lösung zu Fall 26   12 Punkte

Gemäß § 446 Abs. 1 Satz 1 BGB geht die Gefahr des zufälligen Untergangs bzw. der Verschlechterung erst mit der Übergabe der Kaufsache auf den Käufer über. Am 1. 2. war Beton noch nicht im Besitz der Sache, sodass er sich gemäß § 326 Abs. 1 Satz 1 BGB weigern kann, den Kaufpreis zu zahlen. Am 1. 4. dagegen war er schon im Besitz der Anlage, sodass er gemäß § 446 Abs. 1 Satz 1 BGB die Gefahr trägt mit der Folge, dass er zahlen muss. Am 1. 8. ist Beton durch die Zahlung des Kaufpreises am 1. 6. sogar schon Eigentümer geworden, sodass der Kaufvertrag durch Erfüllung der gegenseitigen Leistungspflichten – das Vorliegen eines Sachmangels nach § 434 BGB ist nicht ersichtlich – erloschen ist. Es bestehen keinerlei Ansprüche mehr zwischen den Parteien.

Lösung zu Fall 27   12 Punkte

Kuddel muss den Kaufpreis nicht zahlen, da ihm der Wagen noch nicht übergeben wurde. Somit trägt Vatzke die so genannte Preisgefahr gemäß § 446 Abs. 1 Satz 1 BGB.

Abwandlung:

Ja, denn gemäß § 285 Abs. 1 BGB muss der Schuldner der unmöglich gewordenen Leistung das herausgeben, was er aufgrund der Unmöglichkeit erlangt. Allerdings macht dies keinen Sinn, da Vatzke dann gemäß § 326 Abs. 3 BGB den Kaufpreis verlangen kann.

LÖSUNG

Lösung zu Fall 27 (Ergänzung)   6 Punkte

▶ Wirksamer Kaufvertrag.

▶ Versendungsverlangen des Käufers; ist immer dann von Bedeutung, wenn der Verkäufer grundsätzlich nur ein Ladengeschäft betreibt; bei reinem Versandhandel liegt kein explizites Versendungsverlangen des Käufers vor, sondern eine schon im Angebot des Verkäufers enthaltene Leistungspflicht.

▶ Versendung nach anderem als dem Erfüllungsort bedeutet, dass der Erfüllungsort Wohnsitz oder Niederlassung des Verkäufers ist.

▶ Auslieferung an Versender, der auch aus dem Betrieb des Verkäufers stammen kann (z. B. Transportabteilung des Verkäufers).

LÖSUNG

Lösung zu Fall 28   18 Punkte

a) Nein, denn grundsätzlich bestehen die Gewährleistungsrechte – sofern nicht etwas anderes vereinbart wurde – nur zwischen den Parteien des Kaufvertrages; eine Einschränkung dergestalt, dass der Käufer auf die Geltendmachung gegenüber dem Hersteller beschränkt ist, wäre unwirksam.

Was das Nachbesserungsrecht anbelangt, so steht es gem. § 439 Abs. 1 BGB dem Käufer zu, für welche Form der Nacherfüllung er sich entscheidet.

b) Die Rechte des Käufers bestimmen sich nach § 437 BGB. Danach kann der Käufer zunächst nur die Nacherfüllung in Form der Nachbesserung, also der Beseitigung des Mangels, oder der Nachlieferung, also Lieferung einer mangelfreien Sache verlangen.

Ist die Nacherfüllung gescheitert oder verweigert der Verkäufer die Nacherfüllung, kann der Käufer gem. §§ 440, 323, 326 bzw. 440, 280, 281, 283, 311a BGB vom Vertrag zurücktreten bzw. ggf. Schadensersatz verlangen, oder aber nach § 441 BGB den Kaufpreis mindern.

c) Die Nachbesserung gilt als fehlgeschlagen, wenn der Verkäufer wegen desselben Mangels zwei Nachbesserungsversuche unternommen hat (§ 440 Abs. 1 Satz 2 BGB und der Mangel dann erneut auftritt. Erst danach kann er auf die anderen in § 437 BGB genannten Gewährleistungsrechte zurückgreifen.

Lösung zu Fall 29 18 Punkte

a) Eine fehlerhafte Montageanleitung stellt nach § 434 Abs. 2 Satz 2 BGB einen Sachmangel dar. Weil Kuddel aber die Schrankwand gleichwohl richtig zusammenbaut, heilt er diesen Mangel selbst, sodass er keine Mängelgewährleistungsansprüche gegen Aeki hat.

Hätte er es nicht geschafft, könnte er nach § 439 Abs. 1 BGB Nacherfüllung – also eine mangelfreie Montageanleitung – verlangen können.

b) Vgl. Fall 28 a).

Lösung zu Fall 29 (Ergänzung) 6 Punkte

a) Aus § 444 BGB folgt im Umkehrschluss, dass die Gewährleistung grundsätzlich ausgeschlossen werden kann.

Die vorliegende Formulierung schließt allerdings nur die Gewährleistung für solche Mängel aus, die bei einer ordnungsgemäßen Besichtigung ohne Hinzuziehung eines Sachverständigen wahrnehmbar waren.

b) Nein, denn gemäß § 444 BGB ist ein Gewährleistungsausschluss für Mängel, die der Verkäufer wissentlich verschweigt, nichtig.

Lösung zu Fall 30 12 Punkte

Bereits das Schild im Schaufenster stellt die Zusicherung einer bestimmten Eigenschaft des verkauften Bildes dar (§ 434 Abs. 1 Satz 3 BGB). Auch die Behauptung von Deckweiß, dass es sich um ein Original handele sowie die Notiz auf der Quittung sind Zusicherungen des Verkäufers zur Beschaffenheit der Sache im Sinne des § 434 Abs. 1 Satz 3 BGB.

Dabei ist es gleichgültig, ob Deckweiß nun wusste, dass es sich nicht um ein Original handelt oder nicht. Gemäß §§ 437, 439 Abs. 1 BGB kann Raff nun Nacherfüllung verlangen und dann – wenn diese nicht möglich ist – vom Vertrag zurücktreten und Schadensersatz wegen Nichterfüllung geltend machen.

LÖSUNG

Lösung zu Fall 31 12 Punkte

▶ 1A-Zustand: nein, da keine bestimmte bzw. bestimmbare Beschaffenheit zugesichert wird, sondern es sich hierbei um eine allgemeine und nicht bestimmbare Beschreibung handelt. Anders wäre es, wenn der Verkäufer in der Werbung seine Fahrzeuge mit „wie neu" anpreisen würde, da damit beim Käufer der Eindruck erweckt würde, die Fahrzeuge wären neuwertig.

▶ 50.000 km: ja.

▶ Unfallfreiheit: ja.

LÖSUNG

Lösung zu Fall 31 (Ergänzung) 24 Punkte

a) Der Leasingnehmer (LN) least beim Leasinggeber (LG) den von ihm gewünschten Gegenstand. Der LG wiederum kauft letzteren beim Hersteller (H).

b) Sofern Nachbesserungsrechte vereinbart wurden, was in der Regel mit den AGB geschieht, muss sich der LN selbst an H wenden, da der LG ihm seine Gewährleistungsansprüche als Käufer des Leasinggegenstandes gegen den Verkäufer H zur eigenständigen Geltendmachung abgetreten hat.

Da die gesetzliche Mindestgewährleistungsfrist des § 477 Abs. 1 Satz 1 BGB noch nicht abgelaufen ist, sind die Ansprüche auch noch nicht verjährt.

c) Der LN darf die Leasingratenzahlung einstellen, da nach höchstrichterlicher Rechtsprechung die Erhebung der Wandelungsklage dem Leasingvertrag die Geschäftsgrundlage von Anfang an entzieht (vgl. BGHE 109, S. 139, m. w. N.).

d) Nein, da der LN während der Laufzeit des Vertrages selbst für die Instandhaltung des Leasinggegenstandes zu sorgen hat und die Gewährleistungsfrist des § 477 Abs. 1 Satz 1 BGB abgelaufen ist.

e) Da es beim Operating-Leasing nur zwei Beteiligte gibt, den LN und den LG, der zugleich H ist, muss sich der LN zur Geltendmachung direkt an den LG wenden.

f) Die vom LG verwendeten AGB sehen in der Regel vor, dass die Gewährleistungsansprüche des LN gegen den LG ausgeschlossen sind.

g) Zwar wäre ein derartiger Ausschluss gemäß § 11 Nr. 10 AGBG unwirksam, allerdings gilt hier eine Ausnahme, da der LG seine Ansprüche gegen H an den LN abtritt.

h) Kann die vom LN beabsichtigte und berechtigte Wandelung wegen Vermögenslosigkeit des H nicht realisiert werden, so wird der LN im Verhältnis zum LG so gestellt, als wenn der Kaufvertrag rückgängig gemacht worden wäre mit der Folge, dass der LG den entstehenden

Ausfall zu tragen hat. Diese Rechtsfolge lässt sich auch nicht durch eine entsprechende Regelung in den AGB des LG verhindern.

Lösung zu Fall 32   9 Punkte

Zwischen Justus und dem Arzt ist ein Dienstvertrag zustande gekommen. Geschuldet wird hier – im Gegensatz zum Werkvertrag – nicht der Erfolg, sondern einzig und allein die Arbeitskraft.

Justus konnte und durfte auch nicht aus der Bemerkung des Arztes eine Zusicherung seiner Gesundheit binnen einer Woche ableiten bzw. erwarten. Ist die Höhe der Rechnung den GOÄ entsprechend richtig, muss Justus zahlen.

Aus der Tatsache, dass Justus den Arzt „flüchtig kennt", lässt sich auch nicht ableiten, dass es sich um ein bloßes Gefälligkeitsverhältnis gehandelt hat, bei dem auf eine Gegenleistung von vornherein verzichtet worden wäre. Dafür gibt der Sachverhalt nicht genügend her. Justus muss also zahlen.

Lösung zu Fall 33   9 Punkte

Anton muss Senkblei zunächst einmal gemäß §§ 633 Abs. 2, 634 Nr. 1, 635 BGB den Mangel anzeigen und die Beseitigung (Nacherfüllung) innerhalb einer bestimmten, angemessenen Frist verlangen, wobei er dem Senkblei auch mitteilen muss, dass er danach die Beseitigung ablehnen werde.

Erst wenn die Frist verstrichen ist, kann Anton gemäß § 634 Nr. 2 oder Nr. 3 oder Nr. 4 BGB den Mangel selbst beseitigen und hierfür Aufwendungsersatz gem. § 637 BGB verlangen; oder aber kann nach § 638 BGB Minderung, also Herabsetzung des Werklohnes verlangen; oder aber er kann eben gem. § 636 BGB vom Vertrag zurücktreten und sein Geld zurückverlangen.

Lösung zu Fall 34   18 Punkte

Abwandlung 1:

Grundsätzlich zu Recht: § 637 BGB. Wenn Huschel allerdings einwendete, die Fenster hätten eine herstellerseitige Lieferfrist von mehr als 7 Tagen, dann wäre die Frist nicht angemessen, es sei denn, Huschel könnte sie anderswo schneller bekommen.

Abwandlung 2:

Zu Recht: Huschel hat seine vertragliche Leistung nicht erfüllt und somit eine Pflichtverletzung im Sinne des § 280 Abs. 1 BGB begangen. Entsteht dem Gläubiger (Anton) hieraus ein Schaden – Nichtvermietung von 4 Wohnungen für einen Monat – hat Huschel diesen zu ersetzen.

Abwandlung 3:

Wie Fall 33.

LÖSUNG

Lösung zu Fall 34 (Ergänzung)   12 Punkte

a) Unter „Abnahme" versteht man die körperliche Hinnahme des Werkes im Wege der Besitz-übertragung, verbunden mit der Billigung des Werkes als in der Hauptsache vertragsgemä-ße Leistung.

   Mit der Abnahme erlischt der Anspruch des Bestellers für offensichtliche Mängel gemäß § 640 Abs. 2 BGB und nur die Haftung für verborgene Mängel bleibt bestehen. Mit der Ab-nahme wird gemäß § 641 Abs. 1 Satz 1 BGB die Vergütung fällig.

b) Gemäß § 649 Satz 1 BGB kann der Besteller bis zur Vollendung des Werkes den Vertrag kün-digen.

   Liegen die Gründe für die Kündigung beim Besteller, so hat er dem Unternehmer gemäß § 649 Satz 2 BGB die vereinbarte Vergütung unter Anrechnung der ersparten Aufwendungen zu zahlen. Nur wenn der Unternehmer mit der Herstellung des Werkes in Verzug kommt oder aber absehbar ist, dass das Werk nicht vereinbarungsgemäß erstellt werden wird, kann der Besteller ohne die für ihn nachteiligen Folgen „aussteigen".

c) Siehe Fall 33.

LÖSUNG

Lösung zu Fall 35   18 Punkte

Anita kann von Bernd Zahlung verlangen, da Bernd gemäß § 683 Satz 1 BGB zur Zahlung von Aufwendungsersatz verpflichtet ist. Anita hat das Geschäft in seinem mutmaßlichen Sinne ge-führt. Es ist auch aus dem Sachverhalt nicht ersichtlich, dass Bernd das Geschäft im Nachhinein abgelehnt hat, als Anita ihm die Karte gegeben hat.

Lösung zu Fall 36   12 Punkte

Da Anton nicht selbstschuldnerisch haftet, kann er die Einrede der Vorausklage gemäß § 771 BGB erheben, sodass die Bank zu Unrecht sofort nach Konkursanmeldung von Felix an Anton herantritt.

Lösung zu Fall 36 (Ergänzung)   9 Punkte

a) Der Gläubiger muss gemäß § 771 BGB zunächst einen Titel gegen den Hauptschuldner erwirken und aus diesem zumindest einmal die Zwangsvollstreckung gegen ihn versucht haben, bevor er sich an den Bürgen wenden kann.

b) Die Bürgschaft sollte auf jeden Fall der Höhe nach und – sofern möglich – auch zeitlich, sowie auf bestimmte Forderungen des Gläubigers gegen den Hauptschuldner beschränkt sein.

Lösung zu Fall 37   12 Punkte

Ja; die Bank erlangt an den Sachen, die dem Zack unter Eigentumsvorbehalt geliefert worden sind, lediglich ein Anwartschaftsrecht – die Bank wird mithin mittelbarer Fremdbesitzer, während der Eigentümer mittelbarer Eigenbesitzer wird, solange feststeht, an welchen Sachen insgesamt mittelbarer Besitz begründet wird. Dies ergibt sich aus den Buchhaltungsunterlagen des Zack.

Lösung zu Fall 38   12 Punkte

Da durch die Weiterverarbeitung das Eigentum gemäß § 950 BGB auf den Verarbeitenden übergeht, sollte ein so genannter verlängerter Eigentumsvorbehalt vereinbart werden, d. h. zwischen Lieferanten und Verarbeitendem sollte vereinbart werden, dass an die Stelle des durch die Verarbeitung erlöschenden Eigentumsvorbehalts an der gelieferten Sache ein Eigentumsrecht an der neu hergestellten Sache tritt.

Lösung zu Fall 39 12 Punkte

a) Nein, da die Maschinenbau AG selbst kein Eigentum an den Waren gehabt hat, aber ihr rechtmäßiger Besitzer geblieben ist, und Günther gemäß § 933 BGB zu keiner Zeit selbst Besitz an ihnen gehabt hat, konnte er nicht gutgläubig Eigentum erwerben.

Da auch Komick nie irgendeine Form von Besitz an den Waren erlangt hat, konnte auch er gemäß § 933 BGB nicht gutgläubig Eigentum an den Waren erlangen.

b) Sie sollte die beiden davon in Kenntnis setzen, dass sie die Waren unter Eigentumsvorbehalt an die AG geliefert hat, um bei ihnen die Gutgläubigkeit zu beseitigen, sie wären Eigentümer der Waren geworden bzw. gewesen.

Erlangt nämlich einer der beiden unmittelbaren Besitz an den Waren, würde die OHG gemäß § 933 BGB das Eigentum daran verlieren.

Lösung zu Fall 40 24 Punkte

Gemäß § 309 Nr. 8 b) aa) BGB ist eine Klausel, in der eine Gewährleistung für neu hergestellte Sachen gänzlich ausgeschlossen wird, unwirksam. Damit stehen B noch alle in Betracht kommenden Gewährleistungsrechte gemäß §§ 437 BGB zu.

Abwandlung 1:

Die Klausel ist wegen § 309 Nr. 8 b) dd) BGB unwirksam.

Abwandlung 2:

Die Klausel ist wegen § 309 Nr. 8 b) ff) BGB unwirksam.

Abwandlung 3:

Die Klausel ist wegen § 309 Nr. 12 a) BGB unwirksam.

Lösung zu Fall 41 12 Punkte

Der Vertrag ist gemäß § 312 Abs. 1 i.V.m. § 355 Abs. 1 BGB binnen zwei Wochen widerrufbar, nachdem die Willenserklärung von dem Xaver im Bereich seiner Privatwohnung abgegeben worden ist. Zwar hat Xaver sofort geleistet, der Ausschluss gemäß § 312 Abs. 3 BGB greift aber nicht, da das Entgelt gemäß Nr. 2 40 € übersteigt.

Lösung zu Fall 42   12 Punkte

Gemäß § 30 Abs. 1 HGB muss sich jede neue Firma von allen an demselben Ort bereits bestehenden Firmen deutlich unterscheiden. Dies ist hier nicht der Fall, sodass Hans Herrmann Hansen von Hans Heinrich Unterlassung bzw. Änderung der Firma gemäß §§ 30 Abs. 2, 37 HGB verlangen kann.

Lösung zu Fall 43   18 Punkte

Gemäß § 35 Abs. 1 GmbHG wird die Gesellschaft durch den oder die Geschäftsführer vertreten. Nach Abs. 2 zeichnet der Geschäftsführer mit der Firma der Gesellschaft und seinem Namen. Dies hat G getan, sodass eine persönliche Haftung des G ausgeschlossen ist.

Abwandlung:

Auch dann würde G nicht persönlich haften. Aus § 35 GmbHG i.V.m. § 164 Abs. 1 BGB ergibt sich, dass auch dann, wenn das Geschäft nicht ausdrücklich im Namen der Gesellschaft vorgenommen wird, die Gesellschaft bei Handeln ihres Geschäftsführers berechtigt oder verpflichtet wird. Im Übrigen wäre dann A beweispflichtig, dass G im eigenen Namen und nicht für die Gesellschaft gehandelt hat.

Lösung zu Fall 44   18 Punkte

Da die Forderung erst im Jahre 1993 entstanden ist, also ein Jahr nach der rechtskräftigen Umwandlung der OHG in eine GmbH & Co. KG, hat Anton keinen Erfolg, da gemäß § 224 Abs. 1 UmwG (Umwandlungsgesetz) die Forderung zur Zeit des Formwechsels noch nicht bestand. Somit haften nicht die Gesellschafter, sondern die Gesellschaft für die Forderung des Anton.

III. Kosten- und Leistungsrechnung

LÖSUNG

Lösung zu Fall 1   20 Punkte

	Rechnungskreis I		Rechnungskreis II					
	GuV-Rechnung		Neutrales Ergebnis				Betriebsergebnis	
			Abgrenzung		Kostenrechn. Korrekturen			
Konto	Aufw. T€	Ertrag T€	Aufw. T€	Ertrag T€	betriebliche Aufw. T€	verrechn. Kosten T€	Kosten T€	Leistungen T€
1	2	3	4	5	6	7	8	9
Umsatzerlöse		3.400						3.400
Bestandsver.		400						400
Akt. Eigenl.		100						100
Mieterträge		80		80				
Ertr. Aufl. WB		25		25				
Ertr. Abgang		30		30				
Ertr. Rückst.		75		75				
Zinserträge		55		55				
Rohstoffaufw.	800						800	
Hilfsstoffaufw.	150						150	
Fremdinstandh.	50						50	
Löhne	1.000						1.000	
Gehälter	750						750	
AG-Anteil SV	350						350	
Abschreibung	320				320	200	200	
Büromaterial	20						20	
Versicherung	70						70	
Verl. Abgang	70		70					
Steuern	100						100	
Zinsaufwend.	40				40	90	90	
Summen I	3.720	4.165	70	265	360	290	3.580	3.900
Ergebnisse	445		195			70	320	
Summen II	4.165	4.165	265	265	360	360	3.900	3.900
Gesamterg.	445							
Neutrales Erg.			125					
Betriebsergeb.							320	

LÖSUNG

Lösung zu Fall 2   7 Punkte

Anschaffungswert		105.000 €
Wiederbeschaffungswert		140.000 €
30 % zeitabhängige Abschreibung	42.000 €	= 5.250 €/Jahr
70 % leistungsabh. Abschreibung	98.000 €	= 0,245 €/km *)
Wiederbeschaffungswert	140.000 €	

*) $\dfrac{98.000\ € \text{ Abschreibung}}{400.000 \text{ km Gesamtleistung}} = 0,245\ €/km$

Abschreibung im 2. Nutzungsjahr:

zeitabhängig	5.250 €
leistungsabhängig 0,245 € · 82.000 km =	20.090 €
kalkulatorische Abschreibung gesamt	**25.340 €**

LÖSUNG

Lösung zu Fall 3   17 Punkte

Die kalkulatorischen Zinsen werden vom betriebsnotwendigen Kapital berechnet. Die Vorratsgrundstücke sind nicht betriebsnotwendig und werden deshalb nicht berücksichtigt. Als kalkulatorischer Zinssatz wird in der Regel der so genannte landesübliche oder banküblicher Zinssatz für langfristige Kapitalanlagen verwendet, der oft um einen Risikozuschlag erhöht wird. Immer mehr Betriebe setzen statt des landesüblichen Zinssatzes den Kalkulationszinssatz der Investitionsrechnung ein.

a) **Ermittlung des betriebsnotwendigen Kapitals**

Ermittlung des betriebsnotwendigen Vermögens:

Vermögen 31. 12. 01:	814 T€ − 20 T€	= 794 T€
Vermögen 30. 6. 02:	816 T€ − 20 T€	= 796 T€
Vermögen 31. 12. 02:	830 T€ − 20 T€	= 810 T€
		2.400 T€
Durchschnitt		800 T€

Ermittlung des Abzugskapitals (= zinsfreies Fremdkapital):

	Verb. aLL	Erhalt. Anzahlungen
31.12.01	148 T€	50 T€
30.6.02	150 T€	20 T€
31.12.02	152 T€	80 T€
Summen	450 T€	150 T€
		450 T€
zusammen		600 T€
Durchschnitt		200 T€
betriebsnotwendiges Vermögen		800 T€
− Abzugskapital		200 T€
= betriebsnotwendiges Kapital		600 T€

b) 7 % kalkulatorische Zinsen von 600.000 € sind 42.000 € jährlich, bzw. 3.500 € monatlich.

c) Ergebnistabelle

Zur Tabellengliederung siehe Fall 1

1	2	3	4	5	6	7	8	9
Zinsaufwend.	3.000				3.000	3.500	3.500	
Summen I	3.000	0			3.000	3.500	3.500	0
Ergebnisse		3.000			500			3.500
Summen II	3.000	3.000			3.500	3.500	3.500	3.500
Gesamterg.		− 3.000						
Neutrales Erg.				+ 500				
Betriebsergeb.							− 3.500	

LÖSUNG

Lösung zu Fall 4   **10 Punkte**

Ergebnistabelle Januar (Zur Tabellengliederung siehe Fall 1)

1	2	3	4	5	6	7	8	9
Verrechnetes Weihnachtsgeld						70	70	
Verrechneter AG-Anteil.						14	14	
Summen I	0	0			0	84	84	0
Ergebnisse	0	0			84			84
Summen II	0	0			84	84	84	84
Gesamterg.	0							
Neutrales Erg.				+ 84				
Betriebsergeb.							− 84	

Ergebnistabelle November

1	2	3	4	5	6	7	8	9
gezahltes Weihnachtsg.	835				835			
AG-Anteil zum gezahlten WG	167				167			
verrechnetes Weihnachtsg.						70	70	
AG-Anteil zum verrechn. WG						14	14	
Summen I	1.002	0			1.002	84	84	0
Ergebnisse		1.002				918		84
Summen II	1.002	1.002			1.002	1.002	84	84
Gesamterg.	− 1.002							
Neutrales Erg.				− 918				
Betriebsergeb.								− 84

Die Eintragungen in der Ergebnistabelle für den Monat Dezember entsprechen denen in der Ergebnistabelle für den Monat Januar.

LÖSUNG

Lösung zu Fall 5   30 Punkte

zu a), c) und d)

Betriebsabrechnungsbogen einschl. Ermittlung der Ist-Zuschlagssätze und der Über- und Unterdeckungen.

	Gesamt	KST 10	KST 20	KST 30	KST 40
Hilfsstoffaufwendungen	56.000	800	54.400	500	300
Betriebsstoffaufwendungen	9.000	600	8.100	150	150
Hilfslöhne	43.000	2.800	40.200	0	0
Gehälter	78.000	9.000	41.000	22.000	6.000
Sozialaufwand	48.500	2.000	42.500	2.500	1.500
Kalk. Abschreibungen	117.000	6.000	85.000	11.000	15.000
Mietaufwand	15.000	3.000	10.000	1.200	800
Büromaterial	6.500	260	640	1.300	4.300
Versicherungsprämien	1.500	200	1.100	100	100
Gebühren, Beiträge	6.000	1.000	2.500	2.000	500
Steuern	8.000	800	1.600	4.800	800
Summen	388.500	26.460	287.040	45.550	29.450

	Gesamt	KST 10	KST 20	KST 30	KST 40
Fertigungsmaterial	211.600	211.600			
Fertigungslöhne	158.000		158.000		
Ist-Herstellkosten Umsatz				678.100	678.100
Normal-Herstellkosten des Umsatzes				705.992	705.992
Ist-Zuschlagssätze		12,5	181,67	6,72	4,34
Norm.-Zuschlagss.		12,0	200,00	7,00	4,00
Verrechnete GK	419.051	25.392	316.000	49.419	28.240
Über-/Unterdeck.	+ 30.551	− 1.068	+ 28.960	+ 3.869	− 1.210

zu b) Ermittlung der Herstellkosten des Umsatzes

	Istkosten €	Istkosten %	Normal-kosten €	Normal-kosten %	Über-/ Unterdeckung €
Fertigungsmaterial	211.600		211.600		
Material-GK	26.460	12,50	25.392	12	− 1.068
Materialkosten	238.060		236.992		
Fertigungslöhne	158.000		158.000		
Fertigungs-GK	287.040	181,67	316.000	200	28.960
Fertigungskosten	445.040		474.000		
Herstellkosten der Produktion	683.100		710.992		
− Bestandsmehr.	10.000		10.000		
+ Bestandsmind.	5.000		5.000		
Herstellkosten des Umsatzes	678.100		705.992		

LÖSUNG

Lösung zu Fall 6   **33 Punkte**

a) **Kostenträgerzeitrechnung**

Kalkulationsschema	Istkosten €	Istkosten %	Normalkosten %	Normalkosten A	Normalkosten B	Abwei-chung €
Fertigungsmat.	211.600			148.000	63.600	
Material-GK	26.460	12,50	12	17.760	7.632	− 1.068
Materialkosten	238.060			165.760	71.232	
Fertigungslöhne	158.000			104.000	54.000	
Fertigungs-GK	287.040	181,67	200	208.000	108.000	+ 28.960
Fertigungskosten	445.040			312.000	162.000	
Herstellkosten der Produktion	683.100			477.760	233.232	
− Mehrbest. FE	− 10.000			− 7.000	− 3.000	
+ Minderbest. UE	+ 5.000			+ 3.000	+ 2.000	

197

Kalkulationsschema	Istkosten		Normalkosten			Abwei-
	€	%	%	A	B	chung €
Herstellkosten des Umsatzes	678.100			473.760	232.232	
Verwaltungs-GK	45.550	6,72	7	33.163	16.256	+ 3.869
Vertriebs-GK	29.450	4,34	4	18.950	9.290	− 1.210
Selbstkosten	753.100			525.873	257.778	+ 30.551
Verkaufserlöse	770.000			510.000	260.000	
Umsatzergebnis	+ 16.900			− 15.873	+ 2.222	

Umsatzergebnis aus Produkt A	− 15.873 €
Umsatzergebnis aus Produkt B	+ 2.222 €
Überdeckung	+ 30.551 €
Betriebsergebnis	+ 16.900 €

b) **Rechnerische Behandlung der Mehr- und Minderbestände**

Eine Bestandsmehrung bedeutet, dass mehr produziert als verkauft worden ist. Dieser Mehrbestand wird aktiviert. Eine Bestandsminderung bedeutet, dass mehr verkauft wurde als produziert. Lagerbestände wurden abgebaut. In den Umsatz der Abschlussperiode sind Leistungen der Vorperioden eingeflossen. In Vorperioden aktivierte Herstellkosten für unfertige und fertige Erzeugnisse wurden dem Lager entnommen.

Es wird unterstellt, dass die Verwaltungs-GK und die Vertriebs-GK durch die verkauften Erzeugnisse verursacht worden sind. Zuschlagsbasis für die Verwaltungs-GK und die Vertriebs-GK sind die Herstellkosten. Die Herstellkosten des Umsatzes werden ermittelt, indem von den Herstellkosten der Produktion die Mehrbestände – weil nicht umgesetzt – abgezogen und die Minderbestände – weil zusätzlich umgesetzt – hinzugerechnet werden.

c) **Informationen nach Produktgruppen**

Die Gewinn- und Verlustrechnung und auch die Ergebnistabelle zeigen zwar an, ob ein Gewinn oder ein Verlust erwirtschaftet worden ist. Sie zeigen jedoch nicht die Erfolgsquellen. Die Auftragsabrechnung (Kostenträgerstückrechnung) zeigt, mit welchem Erfolg der einzelne Auftrag von oft vielen tausend abgerechneten Aufträgen zum Gesamterfolg einer Abrechnungsperiode beigetragen hat. Sie eignet sich wegen der Menge der abgerechneten Aufträge jedoch nicht als Entscheidungshilfe. Die Kostenträgerzeitrechnung nach Produktgruppen zeigt dagegen, welche Produktgruppe in welchem Umfang zum Erfolg beigetragen hat.

Die o. a. Kostenträgerzeitrechnung nach Produkten zeigt, dass Produkt B mehr zum Erfolg des Unternehmens beiträgt als Produkt A. Ein großer Anteil des negativen Ergebnisses bei Produkt A resultiert rein rechnerisch aus den verrechneten Fertigungsgemeinkosten.

Ferner ist erkennbar, dass der Lohnanteil in % vom Umsatz bei beiden Produkten gleich ist (A = 20,39 %, B 20,76 %), während die Materialeinzelkosten vom Umsatz bei Produkt A ca. 29 %, bei Produkt B ca. 24 % ausmachen. Das bedeutet, dass tarifliche Lohnerhöhungen sich auf beide Produkte gleich auswirken, während Preiserhöhungen am Beschaffungsmarkt das anteilige Ergebnis aus Produkt A stärker beeinträchtigen werden als das Ergebnis aus Produkt B.

d) **Anpassung der Normalgemeinkostenzuschlagssätze**

Bei nur geringem Anteil der fixen Kosten an den gesamten Gemeinkosten können die Zuschlagssätze für Normalgemeinkosten beibehalten werden. Der Anteil der Fixkosten ist in den Industriebetrieben in den letzten Jahren jedoch ständig gestiegen. Bei steigendem Beschäftigungsgrad sinkt der Anteil der Fixkosten an den Gesamtkosten, bei rückläufigem Beschäftigungsgrad steigt der Anteil der Fixkosten an den Gesamtkosten. Deshalb müssen die Zuschlagssätze für die Normalgemeinkosten bei erheblichen Veränderungen des Beschäftigungsgrades angepasst werden.

Nach Möglichkeit sollte eine Anpassung im laufenden Geschäftsjahr jedoch vermieden werden, da sonst die Aussagekraft zur Kostenentwicklung beeinträchtigt werden kann.

LÖSUNG

Lösung zu Fall 7   **4 Punkte**

Rechnungspreis (netto)	800,00 €
− 5 % Rabatt	40,00 €
Zieleinkaufspreis	760,00 €
− 2 % Skonto	15,20 €
Bareinkaufspreis	744,80 €
+ Bezugskosten	25,20 €
Bezugspreis/Einstandspreis	770,00 €

LÖSUNG

Lösung zu Fall 8   **12 Punkte**

a) **Ermittlung des Nettoverkaufspreises**

Bezugspreis	770,00 €
+ 25 % Handlungskostenzuschlag	192,50 €
Selbstkosten	962,50 €
+ 10 % Gewinn	96,25 €
Barverkaufspreis	1.058,75 €
+ 3 % Skonto (i. H.)	32,74 €
Zielverkaufspreis	1.091,49 €
+ 5 % Rabatt (i. H.)	57,45 €
Nettoverkaufspreis	1.148,94 €

b) **Ermitteln der Handelsspanne**

$$\text{Handelsspanne} = \frac{(1.148,94 - 770,00) \cdot 100}{1.148,94} = 32,98$$

c) **Ermitteln des Kalkulationszuschlags**

$$\text{Kalkulationszuschlag} = \frac{(1.148,94 - 770,00) \cdot 100}{770,00} = 49,21$$

d) **Ermitteln des Kalkulationsfaktors**

Kalkulationsfaktor ist der Kalkulationszuschlag (oder Kalkulationsaufschlag) bezogen auf den Bezugspreis = 1,4921.

770,00 · 1,4921 = 1.148,92 (bei 2 Cent Rundungsdifferenz)
In der Praxis würde mit einem Kalkulationsfaktor von 1,5 gerechnet.

LÖSUNG

Lösung zu Fall 9   **21 Punkte**

a) **Zuschlagskalkulation**

	Nachkalkulation vom 8.8.02 Produkt: Spezialvorrichtung Auftraggeber: Waggonbau GmbH, Nürnberg Auftrags-Nr. 33 480			
1.	Fertigungsmaterial			20.500 €
2.	Materialgemeinkosten	20 %		4.100 €
3.	Materialkosten			24.600 €
4.	Fertigungslöhne Schmiede			6.000 €
5.	Fertigungsgemeinkosten Schmiede	270 %		16.200 €
6.	Fertigungslöhne Dreherei			7.000 €
7.	Fertigungsgemeinkosten Dreherei	280 %		19.600 €
8.	Fertigungslöhne Schlosserei			4.000 €
9.	Fertigungsgemeinkosten Schlosserei	220 %		8.800 €
10.	Fertigungslöhne Montage			1.000 €
11.	Fertigungsgemeinkosten Montage	200 %		2.000 €
12.	Fertigungskosten			64.600 €
13.	Sondereinzelkosten der Fertigung			800 €
14.	Herstellkosten (=Zeilen 3+12+13)			90.000 €
15.	Verwaltungsgemeinkosten	10 %		9.000 €
16.	Vertriebsgemeinkosten	20 %		18.000 €
17.	Sondereinzelkosten des Vertriebs			3.000 €
18.	Selbstkosten			120.000 €
19.	Umsatzerlös			125.000 €
20.	Auftragsergebnis			+ 5.000 €

b) **Definitionen**

Einzelkosten sind die Kosten, die direkt (einzeln) auf einen bestimmten Auftrag verrechnet werden können, z. B. Fertigungsmaterial aufgrund von Materialentnahmescheinen oder Stücklisten, Fertigungslöhne aufgrund von Lohnscheinen oder Vorgangslisten.

Sondereinzelkosten der Fertigung sind Einzelkosten der Fertigung, die nur für bestimmte Aufträge anfallen. Dazu zählen auftragsabhängige Konstruktionsarbeiten, Lizenzgebühren (außerdem Modelle, Gesenke, Spezialwerkzeuge, Formen, Matrizen, Patrizen u. Ä.).

Sondereinzelkosten des Vertriebs sind Einzelkosten des Vertriebs, die nicht für alle Aufträge in gleichem Maße anfallen, z. B. Vertreterprovisionen, Ausgangsfrachten (außerdem Transportversicherung, Spezialverpackungen u. Ä.).

Gemeinkosten werden von mehreren oder allen Kostenträgern gemeinsam verursacht. Sie können den einzelnen Erzeugnissen oder Aufträgen nur als Zuschlag auf die Einzelkosten belastet werden. Eigentlich müssten sie Allgemeinkosten heißen, weil sie durch Produktion, Verwaltung oder Vertrieb allgemein verursacht worden sind.

LÖSUNG

Lösung zu Fall 10   **4 Punkte**

Ermittlung des Verkaufspreises

Herstellungskosten je Meter

$$\frac{300.000\,€}{200.000\,m} = 1,50\,€$$

Verwaltungs- und Vertriebskosten je Meter

$$\frac{40.000\,€}{200.000\,m} = 0,20\,€$$

Selbstkosten	= 1,70 €
+ 10 % Gewinnzuschlag	= 0,17 €
Verkaufspreis für 1 m	= 1,87 €

LÖSUNG

Lösung zu Fall 11   **20 Punkte**

a) **Selbstkosten pro Vorrichtung der abgesetzten Menge**

$$\frac{200.000}{100} + \frac{60.000}{60} + \frac{20.000 + 40.000}{50} = 2.000 + 1.000 + 1.200 = \mathbf{4.200\,€}$$

b) Herstellkosten pro Vorrichtung in der ersten Stufe

$$\frac{200.000}{100} = \mathbf{2.000\ €}$$

c) Herstellkosten der nicht verkauften Vorrichtungen

$$\frac{200.000}{100} + \frac{60.000}{60} = 2.000 + 1.000 = \mathbf{3.000\ €/Stück}$$

d) Wert der unfertigen und der fertigen Erzeugnisse am Lager

Unfertige Erzeugnisse	$= (100 - 60) \cdot 2.000\ €$	$= \mathbf{80.000\ €}$
Fertige Erzeugnisse	$= (60 - 50) \cdot 3.000\ €$	$= \mathbf{30.000\ €}$

e) Einstufige, zweistufige und mehrstufige Divisionskalkulation

Der Einsatz der **einstufigen Divisionskalkulation** ist nur dann sinnvoll, wenn nur eine Erzeugnisart hergestellt wird und wenn keine Bestandsveränderungen an unfertigen und fertigen Erzeugnissen auftreten können. Die einstufige Divisionskalkulation kommt als summarische und als differenzierende Divisionskalkulation vor. Bei der summarischen Divisionskalkulation werden die Selbstkosten einer Abrechnungsperiode durch die gefertigte Stückzahl dividiert. Bei der differenzierenden Divisionskalkulation werden nicht die gesamten Selbstkosten durch die Ausbringungsmenge geteilt, sondern die Kostengruppen wie z. B. die Materialkosten werden durch die Ausbringungsmenge dividiert.

Bei der **zweistufigen Divisionskalkulation** können Bestandsveränderungen an fertigen Erzeugnissen berücksichtigt werden. Sie setzt voraus, dass nur eine Erzeugnisart hergestellt wird und dass keine Bestandsveränderungen an unfertigen Erzeugnissen vorliegen.

Die zweistufige Divisionskalkulation dividiert nicht die Selbstkosten durch die Ausbringungsmenge, sondern spaltet die Selbstkosten auf in Herstellkosten, Verwaltungskosten und Vertriebskosten.

Die **mehrstufige Divisionskalkulation** berücksichtigt neben Bestandsveränderungen an fertigen Erzeugnissen auch Bestandsveränderungen an unfertigen Erzeugnissen. Einzige Voraussetzung ist, dass nur eine Erzeugnisart hergestellt wird.

LÖSUNG

Lösung zu Fall 12   17 Punkte

a) Berechnung der Selbstkosten gesamt und je Stück

	Stück	Fertigungsmaterial		Äquivalenz-ziffer	Rechnungs-einheit	Selbstkosten	
		gesamt €	Stück €			gesamt €	Stück €
I	1.000	10.000	10,00	1,0	1.000	90.000	90
II	2.000	30.000	15,00	1,5	3.000	270.000	135
III	1.000	20.000	20,00	2,0	2.000	180.000	180
	4.000	60.000		4,5	6.000	540.000	

Äquivalenzziffer = Verhältnis der Kosten für Fertigungsmaterial je Stück

Rechnungseinheit = Stückzahl · Äquivalenzziffer

Fertigungsmaterial gesamt	60.000 €
Fertigungslöhne gesamt	110.000 €
Gemeinkosten gesamt	370.000 €
Selbstkosten gesamt	**540.000 €**

b) **Berechnung des Bruttoverkaufspreises**

Selbstkosten je Stück	90,00 €
+ 10 % Gewinn v. H.	9,00 €
Barverkaufspreis	99,00 €
+ 3 % Kundenskonto i. H.	3,06 €
Zielverkaufspreis	102,06 €
+ 20 % Wiederverkäuferrabatt i. H.	25,52 €
Nettoverkaufspreis	127,58 €
+ 19 % Umsatzsteuer v. H.	24,24 €
Bruttoverkaufspreis	151,82 €

LÖSUNG

Lösung zu Fall 13   20 Punkte

a) **Selbstkosten je Stück**

Materialkosten:

Produkt	Stückzahl	Äquivalenz-ziffer	Rechnungs-einheit	Gesamtkosten €	Stückkosten €
I	600	1,0	600	2.200	3,67
II	300	2,0	600	2.200	7,33
III	200	1,5	300	1.100	5,50
Gesamt			1.500	5.500	

Lohnkosten:

Produkt	Stückzahl	Äquivalenz-ziffer	Rechnungs-einheit	Gesamtkosten €	Stückkosten €
I	600	1,5	900	3.600	6,00
II	300	1,0	300	1.200	4,00
III	200	1,8	360	1.440	7,20
Gesamt			1.560	6.240	

Sonstige Kosten:

Produkt	Stückzahl	Äquivalenz- ziffer	Rechnungs- einheit	Gesamtkosten €	Stückkosten €
I	600	1,2	720	2.160	3,60
II	300	1,5	450	1.350	4,50
III	200	1,0	200	600	3,00
Gesamt			1.370	4.110	

Selbstkosten:

Produkt	I	II	III
Materialkosten	3,67 €	7,33 €	5,50 €
Lohnkosten	6,00 €	4,00 €	7,20 €
Sonstige Kosten	3,60 €	4,50 €	3,00 €
Selbstkosten	**13,27 €**	**15,83 €**	**15,70 €**

b) Nettoverkaufspreis je Stück:

Produkt	I	II	III
Selbstkosten	13,27 €	15,83 €	15,70 €
+ 12 % Gewinn	1,59 €	1,90 €	1,88 €
Nettoverkaufspreis	**14,86 €**	**17,73 €**	**17,58 €**

c) Äquivalenzziffern zur unmittelbaren Errechnung der Selbstkosten:

Produkt	Selbstkosten Stück	unmittelbare Äquivalenzziffer
I	13,27 €	1,000
II	15,83 €	1,193
III	15,70 €	1,183

d) Die Äquivalenzziffern für die unmittelbare Errechnung der Selbstkosten können nur so lange angewandt werden, wie sich das Verhältnis der Kostenarten untereinander nicht oder zumindest nicht wesentlich verändert.

e) Die **einstufige Äquivalenzziffernkalkulation** setzt voraus, dass gleichartige Erzeugnisse hergestellt werden und keine Bestandsveränderungen an unfertigen und fertigen Erzeugnissen vorliegen. Sie kennt nur eine Reihe von Äquivalenzziffern. Ein eventuell unterschiedlicher Kostenanfall für die einzelnen Produktsorten nach Kostengruppen kann nicht berücksichtigt werden.

Die **mehrstufige Äquivalenzziffernkalkulation** ermöglicht die Berücksichtigung von Bestandsveränderungen bei unfertigen und bei fertigen Erzeugnissen. Bei der mehrstufigen Äquivalenzziffernkalkulation wird für jede Kostengruppe je eine Reihe von Äquivalenzziffern gebildet. Sie wird angewandt, wenn der unterschiedliche Kostenanfall nach Kostengruppen für die Produktsorten berücksichtigt werden soll.

LÖSUNG

Lösung zu Fall 14   10 Punkte

a) Industriebetriebe, die nur ein einheitliches Produkt in Massen herstellen und bei denen keine Bestandsveränderungen vorkommen, können die Selbstkosten je Einheit durch die einstufige Divisionskalkulation ermitteln. Die Einteilung der Kosten in Einzelkosten und Gemeinkosten und die aufwändige Verteilung der Gemeinkosten auf Kostenstellen können entfallen. Die einstufige Divisionskalkulation ist typisch für Wasserwerke, E-Werke, Betriebe, die Fertigbeton herstellen u. Ä.

b) Die mehrstufige Divisionskalkulation ist für solche Betriebe geeignet, die unfertige Erzeugnisse einlagern oder Produkte auf unterschiedlichen Fertigungsstufen verkaufen.

c) Die Äquivalenzziffernkalkulation ist eine Sonderform der Divisionskalkulation. Sie wird in Betrieben mit Massenfertigung nicht einheitlicher, aber ähnlicher Produkte (Sortenfertigung) angewandt. Beispiele: verschiedene Biersorten, Ziegel und Fliesen unterschiedlicher Größe und Brennung, Bleche unterschiedlicher Walzstärke, Drähte, Garne, Spanplatten und Zigaretten.

d) Betriebe mit Einzel- und Serienfertigung, die unterschiedliche Produkte in unterschiedlichen Produktionsläufen herstellen, wenden das Verfahren der Zuschlagskalkulation an. Die Einzelkosten werden aufgrund von Lohnscheinen, Entnahmescheinen, Stücklisten oder sonstigen Auftragspapieren ermittelt. Die Gemeinkosten werden prozentual auf die Wertansätze der Einzelkosten verrechnet.

LÖSUNG

Lösung zu Fall 15   13 Punkte

a) Herstellkosten je Einheit der Produkte

Produkt	Menge kg	Erlös gesamt €	Kosten der Kuppel- produktion	Weiterverarb. Kosten gesamt	Herstellkosten je Einheit	Erlös je Einheit €
Hauptpr.	10.000	800.000			65,00	80,00
NP X	4.000	240.000		210.000		60,00
NP Y	2.000	90.000		60.000		45,00
			980.000			

Gesamtkosten der Kuppelproduktion   980.000 €

- Erlöse Nebenprodukt X 240.000 − 210.000 = 30.000

- Erlöse Nebenprodukt Y 90.000 − 60.000 = 30.000   − 60.000 €

= Herstellkosten des Hauptprodukts   920.000 €

Herstellkosten je Einheit des Hauptprodukts   **92 €**

b) Kuppelprodukte sind Erzeugnisse, die aufgrund der technischen Verhältnisse gemeinsam hergestellt werden.

c) Roheisen, Schlacke und Gas bei der Erzeugung von Roheisen; Koks, Teer, Gas und Benzol in der Kokerei.

d) Die Restwertmethode wird bei der Kalkulation von Kuppelprodukten dann angewandt, wenn neben einem Haupterzeugnis ein oder mehrere Nebenerzeugnisse hergestellt werden.

Die Erlöse aus dem Verkauf der Nebenprodukte werden von den Gesamtkosten der Kuppelproduktion abgezogen. Eventuell notwendige Weiterverarbeitungskosten der Nebenerzeugnisse mindern deren Erlöse. Die Restwertrechnung ist anzuwenden, wenn der Wert der Nebenerzeugnisse im Verhältnis zum Wert des Haupterzeugnisses sehr niedrig ist.

LÖSUNG

Lösung zu Fall 16   12 Punkte

a) Selbstkosten je Einheit

Produkt	Menge	Markt-preis €	Äquivalenz-ziffer	Rechnungs-einheiten	Gesamt-kosten €	Stück-kosten €
A	18.000	90,00	1,0	18.000	1.260.000	70,00
B	24.000	72,00	0,8	19.200	1.344.000	56,00
C	25.600	45,00	0,5	12.800	896.000	35,00
				50.000	3.500.000	

b) Die Verteilungsrechnung wird angewendet, wenn in einem verbundenen Produktionsprozess mehrere Haupterzeugnisse hergestellt werden.

Die Gesamtkosten werden dann mit Hilfe von Äquivalenzziffern auf die Erzeugnisse verteilt.

c) Bei der Kuppelkalkulation in Form der Verteilungsrechnung kann die Verteilung der Gesamtkosten aufgrund von Marktpreisen, aufgrund von Verrechnungspreisen oder aufgrund technischer Maßstäbe (Schlüsselmethode) erfolgen. Alle drei Methoden sind nicht vollkommen.

Nachteil der Marktpreismethode: Bei Schwankungen der Marktpreise schwanken auch die Kostenrelationen.

Nachteil der Verrechnungspreise: Die Preise sind zwar für längere Zeit festgelegt, lösen aber letztlich auch nicht das Problem der Auswirkung auf die Kostenrelationen.

Nachteil der Schlüsselmethode: Die Aussagefähigkeit ist gering, weil die Maßstäbe, z. B. Wärmeeinheiten, weder kosten- noch nutzenorientiert sind.

LÖSUNG

Lösung zu Fall 17   30 Punkte

a) Ermittlung der Jahreslaufzeit der Maschinen

Arbeitsstunden jährlich	2.002 Stunden
- Ausfallstunden jährlich	602 Stunden
Maschinenlaufzeit jährlich	1.400 Stunden

b) Errechnung der Maschinenstundensätze

Kostenart	Rechenformel	A	B	C
Kalkulatorische Abschreibung	$\dfrac{\text{Wiederbeschaffungswert}}{\text{Nutzungsdauer} \cdot \text{Laufzeit/Jahr}}$	8,57	7,14	5,71
Kalkulatorische Zinsen	$\dfrac{0,5 \cdot \text{Wiederbeschaffungswert} \cdot 9}{100 \cdot \text{Laufzeit/Jahr}}$	3,86	3,21	2,57
Instandhaltungskosten	$\dfrac{\text{Wiederbe.Wert} \cdot \text{Instandh.Faktor}}{\text{Nutzungsdauer} \cdot \text{Laufzeit/Jahr}}$	3,86	2,86	2,86
Raumkosten	$\dfrac{\text{qm} \cdot \text{Jahresmiete}}{\text{Laufzeit/Jahr}}$	5,14	4,29	3,86
Energiekosten		3,50	3,50	3,50
Werkzeugkosten		3,00	2,80	2,00
Gemeinkostenmaterial		0,60	0,50	0,40
Lohnkosten		30,00	30,00	30,00
Maschinenstundensatz		**58,53**	**54,30**	**50,90**

c) Kalkulation der Selbstkosten und des Auftragsergebnisses

Materialeinzelkosten	6.000,00 €
15 % Materialgemeinkosten	900,00 €
Fertigungslöhne (Kostenstelle)	350,00 €
110 % Fertigungsgemeinkosten (Kostenstelle)	385,00 €
5 Std. Maschinenlaufzeit A · 58,53 €	292,65 €
4 Std. Maschinenlaufzeit B · 54,30 €	217,20 €
3 Std. Maschinenlaufzeit C · 50,90 €	152,70 €
Herstellkosten I	**8.297,55 €**
Sondereinzelkosten der Fertigung (Konstruktion)	530,00 €
Herstellkosten II	**8.827,55 €**
15 % Verwaltungsgemeinkosten	1.324,13 €
20 % Vertriebsgemeinkosten	1.765,51 €
Selbstkosten	**11.917,19 €**
Nettoverkaufspreis	12.500,00 €
Auftragsergebnis (4,7 % vom Umsatz)	**+ 582,81 €**

Lösung zu Fall 18   15 Punkte

a) **Ermittlung des Einstandspreises**

Einkaufspreis	1.000,00 €
- 5,0 % Rabatt	50,00 €
Zieleinkaufspreis	950,00 €
- 2,0 % Skonto	19,00 €
Bareinkaufspreis	931,00 €
+ Bezugskosten	9,00 €
Einstandspreis/Bezugspreis	**940,00 €**

b) **Ermittlung der Selbstkosten und des Bruttoverkaufspreises**

Einstandspreis/Bezugspreis	940,00 €
+ 30,0 % Handlungskostenzuschlag	282,00 €
Selbstkosten	1.222,00 €
+ 10 % Gewinnzuschlag	122,20 €
Barverkaufspreis	1.344,20 €
+ 3,0 % Skonti (i. H.)	41,57 €
Zielverkaufspreis vor Vertriebsprovision	1.385,77 €
+ 2,5 % Vertriebsprovision (i. H.)	35,53 €
Zielverkaufspreis nach Vertriebsprovision	1.421,30 €
+ 5,0 % Rabatt (i. H.)	74,81 €
Nettoverkaufspreis	1.496,11 €
+ 19,0 % USt.	284,26 €
Bruttoverkaufspreis	**1.780,37 €**

c) **Ermittlung des Bezugspreises unter Verwendung der Handelsspanne**

$$\text{Handelsspanne} = \frac{(\text{Nettoverkaufspreis} - \text{Bezugspreis}) \cdot 100}{\text{Nettoverkaufspreis}}$$

$$\frac{(1.496,11 - 940,00) \cdot 100}{1.496,11} = 37,17 \%$$

Nettoverkaufspreis	1.000,00 €
- 37,17 % Handelsspanne	371,70 €
Bezugspreis	**628,30 €**

d) Ermittlung des Nettoverkaufspreises unter Verwendung des Kalkulationszuschlags

$$\text{Kalkulationszuschlag} = \frac{(\text{Nettoverkaufspreis} - \text{Bezugspreis}) \cdot 100}{\text{Bezugspreis}}$$

$$\frac{(1.496,11 - 940,00) \cdot 100}{940,00} = 59,16\,\%$$

Bezugspreis	900,00 €
59,16 % Kalkulationszuschlag	532,44 €
Nettoverkaufspreis	**1.432,44 €**

LÖSUNG

Lösung zu Fall 19 20 Punkte

a) Variable und fixe Gesamtkosten und Stückkosten

Gesamtkosten bei	6.000 Stück	= 840.000 €
Gesamtkosten bei	5.000 Stück	= 750.000 €
Kostenänderung	1.000 Stück	= 90.000 €

$$\frac{90.000\,€}{1.000\ \text{Stück}} = 90,00\,€ \text{ variable Kosten/Stück}$$

Gesamtkosten im Juni		750.000 €
variable Kosten	= 90,00 € · 5.000 Stück	450.000 €
fixe Kosten		300.000 €
fixe Kosten je Stück	300.000 € : 5.000 Stück	60 €

b) Gewinn und Deckungsbeitrag im Mai und im Juni

	Mai			Juni		
	Menge	€	gesamt €	Menge	€	gesamt €
Erlös	6.000	160,00	960.000	5.000	160,00	800.000
var. Kosten	6.000	90,00	540.000	5.000	90,00	450.000
Deckungsb.	6.000	70,00	420.000	5.000	70,00	350.000
Fixe Kosten	6.000	50,00	300.000	5.000	60,00	300.000
Gewinn	6.000	20,00	120.000	5.000	10,00	50.000

Die Gewinnveränderung von 20 € je Einheit im Mai auf 10 € je Einheit im Juni resultiert aus der geringeren Kapazitätsauslastung im Mai. Die fixen Kosten (Bereitschaftskosten) müssen mit 60 € je Einheit gegenüber 50 € je Einheit im Mai auf weniger produzierte Einheiten verteilt werden. Der Kostenrechner spricht vom „Degressionseffekt" der fixen Kosten.

c) **Nettoverkaufspreis je Stück bei langfristiger Betrachtung**

Langfristig müssen alle Kosten, d. h. die Vollkosten, gedeckt werden. Auf der Basis der Auslastung im Monat Juni müssen die Vollkosten von 150 € (= 90 € variable Kosten plus 60 € fixe Kosten je Einheit) durch den Erlös gedeckt sein. Der Nettoverkaufspreis muss daher mindestens 150 € betragen.

d) **Möglicher Absatzrückgang**

Der Absatz darf bis zur Gewinnschwelle (Break-Even-Point, Kostendeckungspunkt, kritischer Punkt, kritische Absatzmenge) zurückgehen, ohne dass es zu einem Verlust kommt. Der Break-Even-Point ist der Punkt, an dem sämtliche variablen und fixen Kosten über die Umsatzerlöse gedeckt sind.

Jede Einheit, die unter der Absatzmenge im Break-Even-Point, d. h. der Gewinnschwelle, liegt, führt zu einem Verlust. Jede Einheit, die über die Menge im Break-Even-Point hinaus verkauft wird, führt zu einem zusätzlichen Gewinn.

$160x = 300.000 + 90x$

$70x = 300.000$

$x = 4.285,7$

4.286 Einheiten müssen verkauft werden, wenn die Verkaufserlöse sämtliche fixen und variablen Kosten decken sollen.

Probe:

Erlöse	4.285,7 Einheiten · 160 €	= 685.712 €
- variable Kosten	4.285,7 Einheiten · 90 €	= − 385.712 €
- fixe Kosten		− 300.000 €
		0 €

e) **Mindestpreis bei Zusatzaufträgen**

Die zusätzlichen Aufträge aus osteuropäischen Ländern müssen mindestens die variablen Kosten von 90 € je Einheit decken. Jeder €, der über diese kurzfristige Preisuntergrenze hinaus erzielt werden kann, führt zu einem zusätzlichen Gewinn.

f) **Grundbedingungen für die Annahme von Zusatzaufträgen**

Drei Grundbedingungen müssen erfüllt sein:

▶ Die Zusatzaufträge müssen mit der vorhandenen Kapazität ausgeführt werden können, d. h. sie dürfen keine zusätzlichen Fixkosten verursachen.

▶ Der Verkaufserlös je verkaufter Einheit muss mindestens die variablen Kosten decken.

▶ Die Annahme von Zusatzaufträgen darf nicht zu einer Reduzierung der Umsatzerlöse in den bisherigen Märkten führen.

LÖSUNG

Lösung zu Fall 20 13 Punkte

a) **Berechnung der Break-Even-Menge**

Erlös je Einheit	1.058,00 €
- variable Kosten	558,00 €
= Deckungsbeitrag je Einheit	500,00 €

$$\text{Break-Even-Menge} = \frac{600.000 \text{ € fixe Kosten}}{500 \text{ € Deckungsbeitrag/Einheit}} = \mathbf{1.200 \text{ Einh.}}$$

b) **Betriebsgewinn und Stückgewinn bei derzeitiger Auslastung**

Menge = maximale Kapazität · derzeitige Auslastung

= 2.000 Stück · 88 % = 1.760 Einheiten

Erlös	= 1.760 Einheiten · 1.058 €	= 1.862.080 €
- variable Kosten	= 1.760 Einheiten · 558 €	= 982.080 €
Deckungsbeitrag		880.000 €
- fixe Kosten		600.000 €
Betriebsgewinn		280.000 €
Stückgewinn		**159,09 €**

c) **Kurzfristige und langfristige Preisuntergrenze**

Kurzfristig entspricht die **Preisuntergrenze** den variablen Stückkosten von **558 €/Einheit**. Langfristig müssen alle Kosten gedeckt sein. Dabei ist die Auslastung der Kapazität zu berücksichtigen.

Durchschnittliche Auslastung = 2.000 Einheiten · 80 % = 1.600 Einheiten

Fixkosten je Einheit = 600.000 € / 1.600	= 375 €
+ variable Kosten je Einheit	558 €
= langfristige Preisuntergrenze	933 €

LÖSUNG

Lösung zu Fall 21   31 Punkte

a) **Optimale Produktionsreihenfolge**

Absoluter Deckungsbeitrag in €/Stück:

	A	B	C
Preis je Stück	5,00 €	6,00 €	4,00 €
variable Kosten je Stück	4,00 €	4,40 €	3,20 €
absoluter DB je Stück	1,00 €	1,60 €	0,80 €

Relativer Deckungsbeitrag in €/Minute:

$$\text{Relativer Deckungsbeitrag} = \frac{\text{absoluter Deckungsbeitrag}}{\text{Engpass in Minuten}}$$

$$A = \frac{1,00 \,€}{20 \text{ Min.}} = 0,05 \,€/\text{Min.}$$

$$B = \frac{1,60 \,€}{40 \text{ Min.}} = 0,04 \,€/\text{Min.}$$

$$C = \frac{0,80 \,€}{10 \text{ Min.}} = 0,08 \,€/\text{Min.}$$

Produkt	absoluter Deckungsbeitrag	relativer Deckungsbeitrag	optimale Produktreihenfolge
A	1,00 €	0,05 €/Min.	2
B	1,60 €	0,04 €/Min.	3
C	0,80 €	0,08 €/Min.	1

Gesamtertrag bei optimaler Produktionsreihenfolge:

Produkt	Maximale Absatzmenge	Engpassinanspruchnahme	Gesamtzeit
A	400 Stück	20 Min.	8.000 Min.
B	100 Stück	40 Min.	4.000 Min.
C	300 Stück	10 Min.	3.000 Min.
			15.000 Min.
			250 Std.

Optimales Betriebsergebnis:

Produkt	Absatzmenge Stück	Min. Stück	Min. gesamt	Umsatz gesamt €	variable Kosten €	DB €
1	2	3	4	5	6	7
Spalte			2 · 3	2 · Stückpreis	2 · var. Kosten/ Stück	5 – 6
C	300	10	3.000	1.200	960	240
A	400	20	8.000	2.000	1.600	400
B	25	40	1.000	150	110	40

Deckungsbeitrag gesamt (12.000 Min. = 200 Std.)	680
- Fixkosten	900
Betriebsergebnis	– 220

Ermittlung der Absatzmenge von Produkt B:

200 Std.		= 12.000 Min.
Minuten gesamt C	= 3.000 Min.	
Minuten gesamt A	= 8.000 Min.	11.000 Min.
übrige Zeit für B		1.000 Min.

1.000 Min. / 40 Min. je Stück = 25 Stück

b) **Veränderung der Produktreihenfolge**

	D
Preis je Stück	5,00 €
variable Kosten je Stück	2,00 €
absoluter DB je Stück	3,00 €

$$\text{Relativer Deckungsbeitrag D} = \frac{3,00\ €}{15\ \text{Min.}} = 0,20\ €/\text{Min.}$$

Das Produkt D weist jetzt den höchsten relativen Deckungsbeitrag aus. Die neue Produktreihenfolge ist D, C, A, B.

Produkt	Absatzmenge Stück	Min. Stück	Min. gesamt	Umsatz gesamt €	variable Kosten €	DB €
1	2	3	4	5	6	7
D	200	15	3.000	1.000	400	600
C	300	10	3.000	1.200	960	240
A	300	20	6.000	1.500	1.200	300
B	0	20	0	0	0	

Deckungsbeitrag gesamt	1.140
- Fixkosten	900
Betriebsergebnis	+ 240

213

Mit Produkt D wird ein zusätzlicher Deckungsbeitrag von 600 € erwirtschaftet. Produkt B, das bisher mit nur 40 € zum Gesamtdeckungsbeitrag beigetragen hat, wird aus dem Fertigungsprogramm herausgenommen.

Das neu gestaltete Sortiment führt zu einem positiven Betriebsergebnis.

c) **Begriff des Deckungsbeitrags**

Die Gesamtkosten eines Produkts setzen sich aus den variablen Kosten und den fixen Kosten zusammen. Die variablen Kosten sind die durch die Fertigung des einzelnen Stücks zusätzlich angefallenen Kosten. Sie verändern sich mit dem Umfang der gefertigten Stückzahl. Die fixen Kosten fallen unabhängig von der gefertigten Stückzahl an. Sie werden durch die Betriebsbereitschaft verursacht. Der Betrag, um den der Stückpreis die variablen Kosten je Stück übersteigt, ist der Deckungsbeitrag (Deckungsbeitrag = Stückpreis − variable Kosten). Der Deckungsbeitrag je Stück trägt zur Deckung des Fixkostenblocks bei.

Die **Vollkostenrechnung** verrechnet sämtliche Kosten unabhängig vom Beschäftigungsgrad auf die Produkte. Fragwürdige Schlüssel führen nicht immer zu einer verursachungsgerechten Zurechnung der Gemeinkosten. Die Bezugsgrößen sind mehr oder weniger willkürlich.

Mit steigendem Beschäftigungsgrad sinken zusätzlich die anteilig auf die Kostenträger zu verrechnenden Fixkosten. Deshalb müssten Schlüssel und Zuschlagsgrößen permanent angepasst werden. Das ist praktisch nicht möglich. Die Vollkostenrechnung erschwert die Planung des Ergebnisses, kann zu Fehlentscheidungen und zum „Verkauf von Kosten" führen.

Die **Teilkostenrechnung** beurteilt den Beitrag der Kostenträger zum Erfolg der Abrechnungsperiode nicht auf der Grundlage der Selbstkosten, sondern bezieht nur die unmittelbar durch die Kostenträger verursachten variablen Kosten in die Beurteilung ein.

Die Verrechnung der Gemeinkosten nach dem System der Deckungsbeitragsrechnung entspricht eher dem Verursachungsprinzip als bei der Vollkostenrechnung. Die Deckungsbeitragsrechnung ermöglicht Entscheidungen hinsichtlich der Gestaltung des optimalen Produktionsprogramms, der Ermittlung der Preisuntergrenze, der Hereinnahme von Zusatzaufträgen, der Ermittlung der Gewinnschwelle und des Make or Buy.

LÖSUNG

Lösung zu Fall 22   14 Punkte

a) **Selbstkosten je Stück und Nutzenschwelle**

Variable Kosten je Stück	30,00 €
+ Fixe Kosten = 400.000 € : 40.000 Stück	= 10,00 €
= Selbstkosten je Stück	40,00 €

$$\text{Nutzenschwelle} = \frac{400.000}{46 - 30} = 25.000 \text{ Stück}$$

Ab einer Fertigung von 25.000 Stück sind außer den variablen Kosten auch die fixen Kosten durch den Verkaufserlös gedeckt.

b) **Gesamtgewinn bei Eigenfertigung und bei Fremdbezug**

▶ Gewinn aus Produkt A

Erlös aus	40.000 Stück Produkt A · 46,00 €	1.840.000 €
- variable Kosten	40.000 Stück · 30,00 €	1.200.000 €
= Deckungsbeitrag		640.000 €
- fixe Kosten		400.000 €
= Gewinn aus Produkt A		240.000 €

▶ Zusätzlicher Deckungsbeitrag aus Produkt B bei Eigenfertigung

Erlös aus	20.000 Stück Produkt B · 30,00 €	600.000 €
- variable Kosten	20.000 Stück · 20,00 €	400.000 €
zusätzlicher Deckungsbeitrag		200.000 €

▶ Zusätzlicher Deckungsbeitrag aus Produkt B bei Fremdbezug

Erlös aus	20.000 Stück Produkt B · 30,00 €	600.000 €
- variable Kosten	20.000 Stück · 22,00 €	440.000 €
zusätzlicher Deckungsbeitrag		160.000 €
Gesamtgewinn bei Eigenfertigung		240.000 €
		+ 200.000 €
		440.000 €
Gesamtgewinn bei Fremdbezug		240.000 €
		+ 160.000 €
		400.000 €

Solange eine Erweiterung der Kapazität nicht erforderlich ist und so keine zusätzlichen Fixkosten anfallen, ist die Eigenfertigung günstiger als der Fremdbezug.

c) **Annahme eines Zusatzauftrages über 6.000 Stück von Produkt A**

Erlös aus	40.000 Stück Produkt A · 46,00 €	1.840.000 €
- variable Kosten	40.000 Stück · 30,00 €	1.200.000 €
= Deckungsbeitrag		640.000 €
- fixe Kosten		400.000 €
= Gewinn aus 40.000 Stück Produkt A		240.000 €
Erlös aus Zusatzauftrag	6.000 Stück · 37,00 €	222.000 €
- variable Kosten	6.000 Stück · 30,00 €	180.000 €
= Deckungsbeitrag		42.000 €
- fixe Kosten (keine zusätzlichen)		0 €
= Gewinn aus 40.000 Stück Produkt A		42.000 €
Neuer Gesamtgewinn		**482.000 €**

Solange durch die Annahme des Zusatzauftrags über 6.000 Stück keine zusätzlichen Kapazitätskosten entstehen und der Erlös je Stück des Zusatzauftrags die variablen Kosten je Stück übersteigt, sollte der Zusatzauftrag angenommen werden.

LÖSUNG

Lösung zu Fall 23   10 Punkte

a) Deckungsbeitrag und Beitrag je Einheit zum Gesamtgewinn

Stückzahl	1.200	1	1.200	1
Einzelpreis	230	230	200	200
Verkaufserlös	276.000	230	240.000	200
- variable Kosten	144.000	120	144.000	120
Deckungsbeitrag	132.000	110	96.000	80
- fixe Kosten	120.000	100	120.000	100
Gewinn/Verlust	+ 12.000	+ 10	– 24.000	– 20

b) Deckungsbeitrag und Beitrag zum Erfolg bei Einschränkung der Produktion auf 1.000 Einheiten und bei Einstellung der Produktion.

Stückzahl	1.000	1.000	keine Produktion
Einzelpreis	230	200	0
Verkaufserlös	230.000	200.000	0
- variable Kosten	120.000	120.000	0
Deckungsbeitrag	110.000	80.000	0
- fixe Kosten	120.000	120.000	120.000
Verlust	– 10.000	– 40.000	– 120.000

c) Kostensenkung bei fixen und variablen Kosten durch Normung, Prüfung des Materialeinsatzes und der Fertigungskosten auf ihre Notwendigkeit und den Kundennutzen, Wertanalyse, Lagerabbau, Sortimentsbereinigung, Automatisierung der Fertigung, Straffung und Verkleinerung des Fertigungs- und des Verwaltungsbereichs, Auslagerung der Einzelteilfertigung, Mehrschichtbetrieb bei der verbleibenden Fertigung, Modernisierung des Maschinenparks, Just-in-time-Lieferungen, Erweiterung der Produktpalette in eine neue Richtung oder auch Konzentration auf die Kernprodukte, Einstellung qualifizierter Mitarbeiter, aber auch Verkleinerung der Belegschaft, Schaffung neuer Märkte, Erschließung neuer Absatzwege, Kooperation mit anderen Herstellern.

Lösung zu Fall 24   20 Punkte

a) **Gesamtkosten je 1.000 Einheiten**

Materialeinzelkosten	200.000 €
+ variable Gemeinkosten	25.000 €
Fertigung	100.000 €
+ variable Gemeinkosten	20.000 €
Summe variable Kosten für 1.000 Einheiten	345.000 €
variable Kosten für 1 Einheit	345 €
variable Kosten für 1.000 Einheiten	345.000 €
Fixkostenblock	55.000 €
Gesamtkosten bei 1.000 Einheiten	400.000 €

b) **Nutzenschwelle**

$$\text{Nutzenschwelle} = \frac{55.000}{445 - 345} = \frac{55.000}{100} = 550 \text{ Einheiten}$$

c) **Gewinnmaximierung**

Das Gewinnmaximum liegt bei der Kapazitätsgrenze.

Erlös	5.000 Einheiten · 445 €	= 2.225.000 €
- variable Kosten	5.000 Einheiten · 345 €	= 1.725.000 €
- Fixkostenblock		55.000 €
= Gewinnmaximum		445.000 €

d) **Kurzfristige Preisuntergrenze**

Die kurzfristige Preisuntergrenze entspricht den variablen Kosten je Einheit = 345 €.

e) **Optimale Ausbringungsmenge**

Die optimale Ausbringungsmenge liegt an der Kapazitätsgrenze.

5.000 Einheiten · 345 €	= 1.725.000 €
+ Fixkostenblock	55.000 €
= Gesamtkosten bei 5.000 Einheiten	1.780.000 €
Gesamtkosten für 1 Einheit	356 €

f) **Anzahl Einheiten zur Erzielung von 400.000 € Betriebsgewinn**

Verkaufspreis je Einheit	445 €
- variable Kosten je Einheit	345 €
= Deckungsbeitrag je Einheit	100 €

$$\frac{55.000 + 400.000}{100} = 4.550 \text{ Einheiten}$$

LÖSUNG

Lösung zu Fall 25   8 Punkte

Ermittlung der Deckungsbeiträge verschiedener Stufen und des Betriebserfolgs [a) und b)].

Erzeugnis	Erzeugnisgruppe I		Erzeugnisgruppe II		
	A T€	B T€	C T€	D T€	E T€
Umsatzerlöse	4.000	5.000	8.000	6.000	4.000
- variable Kosten	2.100	3.000	4.500	3.200	2.300
Deckungsbeitrag I	1.900	2.000	3.500	2.800	1.700
- Erzeugnisfixkosten	200	210	350	300	200
Deckungsbeitrag II	**1.700**	**1.790**	**3.150**	**2.500**	**1.500**
Erzeugnisgruppenfixkosten	1.000		4.000		
Deckungsbeitrag III	**2.490**		**3.150**		
Unternehmensfixkosten	4.200				
Betriebsgewinn	**1.440**				

LÖSUNG

Lösung zu Fall 26   16 Punkte

a) **Verrechnungssatz für die proportionalen Normalgemeinkosten**

Normalgemeinkosten	30.000 €
- fixe Kosten	12.000 €
= variable Kosten	18.000 €

$$\text{Variabler Normalgemeinkostensatz} = \frac{18.000 \text{ €}}{3.000 \text{ Std.}} = 6,00 \text{ €}$$

b) **Verrechnungssatz für die fixen Normalgemeinkosten**

$$\frac{12.000 \text{ €}}{3.000 \text{ Std.}} = 4,00 \text{ €}$$

c) **Normalgemeinkostensatz für die Normalbeschäftigung**

6,00 € + 4,00 € = 10,00 €

d) **Verrechnete Normalgemeinkosten**

10,00 € · 2.700 Std. = 27.000 €

e) **Gesamtabweichung**

27.000 € − 26.000 € = 1.000 €

f) **Beschäftigungsabweichung**

Normalgemeinkosten

= 6,00 € · 2.700 Std. + 12.000 € fixe Kosten

= 28.200 €

Verrechnete Normalgemeinkosten	27.000 €
- Normalgemeinkosten	28.200 €
= Beschäftigungsabweichung	− 1.200 €

g) **Verbrauchsabweichung**

Normgemeinkosten	28.200 €
- Istgemeinkosten	26.000 €
= Verbrauchsabweichung	+ 2.200 €

LÖSUNG

Lösung zu Fall 27   10 Punkte

a) **Ermittlung des Plankostensatzes**

$$\text{Plankostensatz} = \frac{\text{Plankosten}}{\text{Planbeschäftigung}} = \frac{297.000\,€}{30.000\,\text{Std.}} = 9,90\,€$$

b) **Ermittlung der verrechneten Plankosten**

Verrechnete Plankosten   = Istbeschäftigung · Plankostensatz

= 24.000 Std. · 9,90 €

= 237.600 €

c) **Ermittlung der Abweichung**

Istkosten	264.000 €
- verrechnete Plankosten	237.600 €
negative Kostenabweichung	26.400 €

LÖSUNG

Lösung zu Fall 28   **5 Punkte**

a) **Ermittlung des Variators**

$$\text{Variator} = \frac{\text{proportionale Kosten}}{\text{Plankosten}} \cdot 10 = \frac{8.000}{20.000} \cdot 10 = 4$$

b) **Begriff des Variators**

Der Variator drückt das Verhältnis der fixen zu den variablen Kosten aus. Er gibt an, um wie viel Prozent sich die vorzugebenden Kosten verändern, wenn sich der Beschäftigungsgrad um 10 % ändert.

LÖSUNG

Lösung zu Fall 29   **15 Punkte**

Kapazitätsplanung

a) **Plankostenverrechnungssatz**

>Plankosten gesamt	68.000 €
- Plankosten fix	28.000 €
variable Kosten	40.000 € : 10.000 Stunden = 4,00 €

b) **Verrechnete Plankosten bei Istbeschäftigung**

Planbezugsgröße = 70 % von 10.000 Stunden = 7.000 Stunden

7.000 Stunden · 4,00 € = 28.000 €

c) **Verbrauchsabweichung**

Istkosten gesamt	57.400 €
- Istkosten fix	28.000 €
Istkosten variabel	29.400 €
- verrechnete Plankosten	28.000 €
negative Abweichung	1.400 €

Engpassplanung

a) **Plankostenverrechnungssatz**

Planbezugsgröße = 80 % von 10.000 Stunden = 8.000 Stunden

Plankosten gesamt	60.000 €
- Plankosten fix	28.000 €
variable Kosten	32.000 € : 8.000 Stunden = 4,00 €

b) **Verrechnete Plankosten**

   8.000 Stunden · 4,00 € = 32.000 €

c) **Verbrauchsabweichung**

   $$\text{Istkosten variabel} = \frac{29.400\,€}{7.000\,\text{Std.}} = 4,20\,€$$

Istkosten variabel im Engpass	8.000 Stunden · 4,20 €	= 33.600 €
- verrechnete Plankosten	8.000 Stunden · 4,00 €	= 32.000 €
negative Abweichung		1.600 €

LÖSUNG

Lösung zu Fall 30   26 Punkte

a) **Kosteneinflussfaktoren**

   Beschäftigungsgrad, Auftragsgröße, Faktorpreise, Betriebsgröße, Transportentfernungen, Umschlagsdauer

b) **Begriffsdefinitionen**

   Als **fixe** (gleich bleibende, konstante, zeitabhängige, Struktur-) Kosten wird der Teil der gesamten Kosten bezeichnet, der unabhängig von der Beschäftigung anfällt, sich nicht verändert, wenn mehr oder weniger gefertigt wird. Fixe Kosten entstehen aus der für die betriebliche Leistungserstellung bereitgehaltenen Kapazität.

   Als **variable** (veränderliche, Produkt-) Kosten wird der Teil der Gesamtkosten bezeichnet, der in der Höhe des Anfalls vom Beschäftigungsgrad abhängt und sich mit wachsendem oder zurückgehendem Beschäftigungsgrad verändert.

   Da die variablen Kosten in den meisten Fällen proportional (im gleichen Verhältnis) zur Leistungsmenge steigen oder fallen, heißen sie oft auch proportionale Kosten.

   Mischkosten sind jene Kosten, die nicht eindeutig den fixen oder den variablen Kosten zuzurechnen sind. Sie sind teils leistungs- und teils zeitabhängig. Typische Mischkosten sind Wartungs- und Instandhaltungskosten. Bei einem Stillstand des Betriebs fallen zeitbedingte Wartungskosten an. Wird die Produktion wieder aufgenommen, steigen die Wartungs- und Instandhaltungskosten. Strom-, Gas-, Wasser- und Telekommunikationskosten setzen sich jeweils aus einem fixen Grundbetrag (Zähler-, Anschlussgebühr) und einem leistungsabhängigen Betrag je in Anspruch genommener Einheit zusammen.

c) **Kostenanfall für eine Produktionsmaschine**

   Fixe Kosten: Raumkosten bzw. kalkulatorische Miete, kalkulatorische Zinsen, Versicherungsprämien

   Variable Kosten: Energieverbrauch, Kosten für den Ersatz von Verschleißteilen

   Mischkosten: Kalkulatorische Abschreibung, Inspektionen, Wartungskosten

d) **Verfahren der Auflösung von Mischkosten**

▶ Differenzquotientenverfahren

Grundlage dieser rechnerischen Methode ist der Kostenanfall in der Vergangenheit bei zwei unterschiedlichen Beschäftigungsgraden. Beispiel:

300 Fertigungsstunden verursachen	3.500 € Gemeinkosten
200 Fertigungsstunden verursachen	2.500 € Gemeinkosten
100 Fertigungsstunden	1.000 € Gemeinkosten

$$\text{Proportionale Kosten je Fertigungsstunde} = \frac{1.000\ €}{100\ \text{Std.}} = 10\ €$$

▶ Buchtechnische Methode

Bei der buchtechnischen Methode wird jede Kostenart empirisch daraufhin untersucht, welcher Anteil der angefallenen Kosten fix und welcher Anteil leistungsbedingt ist.

▶ Grafisches Verfahren

Die Gesamtkosten unterschiedlicher Beschäftigungsgrade werden in ein Koordinatensystem eingetragen. Durch die streuenden Punkte wird eine Gerade gelegt. Der Schnittpunkt der Geraden mit der Y-Achse gibt die Fixkosten an.

e) **Verhalten der Einzelkosten und der Gemeinkosten**

Einzelkosten wie Fertigungsmaterial, Fertigungslöhne sind **immer variable Kosten.**

Gemeinkosten können fixe Kosten sein, z. B. Mieten, zeitanteilige Abschreibung, Gehälter, Beiträge. Gemeinkosten können auch variable Kosten sein, z. B. Energiekosten, Betriebsstoffkosten, Hilfsstoffkosten.

f) **Kostenremanenz**

Bei rückläufiger Beschäftigung können variable Kosten wie Löhne und fixe Sprungkosten wie z. B. Gehälter und Abschreibungen nicht sofort abgebaut werden.

LÖSUNG

Lösung zu Fall 31   **22 Punkte**

Gesamtkostenverfahren

Ist die Absatzmenge größer als die produzierte Menge, liegt eine Bestandsminderung vor. Ist die Absatzmenge geringer als die produzierte Menge, so führt dies zu einer Bestandsmehrung. Bestandsveränderungen werden zu Herstellkosten bewertet.

Umsatzerlöse:

	I 32 Stück · 95.000 € =	3.040.000 €
	II 16 Stück · 50.000 € =	800.000 €
	III 22 Stück · 40.000 € =	880.000 €

+ Bestandsmehrung:

	II 4 Stück · 40.000 € =	160.000 €
	III 3 Stück · 28.000 € =	84.000 €

= Gesamtertrag: 4.964.000 €

- Herstellkosten:

	I 30 Stück · 60.000 € =	1.800.000 €
	II 20 Stück · 40.000 € =	800.000 €
	II 25 Stück · 28.000 € =	700.000 €

- Bestandsminderung zu Herstellkosten alt:

	I 2 Stück · 57.000 € =	114.000 €

- 28 % Verwaltungs- und Vertriebsgemeinkosten:

	I 30 Stück · 16.800 € =	504.000 €
	I 2 Stück · 15.960 € =	31.920 €
	II 16 Stück · 11.200 € =	179.200 €
	III 22 Stück · 7.840 € =	172.480 €

= Selbstkosten: 4.301.600 €

Betriebsergebnis: **662.400 €**

Umsatzkostenverfahren

Umsatzerlöse:

	I 32 Stück · 95.000 € =	3.040.000 €
	II 16 Stück · 50.000 € =	800.000 €
	III 22 Stück · 40.000 € =	880.000 €

= Gesamtertrag 4.720.000 €

- Herstellkosten des Umsatzes:

	I 30 Stück · 60.000 € =	1.800.000 €
	I 2 Stück · 57.000 € =	114.000 €
	II 16 Stück · 40.000 € =	640.000 €
	III 22 Stück · 28.000 € =	616.000 €

- 28 % Verwaltungs- und Vertriebsgemeinkosten:

	I 30 Stück · 16.800 € =	504.000 €
	I 2 Stück · 15.960 € =	31.920 €
	II 16 Stück · 11.200 € =	179.200 €
	III 22 Stück · 7.840 € =	172.480 €

= Selbstkosten: 4.057.600 €

Betriebsergebnis: **662.400 €**

Lösung zu Fall 32   19 Punkte

a) **Gesamtabweichung**

Verrechnete Plankosten	88 €/Std. · 6.800 Std.	= 598.400 €
- Istkosten	92 €/Std. · 6.800 Std.	= 625.600 €
Gesamtabweichung		− 27.200 €

Die verrechneten Plankosten decken nicht die Istkosten. Es kommt zu einer Unterdeckung in Höhe von 27.200 €.

b) **Verbrauchsabweichung**

Plankosten	88 €/Std. · 7.200 Std.	= 633.600 €
davon 36 % fix		= 228.096 €
davon 64 % variabel		= 405.504 €

$$\text{Sollkosten} = 228.096 + \frac{405.504}{7.200} \cdot 6.800$$

$$= 228.096 + 56,32 \cdot 6.800 = 611.072 \,€$$

Sollkosten	611.072 €
- Istkosten	625.600 €
Verbrauchsabweichung	− 14.528 €

Die Rechnung bestätigt, dass die Istkosten höher sind als geplant.

c) **Beschäftigungsabweichung**

Verrechnete Plankosten	598.400 €
- Sollkosten	611.072 €
Beschäftigungsabweichung	− 12.672 €

Die Istbeschäftigung liegt unter der Planbeschäftigung. Dies führt zu Leerkosten aus der nicht in Anspruch genommenen Kapazität.

d) **Nutzkosten und Leerkosten**

Leerkosten	228.096 € / 7.200 Std. · 400 Std.	= 12.672 €
Nutzkosten	228.096 € − 12.672 €	= 215.424 €
Summe der fixen Kosten		228.096 €

Lösung zu Fall 33   28 Punkte

a) **Ermittlung des Beschäftigungsgrads**

$$\text{Beschäftigungsgrad} = \frac{\text{Istbeschäftigung} \cdot 100}{\text{Planbeschäftigung}}$$

$$= \frac{48.000 \cdot 100}{64.000} = 75\,\%$$

b) **Auflösung der Plankosten für Material**

Der Variator drückt das Verhältnis der fixen Kosten zu den variablen Kosten aus. Er gibt an, um wie viel Prozent sich die vorzugebenden Kosten bei einer 10 %igen Änderung des Beschäftigungsgrades verändern.

Bei einem Variator von 9 sind 90 % der Gesamtkosten variabel.

Formel:

$$\text{Variator} = \frac{\text{variable Kosten} \cdot 10}{\text{Plankosten gesamt}}$$

$$9 = \frac{\text{Variable Kosten} \cdot 10}{4.000}$$

$$\text{variable Kosten} = \frac{9 \cdot 4.000}{10} = 3.600\,€$$

c) **Ermittlung der Variatoren für Lohn und übrige Kostenarten**

$$\text{Variator für Lohn} = \frac{200 \cdot 10}{1.000} = 2$$

$$\text{Variator für übrige Kostenarten} = \frac{1.000 \cdot 10}{2.000} = 5$$

d) **Ermittlung der Sollkosten**

$$\text{Sollkosten} = \frac{\text{variable Plankosten} \cdot \text{Istbeschäftigung}}{\text{Planbeschäftigung}} + \text{Fixkosten}$$

$$\text{Sollkosten für Material} = \frac{3.600 \cdot 48.000}{64.000} + 400 = 3.100$$

$$\text{Sollkosten für Löhne} = \frac{200 \cdot 48.000}{64.000} + 800 = 950$$

$$\text{Sollkosten für übrige Kosten} = \frac{1.000 \cdot 48.000}{64.000} + 1.000 = 1.750$$

e) **Ermittlung der Istkosten zu Planpreisen**

Übrige Kosten als Istkosten zu Planpreisen	= 1.800 €
+ negative Abweichung	= 100 €
= Istkosten zu Planpreisen	= 1.900 €

f) **Ermittlung der Preisabweichung**

Istkosten zu Istpreisen

- Istkosten zu Planpreisen

= Preisabweichung

g) **Ermittlung der Verbrauchsabweichung**

Istkosten zu Planpreisen

- Sollkosten

= Verbrauchsabweichung

Kostenart	Varia-tor	Plankosten			Soll-kosten	Istkosten		Abweichung	
		fix	variabel	gesamt		zu Ist-preis.	zu Plan-preis.	Preis	Verbr.
Mater.	9	400	3.600	4.000	3.100	3.400	3.300	+ 100	+ 200
Lohn	2	800	200	1.000	950	1.000	1.000	0	+ 50
übrige	5	1.000	1.000	2.000	1.750	1.800	1.900	− 100	+ 150
gesamt	-	2.200	4.800	7.000	5.800	6.200	6.200	0	+ 400

f) **Ermittlung der Beschäftigungsabweichung**

Sollkosten	5.800 €
- Plankosten gesamt · 75 %	5.250 €
Beschäftigungsabweichung	+ 550 €

i) **Ermittlung der verrechneten Plankosten**

Sollkosten	5.800 €
- Beschäftigungsabweichung	550 €
Verrechnete Plankosten	5.250 €

j) **Ermittlung der Gesamtabweichung**

Preisabweichung	0 €
Verbrauchsabweichung	400 €
Beschäftigungsabweichung	550 €
Gesamtabweichung	950 €

Das Ergebnis ist 950 € schlechter als geplant.

Lösung zu Fall 34   13 Punkte

a) Wesen der Prozesskostenrechnung:

Die **Prozesskostenrechnung** arbeitet nicht mit stellenbezogenen, sondern mit aktivitäts-bezogenen Gemeinkosten (activity based costing). Bezugsgrößen in den Kostenstellen sind nicht die Einzelkosten (Werte), sondern die Anzahl der bearbeiteten Vorgänge (Mengen). Die Prozesskostenrechnung ermöglicht eine zweite Sicht der Gemeinkosten: Neben der Kosten-kontrolle nach Verantwortungsbereichen (Kostenstellenbetrachtung) kennt sie die Kontrolle nach Leistungsarten in der Kostenstelle. Sie analysiert die Leistungen der indirekten Berei-che, zerlegt sie in Teilprozesse und ordnet diesen Aktivitäten die anteiligen Kosten zu. Die Prozesskostenrechnung vermeidet die Gemeinkostenumlage mit Hilfe von Schlüsseln und die Verrechnung auf Kostenträger unter Verwendung von Zuschlagssätzen. Sie ermittelt die Kosten nicht in Abhängigkeit vom Output, sondern in Abhängigkeit von den Geschäftspro-zessen, die zur Erstellung der Leistung durchlaufen werden. Neben dem Endprodukt wird der Geschäftsprozess zum Kostenträger.

b) Die Prozesskostenrechnung kann fallweise zur Bestimmung der Kosten eines Prozesses wie Angebot einholen, Vorfertigungsplatz rüsten usw. oder kontinuierlich zur Überwachung des Kostenanfalls in Relation zu den Leistungsmengen eingesetzt werden. Da im Fertigungs-bereich die Maschinenstundensatzrechnung bereits weitgehend die Aufgaben der Prozess-kostenrechnung übernimmt, ist sie wichtiges Instrument der Kostenzuordnung und Über-wachung in den Gemeinkostenbereichen Beschaffung, Verwaltung und Absatz.

c) Die Ziele der Prozesskostenrechnung sind:

► Erhöhung der Genauigkeit der Kostenrechnung,

► Kontrolle des Ressourceneinsatzes,

► kundenorientierte Kostenbeurteilung.

d) Der **Prozesskostensatz** dient der Verrechnung der Gemeinkosten auf die Kostenträger. Es handelt sich um den Quotienten aus Prozesskosten und Prozessmenge.

e) **Leistungsmengeninduzierte** (lmi) Prozesskosten verhalten sich proportional zur Menge der in Anspruch genommenen Kostentreiber, also abhängig von der Bezugsgröße.

f) **Leistungsmengenneutrale** (lmn) Prozesskosten verhalten sich unabhängig von der Menge der in Anspruch genommenen Kostentreiber, also unabhängig von der Bezugsgröße.

g) **Kostentreiber** (Cost Driver) sind die Haupteinflussgrößen der Kostenentstehung. Typische Kostentreiber sind die Anzahl der Angebotspositionen bei dem Prozess „Angebote bearbei-ten", die Rüstzeit bei dem Prozess „Vorfertigungsplätze rüsten" oder die Anzahl der Lohn-empfänger bei dem Prozess „Bruttolohnrechnung".

LÖSUNG

Lösung zu Fall 35   10 Punkte

Teilprozess 1 = 4.000 : 200 = 20,00 € Teilprozesskostensatz

Teilprozess 2 = 2.400 : 400 = 6,00 € Teilprozesskostensatz

Teilprozess 3 = 4.200 : 600 = 7,00 € Teilprozesskostensatz

LÖSUNG

Lösung zu Fall 36   38 Punkte

Ermittlung des prozentualen Kostenanteils der einzelnen Baugruppen:

Baugruppe 1	5 000 €	20 %
Baugruppe 2	4 000 €	16 %
Baugruppe 3	9 000 €	36 %
Baugruppe 4	4 000 €	16 %
Baugruppe 5	3 000 €	12 %
	25 000 €	100 %

Durch Division des Nutzenanteils durch den Kostenanteil erhält man den Zielkostenindex für die Produktfunktion Betriebssicherheit:

Baugruppe	Kostenanteil	Betriebssicherheit	Zielkostenindex Betriebssicherheit
1	20 %	21 %	1,05
2	16 %	18 %	1,13
3	36 %	12 %	0,33
4	16 %	22 %	1,38
5	12 %	27 %	2,25

Ermittlung des Zielkostenindexes für den Bedienungskomfort:

Baugruppe	Kostenanteil	Bedienungskomfort	Zielkostenindex Bedienungskomfort
1	20 %	15 %	0,75
2	16 %	12 %	0,75
3	36 %	33 %	0,92
4	16 %	18 %	1,13
5	12 %	22 %	1,83

Der Gesamt-Zielkostenindex drückt das Gesamtnutzenverhältnis der einzelnen Baugruppen unter Berücksichtigung der unterschiedlichen Gewichtung der beiden Nutzenkategorien aus. Der Gesamtindex entspricht dem Quotienten aus Gesamtanteil durch den Kostenanteil.

Bau-gruppe	Kosten-anteil	Betriebs-sicherheit	Bedienungs-komfort	70 % von Spalte 3	30 % von Spalte 4	Gesamt-anteil	Gesamtziel-kostenindex
1	2	3	4	5	6	7	8 (=7/2)
1	20	21	15	14,7	4,5	19,2	0,96
2	16	18	12	12,6	3,6	16,2	1,01
3	36	12	33	8,5	9,9	18,4	0,51
4	16	22	18	15,4	5,4	20,8	1,30
5	12	27	22	18,8	6,6	25,4	2,12
	100	100	100	70,0	30,0	100,0	

Ein Zielkostenindex > 1 besagt, dass der Kundennutzen der Baugruppe größer ist als ihr Anteil an den Kosten des Produkts. Ein Zielkostenindex < 1 sagt aus, dass die Kosten der Baugruppe in Relation zum Kundennutzen zu hoch sind. Bei den Baugruppen 1 und 3 können deshalb Einsparungen vorgenommen werden, ohne die Marktchancen des Produkts zu gefährden.

Die Baugruppen 2, 4 und 5 werden mit einem günstigen Kosten-Nutzen-Verhältnis hergestellt. Der Kundennutzen dieser Baugruppen kann durch weitere Produktverbesserungen gesteigert werden.

Die Zielkosten von 23.000 € werden im prozentualen Verhältnis der Gesamtnutzenverteilung aufgespalten. Vergleicht man die so ermittelten Zielkosten mit den Istkosten, bleibt eine Überdeckung oder eine Unterdeckung. Eine Überdeckung zeigt das Produktverbesserungspotenzial, die hier vorliegende Unterdeckung das Kosteneinsparungspotenzial von 2.000 €.

Baugruppe	Istkosten	Zielverteilung	Zielkosten	Deckung
1	2	3	4	5
1	5.000 €	19,2	4.416 €	− 584 €
2	4.000 €	16,2	3.726 €	− 274 €
3	9.000 €	18,4	4.232 €	− 4.768 €
4	4.000 €	20,8	4.784 €	784 €
5	3.000 €	25,4	5.842 €	2.842 €
	25.000 €	100,0	23.000 €	− 2.000 €

Spalte 4 = Spalte 3 · 23 000 / 100, Spalte 5 = Spalte 4 − Spalte 2

LÖSUNG

Lösung zu Fall 37 12 Punkte

a) **Aufgaben des Kostenmanagements**

Aufgabe des Kostenmanagements ist neben der Vorbereitung und Unterstützung von Entscheidungen die Nutzung des Wissens über die Kosteneinflussfaktoren im Rahmen eines langfristigen Kostencontrollings.

Dazu gehören Analysen, Prognosen sowie die Beurteilung der Angemessenheit von Kosten auch unter Berücksichtigung des Nutzens für den Kunden.

Das Kostenmanagement soll Erfolgsrisiken durch die Sicherung von Kostenvorteilen begrenzen, indem es gezielt Kostensenkungspotenziale aufdeckt.

Aufgaben eines Kostenmanagements sind im Einzelnen die Optimierung

► der Kostenstellenbildung,

► der verursachungsgerechten Kostenzurechnung,

► der Kostentransparenz,

► der Kostenvorgaben und Budgetbildung,

► des Kostenabbaus,

► der Kontrolle des Ressourceneinsatzes,

► des Berichtswesens,

► der Entscheidungen im Rahmen der Verbesserung der Wirtschaftlichkeit.

b) Voraussetzungen für ein wirksames Kostenmanagement sind

► Planung der Struktur und der Gestaltung der Geschäftsprozesse,

► Abbildung der Prozesse in der Kostenrechnung,

► Instrumente, die gezielt zum Abbau von Kosten führen.

LÖSUNG

Lösung zu Fall 38   10 Punkte

Die Qualitätskriterien eines Kostenrechnungsverfahrens sind:

► Transparenz der Kostenverrechnung

► Genauigkeit der Kostenverrechnung

► Vergleichbarkeit des Kostenanfalls

► Wirtschaftlichkeit der Kostenrechnung

► Überprüfbarkeit

► Abstimmbarkeit mit der Buchhaltung

► Kostenkontrolle nach Ort des Anfalls, nach Erzeugnissen, nach Prozessen und nach Abrechnungsperioden

► Vollständigkeit der Kostenerfassung und Zurechnung

► Hilfe bei Entscheidungen

► Aktualität der Ergebnisse

LÖSUNG

Lösung zu Fall 39   16 Punkte

a) Erfolgsplanung

► Mehrstufige Deckungsbeitragsrechnung

► Grenzplankostenrechnung

► Deckungsbeitragsrechnung mit relativen Einzelkosten

b) **Wirtschaftlichkeitsberechnungen im Rahmen der Planung**

► Deckungsbeitragsrechnung mit relativen Einzelkosten.

c) **Preisfindung**

► Mehrstufige Deckungsbeitragsrechnung

► Grenzplankostenrechnung

► Deckungsbeitragsrechnung mit relativen Einzelkosten

d) **Erfolgskontrolle**

Einstufige Deckungsbeitragsrechnung

► Mehrstufige Deckungsbeitragsrechnung

► Grenzplankostenrechnung

► Deckungsbeitragsrechnung mit relativen Einzelkosten

e) **Kontrolle der Wirtschaftlichkeit**

► Plankostenrechnung

► Einstufige Deckungsbeitragsrechnung

► Mehrstufige Deckungsbeitragsrechnung

► Grenzplankostenrechnung

► Deckungsbeitragsrechnung mit relativen Einzelkosten

► Begrenzt geeignet:

► Istkostenrechnung

► Normalkostenrechnung

f) **Nachweis der Selbstkosten**

► Istkostenrechnung

► Normalkostenrechnung

► Plankostenrechnung

g) **Nachweis bei Versicherungsfällen**

► Istkostenrechnung

► Mehrstufige Deckungsbeitragsrechnung

► Deckungsbeitragsrechnung mit relativen Einzelkosten

h) **Vorlage bei Kreditverhandlungen**

► Istkostenrechnung

► Mehrstufige Deckungsbeitragsrechnung

► Grenzplankostenrechnung

► Deckungsbeitragsrechnung mit relativen Einzelkosten

LÖSUNG

Lösung zu Fall 40   35 Punkte

Ermittlung der Herstellkosten des Umsatzes:

	Istkosten	Normalkosten
Fertigungsmaterial	400.000 €	400.000 €
Materialgemeinkosten	42.000 €	40.000 €
Fertigungslöhne Dreherei	12.000 €	12.000 €
Fertigungsgemeinkosten Dreherei	48.000 €	46.200 €
Fertigungslöhne Fräserei	10.000 €	10.000 €
Fertigungsgemeinkosten Fräserei	39.000 €	40.000 €
Herstellkosten der Produktion	551.000 €	548.200 €
- Bestandsmehr. an unfertigen Erzeugnissen	− 81.000 €	− 81.000 €
+ Bestandsmind. an fertigen Erzeugnissen	30.000 €	30.000 €
Herstellkosten des Umsatzes	500.000 €	497.200 €

Den Betriebsabrechnungsbogen finden Sie auf den folgenden Seiten.

Kostenarten	Gesamt	Allgemeine Kostenstellen	
		Pförtner	Fuhrpark
Hilfsstoffaufwendungen	19.997	100	200
Betriebsstoffaufwendungen	7.177	50	300
Fremdinstandhaltung	1.400	0	500
Hilfslöhne	29.694	3.994	4.500
Gehälter	49.000	0	0
Abschreibungen	63.438	1.000	6.000
Mieten	12.800	40	640
Büromaterial	2.000	0	0
Betriebssteuern	5.494	0	194
Summe Primärkosten	191.000	5.184	12.334
Umlage Pförtner		− 5.184	216
Umlage Fuhrpark			− 12.550
Istgemeinkosten	191.000	0	0
Normalgemeinkosten	188.337		
Fertigungsmaterial			
Fertigungslöhne			
Herstellkosten des Umsatzes (Ist)			
Istgemeinkostensatz			
Normalgemeinkostensatz			
Über- bzw. Unterdeckung	− 2.663		
Qm	1.600	5	80
Anzahl Mitarbeiter	50	2	2
Schlüssel Fuhrpark	10	0	0

Materialbereich	Fertigungskostenstellen		Verwaltungs-bereich	Vertriebsbereich
	Dreherei	Fräserei		
1.000	10.000	8.000	397	300
300	3.000	2.600	500	427
400	300	100	0	100
10.000	5.000	3.000	3.200	0
12.000	4.000	4.000	14.000	15.000
11.310	19.788	16.340	4.000	5.000
2.400	4.000	3.480	1.200	1.040
500	0	0	800	700
500	400	400	3.000	1.000
38.410	46.488	37.920	27.097	23.567
1.080	1.512	1.080	648	648
2.510			1.255	8.785
42.000	48.000	39.000	29.000	33.000
40.000	46.200	40.000	29.832	32.305
400.000				
	12.000	10.000		
			500.000	500.000
10,5 %	400,0 %	390,0 %	5,8 %	6,6 %
10,0 %	385,0 %	400,0 %	6,0 %	6,5 %
− 2.000	− 1.800	1.000	832	− 695
300	500	435	150	130
10	14	10	6	6
2	0	0	1	7

IV. Finanzwirtschaftliches Management

LÖSUNG

Lösung zu Fall 1   **18 Punkte**

a) 1,8 % Factoringgebühren auf 20 Mio. € Umsatz   = 360.000 €

    11 % Sollzinsen von den in Anspruch genommenen Geldern

    (75 % von 2,0 Mio. = 1,5 Mio.; abzüglich 10 % von 1,5 Mio.)   = 148.500 €

    Gesamtkosten des Factoring: 508.500 €

    Dem stehen gegenüber Kostenvorteile von 750.000 €. Somit ist Factoring zu empfehlen, weil dadurch durchschnittliche Kostenreduzierungen von 241.500 € erreichbar sind.

b) Die Kostenvorteile bei Übernahme der Servicefunktion ergeben sich aus dem Wegfall der Debitorenbuchhaltung, sowie des Mahn- und Inkassowesens.

c) Bei der Delkrederefunktion übernimmt die Factoring-Bank das Forderungsausfallrisiko. Um das Risiko zu streuen, kaufen Factoring-Institute nur Forderungsgesamtheiten auf und nicht ausgewählte einzelne Forderungen.

d) Es sind alle drei Funktionen erfüllt. In diesem Falle handelt es sich um echtes Factoring.

LÖSUNG

Lösung zu Fall 2   12 Punkte

a) Tabelle bis zum Ende des siebten Jahres

Jahr	Anzahl der Maschinen			Abschreibung pro Jahr in €	Reinvestition in €	verbleibender Rest in €
	Zugang	Abgang	Bestand			
1	0	0	10	100.000	80.000	20.000
2	2	0	12	120.000	120.000	20.000
3	3	0	15	150.000	160.000	10.000
4	4	0	19	190.000	200.000	0
5	5	10	14	140.000	120.000	20.000
6	3	2	15	150.000	160.000	10.000
7	4	3	16	160.000	160.000	10.000

b) Berechnung mithilfe des Kapazitätserweiterungsfaktors = KEF

$$KEF = \frac{2n}{n+1} = \frac{2 \cdot 4}{4+1} = \frac{8}{5} = 1{,}6$$

Maschinenanzahl = 1,6 · 10 = 16 Maschinen

<u>Hinweis</u>: Aufgrund der Nichtteilbarkeit von Maschinen kann ein Rest übrig bleiben.

LÖSUNG

Lösung zu Fall 3   12 Punkte

Die jährlichen Heizkostenersparnisse werden abgezinst, zusammengerechnet und von den Anschaffungskosten abgezogen:

Jahr 1	6.818,18 €
Jahr 2	8.264,46 €
Jahr 3	9.391,44 €
Jahr 4	8.537,66 €
Jahr 5	6.209,21 €
Summe	**39.220,95 €**
./. Anschaffung	40.000,00 €
	− 779,05 €

Die Investition ist nicht vorteilhaft, weil die Summe der jährlich abgezinsten Heizkostenersparnisse die Anschaffungskosten unterschreitet.

LÖSUNG

Lösung zu Fall 4   20 Punkte

a) **Gesamtausgaben der Finanzierung**

Leasing: $7 \cdot 107.000\,€ + 75.000\,€$ $= 824.000\,€$

Kredit: Die Gesamtausgaben entsprechen den Annuitäten. Die Annuität wird mit dem Kapitalwiedergewinnungsfaktor (KWF) berechnet.

$$KWF = \frac{q^n\,(q-1)}{q^n - 1}$$

$$KWF = \frac{1,06^7\,(1,06 - 1)}{1,06^7 - 1}$$

$KWF = 0,17913499$

$KD = 800.000 \cdot 0,17913499 = 143.307,99\,€$

Annuität für 7 Jahre: $7 \cdot 143.307,99$ $= 1.003.155,93\,€$

Ergebnis:

Die Gesamtausgaben bei Kreditfinanzierung sind um $1.003.155,99 - 824.000 = 179.155,99\,€$ höher als bei Leasing.

b) **Vorteile des Leasing**

► Keine Veränderung der Bilanzstruktur.

► Kein Kapitaleinsatz zur Anlagefinanzierung erforderlich.

► Keine Erhöhung des Fremdkapitals bzw. FK-Anteils.

► Besondere Kreditsicherheiten sind nicht erforderlich. Beleihungsgrenze entfällt, daher Schonung der Besicherungsmöglichkeiten der Abraham OHG.

c) **Vorteile der Kreditfinanzierung**

Die Abraham OHG ist rechtlich Eigentümerin der Maschine. Ersatz- und Zubehörteile sowie nachträgliche Veränderungen gehören ihr, bei vorzeitigem Ausscheiden erzielt sie den möglichen Veräußerungserlös.

Durch die Wahl der Abschreibungsart kann die Höhe des Aufwandes (Gewinnes) beeinflusst werden.

d) Bei „**Sale and lease back**" ist der zukünftige Leasingnehmer zunächst Eigentümer des Objektes. Er verkauft das Objekt an eine Leasinggesellschaft und least es dann von dieser Gesellschaft (zurück).

Lösung zu Fall 5   20 Punkte

a) Mit 600.000 € konnten, bei einem Kurs von 96, Anleihen von nominal 625 T€ erworben werden.

6,5 % Zinsen von 625.000 €	40.625 €
Kursgewinn (625.000 - 600.000) : 5	5.000 €
Gesamtertrag p. a.	45.625 €

Anlageinvestition:

Umsatzerlöse (Mehrabsatz)	50.000 · 25 €	= 1.250.000 €
- Variable Kosten p. a.	50.000 · 20 €	= 1.000.000 €
- Fixkosten p. a.		200.000 €
Gewinn p. a.		50.000 €

Da die Anlageinvestition nach der Gewinnvergleichsrechnung den höheren Gewinn erbringt, ist diese Investition gegenüber der Kapitalanlage vorzuziehen.

b) Die Wiedergewinnungszeit für diese neue Betriebsanlage errechnet sich aus der Anschaffungsauszahlung, geteilt durch den durchschnittlichen Einzahlungsüberschuss.

Umsatzerlöse p. a. = Einzahlungen von	1.250.000 €
- Auszahlungen (40 % der Fixkosten)	80.000 €
Variable Kosten	1.000.000 €
= Einzahlungsüberschuss p. a.	170.000 €

600.000 € : 170.000 = 3,53 Jahre

Lösung zu Fall 6   18 Punkte

a) Angaben in T€

Aufwand		Ertrag	
Bearbeitungsgebühr (1,1 % des Umsatzes)	132	Skontoerträge (3 % vom Wareneinkauf)	252
Soll-Zinsen (7,5 % von 80 % der durchschnittlichen. Außenstände)	120	Debitorenausfälle	50
		Verwaltungskosten	40
	252		342
Vorteil des Factoring	90		

b) Durch Factoring würde das in den Außenständen gebundene Kapital erheblich reduziert. Die Maschinenbau AG würde somit über Liquidität in Höhe von 1,6 Mio. € (80 %) verfügen. Damit könnte der Lieferantenkredit vollständig abgebaut werden. Die restlichen 200.000 € stünden für andere Finanzierungszwecke zur Verfügung (z. B. Rückführung von Bankkrediten). Liquiditätsengpässe aufgrund schleppender Zahlungsweise könnten nicht mehr entstehen. Das Forderungsausfallrisiko in Höhe von 50.000 € geht auf den Factor über. Außerdem ergeben sich noch Verwaltungskosteneinsparungen von 40.000 €.

Ein zusätzlicher Vorteil für die Maschinenbau AG wäre, dass 3 % Skonto in Anspruch genommen werden können und sich die allgemeine Bonität durch Nicht-Inanspruchnahme von Zahlungszielen erhöht.

c) Beim echten Factoring wird das Forderungsausfallrisiko mit übernommen, das bei unechtem Factoring zu Lasten des Factornehmers geht.

LÖSUNG

Lösung zu Fall 7   20 Punkte

Jahr	Einnahmen (T€)	Ausgaben (T€)	Überschüsse (T€)	Abzinsungs- faktor	Barwert (T€)
1	0	12.000	− 12.000	0,917431	− 11.009,17
2	0	15.000	− 15.000	0,841680	− 12.625,20
3	0	8.000	− 8.000	0,772183	− 6.177,46
4	20.000	11.000	9.000	0,708425	6.375.83
5	21.000	10.000	11.000	0,649931	7.149,25
6	15.000	1.000	14.000	0,596267	8.347,74
6	75.000	0	75.000	0,596267	44.720,03

Barwerte	36.781,02
− Anschaffungsauszahlung	60.000,00
= Kapitalwert	− 23.218,98

Die Investition ist nicht sinnvoll, da sich ein negativer Kapitalwert ergibt und sich damit eine Verzinsung von weniger als 9 % abzeichnet.

LÖSUNG

Lösung zu Fall 8   20 Punkte

a) **Empfehlungen**

1. Um den Fehlbetrag zwischen Anschaffungskosten des Automaten und dem Darlehen der Hausbank aufzubringen, werden

> ► der restliche Jahresüberschuss einbehalten und in eine Gewinnrücklage eingestellt

$\qquad$ 100 T€

> ► die alten Maschinen verkauft

$\qquad$ 15 T€

> ► z. B. von den Wertpapieren verkauft

$\qquad$ 75 T€

$\qquad$ 190 T€

2. Die Abschreibungsgegenwerte können zur Tilgung verwendet werden.

$$\frac{640}{8} = 80 \text{ T€} \qquad \frac{450}{6} = 75 \text{ T€}$$

Voraussetzung:

Die kalkulierten Abschreibungen müssen durch die erzielten Verkaufspreise der Produkte hereingeholt werden.

b) **Finanzierung aus Kapitalfreisetzung durch Rationalisierung im Lager**

Eine Möglichkeit ist, den Lagerumschlag des Rohstofflagers von derzeit 4.000 T€ = 4 · 1.000 T€ bei gleichbleibendem Materialeinsatz auf 5-mal zu erhöhen 4.000 T€ = 5 · 800 T€.

Dadurch könnte die Kapitalbindung im Lagerbestand um 200 T€ verringert werden.

<u>Hinweis</u>: Siehe Formel zur Berechnung der Lagerumschlagshäufigkeit in der Fachliteratur.

LÖSUNG

Lösung zu Fall 9   15 Punkte

a) Lösungstabelle:

Jahr	14 %	Überschuss Objekt	Barwert Objekt
1	0,877193	20.000	17.543
2	0,769468	60.000	46.168
3	0,674972	40.000	26.998
4	0,592080	− 10.000	− 5.921
5	0,519369	10.000	5.193
Barwert			89.981
Anschaffungsauszahlung			90.000
Kapitalwert			− 19

Die Investition ist nicht vorteilhaft, da der Kapitalwert negativ ist.

b) Die Gewinnvergleichsrechnung kann sinnvoll nur eingesetzt werden, wenn zwei oder mehrere Investitionsvarianten zu beurteilen sind. Da in diesem Sachverhalt nur ein Investitionsgut zu beurteilen ist, kann eine Entscheidung mit dieser Methode nicht getroffen werden. Derartiges wäre nur möglich, wenn das Unternehmen einen Mindestgewinn vorgibt und dieser mit dem Ergebnis der Gewinnvergleichsrechnung zu vergleichen ist.

c) Die Gewinnvergleichsrechnung stellt ein statisches Investitionsrechnungsverfahren dar. Der Zeitfaktor bleibt unberücksichtigt. Es wird bei den statischen Verfahren der Investitionsrechnung (Kostenvergleichsrechnung, Gewinnvergleichsrechnung, Rentabilitätsrechnung; Amortisationsrechnung) nur das erste Jahr betrachtet und unterstellt: Ist die geplante Investitionsmaßnahme im ersten Jahr vorteilhaft/unvorteilhaft, dann wird sie das auch in den Folgejahren sein.

Bei den dynamischen Verfahren (Kapitalwertmethode, interne Zinsfußmethode, Annuitätenmethode) wird der Zeitfaktor (Anfall der Überschüsse in unterschiedlichen Perioden) durch Abzinsung auf den Zeitpunkt t_0, berücksichtigt. Durch Anwendung des Abzinsungsfaktors (AbF) wird der Zinseszinseffekt berücksichtigt. Die dynamischen Verfahren sind somit wesentlich genauer als die statischen Verfahren.

LÖSUNG

Lösung zu Fall 10   10 Punkte

a) Der **Investitionsentscheidungsprozess** gliedert sich in mehrere Teilbereiche:

Anregungsphase:

▶ Anregung der Investition,

▶ Beschreibung des Investitionsproblems.

Suchphase:

▶ Festlegung der Bewertungskriterien,

▶ Festlegung der Begrenzungsfaktoren,

▶ Ermittlung der Investitionsalternativen.

Entscheidungsphase:

▶ Vorauswahl der Investitionsalternativen,

▶ Festlegung der Investitionsalternativen,

▶ Bestimmung der vorteilhaftesten Investitionsalternative.

b) Im Rahmen des Investitionsentscheidungsprozesses ist vor allem die Optimierung des Kapitalbedarfs ein entscheidender Gesichtspunkt. Diese Ermittlung ergibt sich aus Investitionsrechnungen. Dabei handelt es sich um Verfahren, bei denen festgestellt wird, ob ein Investitionsobjekt den allgemeinen Vorstellungen des Investors entspricht. Die Investitionsrechnungen unterteilen sich in statische und dynamische Verfahren.

Die statischen Investitionsrechnungen sind relativ einfach zu handhaben, ihr Aussagewert ist aber beschränkt. Merkmale sind:

▶ Sie beziehen sich auf eine Periode,

▶ sie beziehen sich auf Kosten und Erträge.

Zu den statischen Investitionsrechnungen gehören:

▶ Kostenvergleichsrechnung,

▶ Gewinnvergleichsrechnung,

- ▶ Rentabilitätsrechnung,
- ▶ Amortisationsrechnung.

Die dynamischen Investitionsrechnungen sind relativ schwer zu handhaben. Ihr Aussagewert ist aber wesentlich besser als bei den statischen Methoden. Merkmale sind:

- ▶ Sie beziehen sich auf sämtliche Nutzungsperioden,
- ▶ sie beziehen sich auf Einzahlungen und Auszahlungen,
- ▶ sie basieren auf finanzmathematischen Grundlagen.

Zu den dynamischen Methoden gehören:

- ▶ Kapitalwertmethode,
- ▶ Interne Zinsfuß-Methode,
- ▶ Annuitätenmethode.

Lösung zu Fall 11   10 Punkte

Bei geschlossenen Fonds ist die Anzahl der Fondsanteile begrenzt, d. h. nach dem Zeitpunkt zu dem der Fonds geschlossen ist, können keine neue Anteilseigner hinzukommen. Der Fonds wird geschlossen, wenn die festgelegte Anlagesumme erreicht ist.

Bei geschlossenen Immobilienfonds handelt es sich um eine langfristige Geldanlage in Sachwerten (Immobilien wie Einkaufszentren, Bürohäuser, Kliniken, Wohnhäuser). Der Käufer eines Fondsanteils wird Gesellschafter der Fondsgesellschaft. Durch diese Stellung hat er den Anspruch auf Ausschüttung, wenn der Fonds Gewinne erzielt. Allerdings trägt er ebenso das Risiko, dass der Fonds Verluste erwirtschaftet, was im Einzelfall zum vollständigen Verlust der angelegten Geldsumme führen kann.

Lösung zu Fall 12   15 Punkte

	Fall 1	Fall 2	Fall 3
Gesamtkapital	100.000,00	100.000,00	100.000,00
Fremdkapitalquote	25 %	50 %	75 %
Fremdkapital	25.000,00	50.000,00	75.000,00
Eigenkapital	75.000,00	50.000,00	25.000,00
Gewinn vor FK-Zinsen	10.000,00	10.000,00	10.000,00
- 7 % FK-Zinsen	1.750,00	3.500,00	5.250,00
Gewinn nach FK-Zinsen	8.250,00	6.500,00	4.750,00
EK-Rentabilität (%)	11,00	13,00	19,00

Die Fremdkapitalquote gibt an, mit wie viel Prozent Fremdkapital die Investition finanziert wurde.

Die Eigenkapitalrendite berechnet sich nach der Formel:

R_{EK} = Gewinn · 100/EK

Für den 1. Fall ergibt sich somit:

R_{EK} = 8.250 · 100/75.000 = 11

Für die Fälle 2 und 3 gilt derselbe Rechenweg.

Der Gewinn von 10 % spiegelt die Kapitalrendite der Investition wider.

Somit ist die Gesamtkapitalrendite aus der Investition 10 %. Da der FK-Zinssatz mit 7 % unter der Gesamtkapitalrendite liegt, steigt mit zunehmender Verschuldung die EK-Rentabilität. Dies wird als Leverage-Effekt (Hebeleffekt) bezeichnet.

LÖSUNG

Lösung zu Fall 13   15 Punkte

a) **Berechnung der Effektivverzinsung:**

Der Restwertverteilungsfaktor (RVF) errechnet sich nach der Formel

$$RVF = \frac{i}{(1 + i)^n - 1} = \frac{0,07}{(1,07)^{10} - 1} = 0,0723775$$

$$i = \frac{p}{100} = 0,07$$

Da es sich um ein Festdarlehen handelt, muss hier nicht für „n" die mittlere Laufzeit (t_m) eingesetzt werden.

Der Effektivzinssatz ist dann:

$$r = \frac{7 + (100 - 92) \cdot RVF}{92} \cdot 100 = 8,238 \%$$

r ~ 8,2 %

b) **Kreditbesicherung:**

Für langfristige Bankdarlehen kommen in der Regel Grundpfandrechte in Frage, d. h. als Besicherung für obigen Kredit bieten sich Grundschuld bzw. Hypothek an (vgl. auch die Erläuterungen in diesem Lehrbuch).

Lösung zu Fall 14   12 Punkte

a) Ein **Barscheck** kann beim bezogenen Kreditinstitut, sofern Deckung vorhanden ist, bar ausgezahlt werden.

Ein **Verrechnungsscheck** kann nicht bar ausgezahlt werden. Lediglich die Einreichung und Gutschrift auf ein Konto ist möglich.

Der **Inhaberscheck** ist das „Gegenstück" zum Orderscheck. Entscheidend ist bei beiden die Art der Übertragung. Der Inhaberscheck ist ein Inhaberpapier, d. h. jeder Inhaber hat die Rechte aus dem Papier. Entscheidend ist dabei die „Überbringerklausel". Inhaberpapiere werden übertragen durch Einigung und Übergabe.

Ein **Orderscheck** ist ein Namenspapier, d. h. nur der auf dem Scheck namentlich Genannte hat die Rechte aus dem Papier. Namenspapiere (Orderpapiere), also auch der Orderscheck, werden übertragen durch Einigung, Übergabe und Indossament.

b) Das **Pfandrecht** ist die Belastung einer beweglichen Sache oder eines Rechts zwecks Sicherung einer Forderung. Seine Entstehung ist an einige Voraussetzungen gebunden:

► Das Vorliegen einer Forderung,

► Die Einigung der Parteien, dass das Pfandrecht dem Gläubiger zustehen soll,

► Die Abtretung des Pfandes, wobei das Pfand zwar im Eigentum des Kreditnehmers bleibt, jedoch in den Besitz des Kreditgebers übergehen muss.

Bei der **Sicherungsübereignung** ist es dem Kreditnehmer möglich, die sicherungsübereigneten Gegenstände weiterhin zu nutzen. Die Sache bleibt im unmittelbaren Besitz des Kreditnehmers, der Kreditgeber wird Eigentümer.

c) Die **Wandelanleihen** sind eine besondere Spezies der Industrieobligation, in denen neben den Rechten aus der Teilschuldverschreibung ein Umtauschrecht auf Aktien verbrieft ist, das nach einer Sperrfrist wahrgenommen werden kann.

Die **Optionsanleihe** ist ebenso eine besondere Art der Industrieobligation. Im Unterschied zur Wandelanleihe erfolgt kein Umtausch, sondern bis zu ihrer Tilgung bleibt die Optionsanleihe neben den Aktien bestehen, die aufgrund des in ihr enthaltenen Bezugsrechts erworben werden können.

d) Eine finanzwirtschaftlich orientierte Planung ist beispielsweise die Investitionsplanung. Sie ist ein Teil der strategischen Unternehmensplanung. Sie bezieht sich z. B. auf Produkt- und Marktstrategien und ist langfristig ausgerichtet.

Die **operative Planung** dagegen ist eine reine Ausführungsplanung und hat ausschließlich kurzfristigen Charakter. Sie bezieht sich insbesondere auf Routine-Investitionen.

e) Unter dem **Lohmann-Ruchti-Effekt** versteht man die Wirkung, die sich daraus ergibt, dass die freigesetzten Abschreibungsgegenwerte sofort zu Neuinvestitionen für gleichwertige

Anlagen verwendet werden, wobei sich über mehrere Jahre hinweg (theoretisch) eine erhebliche Kapazitätsausweitung ergeben kann.

f) Eine Finanzierung aus Rückstellungen ist dadurch möglich, dass der Aufwand für die Rückstellungen sofort erfasst wird, die Auszahlungen jedoch erst in späteren Perioden erfolgen. Inzwischen steht dem Unternehmen Kapital zur Verfügung, welches laut Ergebnisrechnung Aufwand darstellt.

g) **Dauerauftrag:**

Es handelt sich um wiederkehrende Zahlungen mit gleichen Beträgen, die in Form einer Überweisung auf Veranlassung des Zahlungspflichtigen getätigt werden.

Nach der Einführung von SEPA sind bargeldlose Transaktionen nur durch Angabe von IBAN und BIC möglich.

IBAN: International Bank Account Number; entspricht der bisherigen Kontonummer
BIC: Bank Identifier Code; entspricht der bisherigen Bankleitzahl

Daueraufträge, die vor der SEPA-Einführung eingerichtet wurden, sind auf das SEPA-Verfahren umzustellen, d. h. die Angabe von IBAN und BIC ist erforderlich. Die Umstellung kann seitens der Kreditinstitute automatisiert erfolgen, sofern IBAN und BIC des Kunden vorliegen.

Einzugsermächtigung:

Vor SEPA: Es handelte sich um wiederkehrende Zahlungen mit eventuell unterschiedlichen Beträgen, die auf Veranlassung des Zahlungsempfängers getätigt wurden. Dabei hatte der Zahlungspflichtige dem Empfänger zuvor die Erlaubnis gegeben, den Betrag von seinem Konto einzuziehen.

Mit der Einführung von SEPA sind Einzugsermächtigungen nicht mehr möglich. Stattdessen kann eine SEPA-Lastschrift durchgeführt werden. Für kartenbasierte Zahlungen gilt in Deutschland eine Übergangsfrist bis zum 1. 2. 2016.

Abbuchungsauftrag:

Vor SEPA: Es handelte sich um wiederkehrende Zahlungen mit unterschiedlichen Beträgen, die auf Veranlassung des Zahlungsempfängers getätigt wurden. Dabei hatte der Zahlungspflichtige dem Empfänger zuvor die Erlaubnis gegeben, den Betrag von seinem Konto abzubuchen. Er hatte keine Möglichkeit der Zahlungsbelastung zu widersprechen.

Mit der Umstellung der Zahlungstransaktionen auf SEPA ist die Erteilung von Abbuchungsaufträgen ebenfalls nicht mehr möglich.

Einzugsermächtigung und Abbuchungsauftrag werden ersetzt durch das SEPA-Lastschriftverfahren. Aufgrund einheitlicher Standards sind dadurch inländische und grenzüberschreitende Lastschriften möglich.

SEPA-Mandat:

Zahlungsempfänger benötigen zur Nutzung der SEPA-Lastschrift ein SEPA-Lastschriftmandat. Dieses ermächtigt den Zahlungsempfänger den fälligen Betrag vom Konto des Zahlungspflichtigen einzuziehen. Zusätzlich wird die Bank des Zahlungspflichtigen zur Einlösung der Lastschrift ermächtigt. Die Erteilung des SEPA-Mandats durch den Zahlungspflichtigen muss schriftlich erfolgen.

h) **Mantelzession**:

Der Kreditnehmer verpflichtet sich, laufende Forderungen in einer bestimmten Gesamthöhe abzutreten und dem Kreditgeber in vereinbarten Zeitabständen mittels Rechnungskopien den Debitorenkreis einzureichen.

Globalzession:

Es werden alle gegenwärtigen und zukünftigen Forderungen gegenüber einem bestimmten, genau umrissenen Kundenkreis abgetreten, beispielsweise Forderungen einzelner Buchstabengruppen oder Regionen. Einer ständigen Einreichung von Unterlagen bedarf es nicht.

LÖSUNG

Lösung zu Fall 15   **12 Punkte**

a) Planen ist das gedankliche, systematische Gestalten des zukünftigen Handelns.

b) Die Prognose ist eine der Grundlagen für die Planung. Der Begriff Prognose bedeutet das Bestreben, bestimmte Ereignisse vor ihrem Eintreten als wahrscheinlich zu erkennen, d. h. sich ein Bild von der zu erwartenden Entwicklung zu machen.

c) Die Budgetierung ist ein Unterbegriff der Planung. Unter Budget ist ein in Wertgrößen aufgestellter Plan einer betrieblichen Funktionseinheit zu verstehen, dessen Daten Vorgabe sind mit Verbindlichkeit für die betroffene Stelle, z. B. für eine Abteilung oder für ein Projekt.

d) In der planungsorientierten, unternehmensbezogenen Umweltanalyse sollten alle aus der Umwelt (Umfeld) auf das Unternehmen einwirkenden Merkmale und Entwicklungen angesprochen werden, die das Unternehmen beeinflussen können. Hierzu gehören z. B.

▶ das gesellschaftliche Umfeld mit politischen Entwicklungen im Hinblick auf die steuerliche Gestaltung und Steuerbelastung, z. B. Auswirkungen auf Steuerzahlungen,

▶ die volkswirtschaftliche Entwicklung mit dem Bevölkerungswachstum für einen Spielwarenhersteller, wenn die Kinderzahl eines Elternpaares im Durchschnitt abnimmt, z. B. Auswirkungen auf Umsatzerlöse,

▶ wenn das Umweltbewusstsein sich verstärkt ausprägt, und deshalb eine gesetzliche Zwangsversicherung die Versicherungswirtschaft veranlasst, einen entsprechenden Versicherungsschutz anzubieten, z. B. Auswirkungen auf Zahlungen von Versicherungsprämien.

e) Strategische Planung umfasst vor allem die langfristige Planung von Vorgehens- und Verhaltensweisen eines Unternehmens. Sie soll die Stellung des Unternehmens am Markt und seine zukünftigen Möglichkeiten berücksichtigen, um sich zielorientiert auf Chancen und Risiken ausrichten zu können. Mit der strategischen Planung werden die Richtlinien der Unternehmensführung und der Unternehmenspolitik längerfristig festgeschrieben. Mit ihr wird der dauerhafte Aktionsrahmen festgelegt, der das zukünftige Erfolgspotenzial schaffen und sichern soll.

f) Die operative Planung ist die Planung für den kurz- und mittelfristigen Zeitraum. In ihr sollen alle zukünftigen Aktivitäten (Maßnahmen) gewürdigt bzw. festgeschrieben und auf ihre Auswirkungen überprüft werden. Den Rahmen bildet die strategische Planung.

LÖSUNG

Lösung zu Fall 16   **20 Punkte**

a) Das Akkreditiv ist ein Auftrag, bei dem eine Bank aus dem Guthaben des Akkreditivstellers einen bestimmten Geldbetrag dem Akkreditierten zur Verfügung stellt.

b) Handelsrechnung, Packliste, Konnossement, Ursprungszeugnis, Versicherungspolice, Liefervertrag.

c) Die Bank ist nicht verpflichtet, den Betrag auszuzahlen.

d) Der Vermerk „unwiderruflich" begründet eine feststehende Verpflichtung der eröffnenden Bank, je nach Akkreditiv-Bedingungen zu zahlen, Akzept zu leisten oder für die Einlösung von Tratten bei Fälligkeit verantwortlich zu sein.

e) Es handelt sich um eine Befristung des Akkreditivs. Hierdurch wird erreicht, dass das Akkreditiv nur innerhalb einer bestimmten Frist ausgenutzt werden kann.

f) Es handelt sich um ein bestätigtes Akkreditiv. Hierdurch entstehen zwei unabhängige Schuldversprechen zur Zahlung des Akkreditivbetrages, das der eröffnenden Bank und das der bestätigenden Bank.

LÖSUNG

Lösung zu Fall 17   **12 Punkte**

a)

Listenpreis	148.000 €
- Rabatt (5 % von 148.000 €)	7.400 €
- Skonto (2 % von 140.600 €)	2.812 €
= Zieleinkaufspreis	137.788 €
+ Verpackung	114 €
+ Fracht	52 €
= Nettopreis	137.954 €

b) Nettopreis und Anschaffungskosten stimmen nicht überein, da zu den Anschaffungskosten noch weitere Kosten bzw. Ausgaben gehören. Zusätzlich sind die Installations- und Probelaufkosten zu berücksichtigen.

Somit belaufen sich die Anschaffungskosten auf 139.042 €.

Generell gilt:

Anschaffungspreis (netto)

- Anschaffungspreisminderungen

<u>+ Anschaffungsnebenkosten</u>

= Anschaffungskosten

c) Aus Gründen der Vorsicht sollte die Nutzungsdauer mit dem niedrigsten Schätzwert, also mit 7 Jahren angesetzt werden, insbesondere weil Erfahrungswerte fehlen.

d) Für das Anlagegut ergibt sich ein Liquidationserlös aus der Differenz zwischen Schrottwert und den Abbruchkosten, somit also ein Betrag in Höhe von 3.520 €.

e) Aus Gründen der Vorsicht sollte als Kalkulationszinssatz der Kapitalmarktzins, der in absehbarer Zeit als verbindlich gilt, angesetzt werden. Er sollte also in jedem Fall 10 % übersteigen.

LÖSUNG

Lösung zu Fall 18   15 Punkte

a)

	Ausgaben		Einnahmen		Bedarf
	Monatl. T€	Kumuliert T€	Monatl. T€	Kumuliert T€	T€
Januar	100	100	0	0	100
Februar	80	180	20	20	160
März	50	230	70	90	140
April	100	330	100	190	140
Mai	100	430	70	260	170
Juni	60	490	100	360	130
Juli	60	550	110	470	80
August	60	610	240	710	− 100
September	80	690	90	800	− 110
Oktober	100	790	40	840	− 50
November	110	900	0	840	60
Dezember	80	980	20	860	120

b) Der Kapitalbedarf kann vermindert werden, wenn es irgendwie möglich gemacht wird, Ausgaben auf einen späteren Zeitpunkt zu verlagern, z. B. Stundungen zu erreichen oder Einnahmen früher zu erhalten.

c) Die Liquiditätsberechnungen, nämlich die Barliquidität (Liquidität 1. Grades), Liquidität auf kurze Sicht (Liquidität 2. Grades) und Liquidität auf mittlere Sicht (Liquidität 3. Grades) beziehen sich auf einen Zeitpunkt. Unmittelbar davor oder nach diesem Zeitpunkt kann die Liquidität völlig anders aussehen.

LÖSUNG

Lösung zu Fall 19   15 Punkte

a) Die Rendite, die die Investition erbringen muss, ergibt sich aus dem adäquaten Kalkulationszinsfuß. Dieser wird als gewogenes Mittel der Finanzierungskosten errechnet.

Eigenkapital	= 600.000 € zu 6,5 % · 30 %	= 1,95 %
Sonderkredit	= 500.000 € zu 4,0 % · 25 %	= 1,00 %
Darlehen	= 900.000 € zu 8,0 % · 45 %	= 3,60 %
		6,55 %

Die Investition muss mindestens eine Rendite von 6,56 % erbringen.

b) Durch eine ungleichmäßige Tilgung der Darlehen während der Gesamtlaufzeit ergeben sich Schwankungen in den relativen Gewichten der Teilfinanzierungen und somit eine Änderung des Kalkulationszinsfußes. Sollte die Finanzierungsstruktur für die gesamte Laufzeit konstant bleiben, stellt sich dieses Problem nicht.

LÖSUNG

Lösung zu Fall 20   15 Punkte

a)	Gebäude	750.000 €
	Maschine	550.000 €
	BGA	350.000 €
	Gründung und Ingangsetzung	10.000 €
	Anlagekapitalbedarf	1.660.000 €
	Roh-, Hilfs- und Betriebsstoffe 9.000 · (30 + 10 + 8 + 10 − 30)	252.000 €
	Löhne und Gehälter 10.000 · (10 + 8 + 10)	280.000 €
	Sonstige Ausgaben 1.000 · (30 + 10 + 8 + 10)	58.000 €
	Umlaufkapitalbedarf	590.000 €
	Gesamtkapitalbedarf	2.250.000 €
b)	Anlagekapitalbedarf	1.660.000 €
	Roh-, Hilfs- und Betriebsstoffe 9.000 · (30 + 30 + 8 + 10 − 10)	612.000 €
	Löhne und Gehälter 10.000 · (30 + 8 + 10)	480.000 €
	Sonstige Ausgaben 1.000 · (30 + 30 + 8 + 10)	78.000 €
	Umlaufkapitalbedarf	1.170.000 €
	Gesamtkapitalbedarf	2.830.000 €

c)   Anlagekapitalbedarf   1.660.000 €

Roh-, Hilfs- und Betriebsstoffe 9.000 · (10 + 10 + 2 + 10 − 30)   18.000 €

Löhne und Gehälter 10.000 · (10 + 2 + 10)   220.000 €

Sonstige Ausgaben 1.000 · (10 + 10 + 8 + 10)   38.000 €

Umlaufkapitalbedarf   276.000 €

Gesamtkapitalbedarf   1.936.000 €

LÖSUNG

Lösung zu Fall 21   15 Punkte

a)   Tilgungsplan:

Der Kapitalwiedergewinnungsfaktor (KWF) ist bei 8 % und 5 Jahren:

KWF = 0,250456454

Es ergibt sich dann eine Annuität von

A = 3000.000 · 0,250456454 ~ 75.136,94 €

Jahr	Kredit am Jahresanfang	Annuität	Zinsen	Tilgung	Kredit am Jahresende
01	300.000,00	75.136,94	24.000,00	51.136,94	248.863,06
02	248.863,06	75.136,94	19.909,05	55.227,89	193.635,17
03	193.635,17	75.136,94	15.490,81	59.646,12	133.989,05
04	133.989,05	75.136,94	10.719,12	64.417,81	69.571,24
05	69.517,24	75.136,94	5.565,70	69.571,24	0,00

b)   Liegt die Gesamtkapitalrentabilität über dem FK-Zinssatz, dann erhöht sich die Eigenkapitalrentabilität bei zunehmender Verschuldung. Dieser Sachverhalt wird als Leverage-Effekt
(Hebeleffekt) bezeichnet.

LÖSUNG

Lösung zu Fall 22   20 Punkte

Historischer Hintergrund:

Historisch gesehen wäre die Bezeichnung Marx-Engels-Effekt genauer, da der Effekt bereits im
Jahre 1867 in einem Briefwechsel zwischen Karl Marx und Friedrich Engels angesprochen wurde. Erst im Jahre 1953 stellten Ernst Lohmann und Hans Ruchti den Effekt dar. In der Literatur
hat sich jedoch der Begriff Lohmann-Ruchti-Effekt durchgesetzt.

Voraussetzungen:

► Die kalkulatorischen Abschreibungen müssen in die Verkaufspreise eingerechnet sein;

► die Produkte müssen mindestens zu Selbstkosten verkauft werden;

▶ alle Forderungen sind zu Einzahlungen geworden;

▶ die freigesetzten Abschreibungsgegenwerte fließen bereits vor Ende der Nutzungsdauer, also bevor das Sachanlagegut zu ersetzen ist, in das Unternehmen zurück.

Effekte:

Der Lohmann-Ruchti-Effekt umfasst den Kapitalfreisetzungseffekt und den Kapazitätserweiterungseffekt.

▶ Kapitalfreisetzungseffekt:

Die in den Verkaufspreisen enthaltenen kalkulatorischen Abschreibungen fließen über die Umsatzerlöse in das Unternehmen zurück und stehen für Finanzierungszwecke zur Verfügung.

▶ Kapazitätserweiterungseffekt:

Durch sofortige Reinvestition der Abschreibungsgegenwerte in Sachanlagen erhöht sich die Periodenkapazität der Unternehmung, da die durch Abschreibungsgegenwerte erworbenen Anlagen wieder abgeschrieben werden und dadurch zusätzliche Wirtschaftsgüter gekauft werden können usw.

Kritische Würdigung:

Unter anderem könnten folgende Kritikpunkte angeführt werden:

▶ zusätzliches Anlagevermögen (z. B. Maschinen) erfordert zusätzliches Anlage- (z. B. Maschinenhallen) und Umlaufvermögen (z. B. Rohstoffe);

▶ die Marktsituation bleibt unberücksichtigt (z. B. ist zusätzlicher Bedarf vorhanden? Überangebot könnte zu sinkenden Verkaufspreisen führen);

▶ unbegrenzte Teilbarkeit der Anlagen ist Voraussetzung; ist jedoch nicht immer gegeben (z. B. Petrochemie).

LÖSUNG

Lösung zu Fall 23   15 Punkte

a)

Jahr	P1 8 %	Überschuss Objekt 1	Barwert Objekt 1	Überschuss Objekt 2	Barwert Objekt 2
1	0,925926	18.000	16.667	23.000	21.296
2	0,857339	22.000	18.861	25.000	21.433
3	0,793832	20.000	15.877	23.000	18.258
4	0,735030	26.000	19.111	23.000	16.906
5	0,680583	25.000	17.015	21.000	14.292
6	0.630170	24.000	15.124	20.000	12.603
Summe			102.655		104.788
Liquidationserlös	0,630170	6.000	3.781	8.000	5.041
Barwert			106.436		109.829
Anschaffungswert			98.000		98.000
C_{0_1}			8.436		11.829

Jahr	P2 12%	Überschuss Objekt 1	Barwert Objekt 1	Überschuss Objekt 2	Barwert Objekt 2
1	0,892857	18.000	16.071	23.000	20.536
2	0,797194	22.000	17.538	25.000	19.930
3	0,711780	20.000	14.236	23.000	16.371
4	0,635518	26.000	16.523	23.000	14.617
5	0,567427	25.000	14.186	21.000	11.916
6	0,506631	24.000	12.159	20.000	10.133
Summe			90.713		93.503
Liquidationserlös	0,506631	6.000	3.040	8.000	4.053
Barwert			93.753		93.556
Anschaffungswert			98.000		98.000
Co_2			− 4.247		− 444

Beurteilung Objekt 1:

$$r = P1 - Co_1 \cdot \frac{P2 - P1}{Co_2 - Co_1}$$

$$r = 8 - 8.436 \cdot \frac{12 - 8}{-4.247 - 8.436}$$

$r = 8 + 2,66 \approx \mathbf{10,66\,\%}$

Beurteilung 2. Objekt:

$$r = P1 - Co_1 \cdot \frac{P2 - P1}{Co_2 - Co_1}$$

$$r = 8 - 11.829 \cdot \frac{12 - 8}{-444 - 11.829}$$

$r = 8 + 3,86 \approx \mathbf{11,86\,\%}$

Beide Objekte liegen über dem Kalkulationszinsfuß von 10%. Die vorteilhaftere ist jedoch die zweite Investitionsalternative mit einem internen Zinsfuß von 11,86%.

b) Bei einer erwarteten Mindestverzinsung von 12% ist keine Alternative als vorteilhaft anzusehen.

Lösung zu Fall 24　　　　　　　　　　　　　　　　　　　　**18 Punkte**

a)　Effektive Verzinsung bei Tilgung in gleichen jährlichen Raten:

Da das Darlehen nicht am Ende der gesamten Laufzeit getilgt wird (endfälliges Darlehen), muss mit der mittleren Laufzeit (t_m) die Effektivverzinsung berechnet werden.

Folgende Variablen gelten für die nachfolgende Formel:

Z = Zinssatz (Zinsen von 100)

R = Rückzahlungskurs (100)

K = Auszahlungskurs

t_m= mittlere Laufzeit

　　　$t_m = (t_f + t_R + 1) : 2$

　　　t_f= tilgungsfreie Zeit

　　　t_R= Restlaufzeit

$$\frac{Z + (R - K) : tm}{K} \cdot 100 = r$$

$$\frac{7 + 4 : 5{,}5}{96} \cdot 100 = 8{,}05\,\%$$

b)　Effektive Verzinsung bei vier tilgungsfreien Jahren und anschließender Tilgung in gleichen jährlichen Raten:

$$\frac{7 + 4 : 7{,}5}{96} \cdot 100 = 7{,}85\,\%$$

c)　Effektive Verzinsung bei vier tilgungsfreien Jahren und anschließender Tilgung in gleichen jährlichen Raten bei einem Rückzahlungskurs von 104 %:

$$\frac{7 + 8 : 7{,}5}{96} \cdot 100 = 8{,}40\,\%$$

Lösung zu Fall 25   18 Punkte

Alternative A

Der Verkäufer erhält **3.000.000 €**

Alternative B

Unter Verwendung des Diskontierungssummenfaktors ergibt sich folgende Rechnung:

1.000.000 + 1.000.000 · 2,401831 = **3.401.831 €**

Alternative C

Wiederum unter Verwendung des Diskontierungssummenfaktors:

500.000 + 500.000 · 4,111407 = **2.555.703,50 €**

Ergebnis: Die Alternative B ist allen anderen vorzuziehen.

Lösung zu Fall 26   24 Punkte

a) Bei der Kapitalerhöhung aus Gesellschaftsmitteln fließt der Gesellschaft kein neues, frisches Kapital zu. Es verändert sich lediglich die Struktur des Eigenkapitals. Geeignete Rücklagen werden in Grundkapital umgewandelt. Bei der Kapitalerhöhung gegen Einlagen fließen der Maschinenbau AG durch die Emission von neuen Aktien neue liquide Mittel von außen zu.

b) Bei der Optionsanleihe bleibt der Inhaber der Anleihe bei Ausübung seines Bezugsrechts auf Aktien weiterhin Gläubiger. Er ist nach Erhalt der Aktien sowohl Eigentümer als auch Gläubiger. Bei der Wandelanleihe wird durch Ausübung der Wandlung aus dem Gläubiger ein Anteilseigner, Fremdkapital wird zu Eigenkapital.

c) Bei Inhaberaktien erfolgt die Eigentumsübertragung allein durch Einigung und Übergabe. Derartiges geschieht heutzutage in der Praxis in der Regel durch Umbuchungen auf den Wertpapierdepots. Bei Namensaktien gelten hinsichtlich der Eigentumsübergang strengere Bestimmungen:

Es muss jeder Kauf oder Verkauf im Aktienbuch der AG festgehalten werden. In diesem Aktienbuch sind alle Aktionäre aufgeführt. Gründe für die Umstellung von Inhaber- auf Namensaktien können u. a. sein:

Handelt es sich bei den ausgegebenen Aktien nur um Namensaktien, sind der Aktiengesellschaft alle Aktionäre und der genaue Anteilsbesitz bekannt. Feindliche Übernahmen sind relativ leicht erkennbar, sodass einfacher entgegengesteuert werden kann. Ebenso ist ganz allgemein ein genauer Überblick über die gesamte Aktionärsstruktur möglich. Sämtliche Aktionäre können dementsprechend auch punktuell von der Gesellschaft angesprochen, informiert und betreut werden.

Lösung zu Fall 27 12 Punkte

a) Mit beiden Mietwohnobjekten wird laut Prognose während der 5 Jahre insgesamt ein Einzahlungsüberschuss in Höhe von 190.000 € erzielt.

b) Aus Gründen der Investitionsrechnung ist die zweite Immobilie vorteilhafter, da sie in den ersten Jahren höhere Einzahlungsüberschüsse erreicht.

Lösung zu Fall 28 12 Punkte

Die **Goldene Finanzierungsregel** beinhaltet den Grundsatz der Fristenkongruenz. Langfristige Investitionen sind mit langfristigem Kapital und kurzfristige Anlagen sind mit kurzfristigem Kapital zu finanzieren.

Die **Goldene Bilanzregel** ist die Konkretisierung der goldenen Finanzierungsregel. Es handelt sich hierbei um den Deckungsgrad I (AV >= EK >= 100 %) bzw. den Deckungsgrad II (AV >= EK + FK_{lang} >= 100 %).

Der **Kontokorrentkredit** ist unter Beachtung der goldenen Finanzierungs- und der goldenen Bilanzregel für die Finanzierung des Lkw ungeeignet.

Selbst wenn die Kontokorrentlinie noch nicht ausgeschöpft sein sollte handelt es sich um kurzfristiges Fremdkapital.

Beim **Bankkredit** stimmen Kredithöhe und Laufzeit des Kredits überein. Diese Alternative entspricht den Finanzierungsregeln.

Lösung zu Fall 29 10 Punkte

a) Der Begriff „Akzessorität der Hypothek" bedeutet, dass die Hypothek vom Bestand einer Forderung abhängig ist. Der Anspruch aus der Hypothek ist vom Bestehen des persönlichen Anspruchs abhängig. Die Grundschuld dagegen ist „abstrakt", d. h. sie ist nicht vom Bestehen einer Forderung abhängig. Der Anspruch aus der Grundschuld ist nicht vom Bestehen des persönlichen Anspruchs abhängig.

b) Die Hypothek ist aufgrund ihrer Akzessorität an die Forderung gebunden. Jede zwischenzeitliche Tilgung des Kontokorrentkredits führt automatisch zu einer Verringerung der Hypothek. Lebt der Kredit wieder auf, entsteht die Hypothek nicht automatisch neu, sondern muss neu eingetragen werden. Im Gegensatz dazu ist die abstrakte Grundschuld zu sehen. Bei diesem Grundpfandrecht bewirkt eine zwischenzeitliche Tilgung des Kontokorrentkredits nicht eine Verringerung der Grundschuld. Sie bleibt bestehen.

Lösung zu Fall 30   22 Punkte

a) Berechnung des Cashflows:

Jahresüberschuss	200
Abschreibung auf Sachanlagen	200
Zuführung zu Pensionsrückstellungen	100
Cashflow	500

b) Folgende Änderungen werden sich ergeben:

Sachanlagen:	800	
	− 200 (AfA)	
	+ Investitionen: 70 % von 500 = 350	950
Kasse/Bank:	250	
	+ 10 % von 500 = 50	300
Gewinnrücklagen	100	
	+ thesaurierter Jahresüberschuss 100	200
Pensionsrückstellungen:	260	
	+ Zuführung 100	360
Kurzfristiges Fremdkapital:	370	
	+ 100 (Dividende)	
	− 20 % von 500 = 100	370

c) Die Vorteile der Finanzierung über den Cashflow gegenüber der Fremdfinanzierung sind u. a.:

► Die Kreditwürdigkeit steigt, da sich die Substanz des Unternehmens erhöht.

► Es müssen keine weiteren Sicherheiten gestellt werden.

► Positive Auswirkungen auf die Liquidität, da keine zusätzliche Zins- und Tilgungsleistungen anfallen

LÖSUNG

Lösung zu Fall 31   30 Punkte

a) **Berechnung der Stückkosten:**

	Fremdbezug	Maschine A	Maschine B
Abschreibungen		8.000	20.000
kalkul. Zinsen		1.920	4.800
Gehälter		10.000	10.000
sonst. fixe Kosten		7.690	12.000
fixe Kosten/Jahr		27.610	46.800
fixe Kosten/Stück		3,45	4,68
variable Kosten/Jahr		130.000	112.000
variable Stückkosten		16,25	11,20
Gesamtkosten pro Stück	25,00	19,70	15,88

Ergebnis: Maschine B ist die günstigste Alternative.

b) **Berechnung der kritischen Menge (kostengleichen Ausbringungsmenge):**

$K_A = K_B$

$K_A = 16{,}25x + 27.610$

$K_B = 11{,}20x + 46.800$

$16{,}25x + 27.610 = 11{,}2x + 46.800$

$x = 3.800$

Ergebnis: Bei 3.800 Stück sind die Kosten von Maschine A und Maschine B gleich.

LÖSUNG

Lösung zu Fall 32   15 Punkte

a) **Berechnung des effektiven Jahreszinses:**

Zahlungsziel:	30 Tage
Zahlungsfrist bei Skontogewährung:	14 Tage
Laufzeit des Lieferantenkredits:	16 Tage
Rechnungsbetrag:	95.200,00 €
3 % Skonto:	2.856,00 €
Kreditbedarf:	92.344,00 €

$$\text{Jahreszinssatz} = \frac{\text{Skontobetrag} \cdot 100 \cdot 360}{\text{Kapitalbedarf} \cdot \text{Laufzeit des Kredits}}$$

$$\text{Jahreszinssatz} = \frac{2.856 \cdot 100 \cdot 360}{92.344 \cdot 16} = \frac{102.816.000}{1.477.504} \sim 69,59\,\%$$

Ergebnis: Der effektive Jahreszins des Lieferantenkredits beträgt ca. 69,59 %.

b) **Berechnung des Finanzierungserfolgs:**

$$\text{Zinsen} = \frac{92.344 \cdot 10,5 \cdot 16}{360 \cdot 100} = \frac{15.513.792}{36.000} \sim 430,94 \,€$$

Bruttoskonto:	2.856,00 €
- 19 % Vorsteuer:	456,00 €
Nettoskonto:	2.400,00 €
Skontoertrag:	2.400,00 €
- Kreditzinsen:	430,94 €
Finanzierungsgewinn	1.969,06 €

c) **Gemeinsamkeiten und Unterschiede von Kontokorrentkredit und Avalkredit:**

Sowohl Kontokorrent- als auch Avalkredit sind kurzfristige Fremdfinanzierungsinstrumente. Der wesentliche Unterschied besteht darin, dass der Avalkredit keine Geldleihe, sondern eine Kreditleihe ist, d. h. es fließen erst dann Geldmittel, wenn der Kreditnehmer seinen Leistungen gegenüber Dritten nicht nachkommt. Die Bank geht eine Eventualverbindlichkeit in Form einer Bürgschaft oder Garantie ein.

LÖSUNG

Lösung zu Fall 33   **20 Punkte**

a) Die Veränderungen und Löschungen der Grundpfandrechte stehen in Abteilung 3 des Grundbuches.

b) Die (Sicherungs- und Verkehrs-)Hypothek ist mit einer bestehenden Forderung fest verbunden (Akzessorietät). Jede Rückzahlung führt zu einer Verringerung der Hypothek und damit der grundbuchmäßigen Sicherung. Da es sich beim Kontokorrentkredit um einen Kredit mit ständig wechselnder Höhe handelt ist die Hypothek zur Absicherung grundsätzlich nicht geeignet.

Da die Grundschuld nicht an eine Forderung gebunden ist, eignet sie sich zur Besicherung eines Kontokorrentkredites, da die Veränderung des Kredites sich nicht auf die grundbuchmäßige Besicherung auswirkt. Sie bleibt bestehen.

c) Akzessorisch bedeutet, dass die Hypothek an eine Forderung gebunden ist (s. o.). Verringert sich die Kreditsumme, so verringert sich auch die Höhe der Hypothek (vgl. aber auch Höchstbetragshypothek).

Die Grundschuld ist nicht an das Bestehen einer Forderung gebunden, d. h. sie ist abstrakt (fiduzarisch).

Lösung zu Fall 34   15 Punkte

Beim POS-System, auch als Electronic-Cash-System bezeichnet, sind eine entsprechende Karte, z. B. ec-Karte, sowie die PIN (persönliche Identifikationsnummer) erforderlich. Durch Eingabe der PIN in die Kundeneinheit des POS-Terminals wird zum einen der unberechtigte Besitz der Karte so gut wie ausgeschlossen zum anderen erfolgt die sogenannte „Autorisierung". Es werden dabei mehrere Prüfvorgänge durchgeführt (z. B. Prüfung der PIN, Kartenechtheit, Sperre der Karte, Einhaltung des Verfügungsrahmens). Danach erfolgt auf dem Terminal eine entsprechende Anzeige für den Verkäufer. Aufgrund der umfangreichen Prüfvorgänge und der sofortigen Belastung des Kontos des Kunden, übernimmt die Bank die Zahlungsgarantie.

Während beim POS-System sich der Kunde durch die PIN legitimiert, erfolgt dies beim POZ-System (Point-Of-Sale ohne Zahlungsgarantie) durch die Unterschrift. Das Kreditinstitut übernimmt keine Zahlungsgarantie. Über die auf der Karte gespeicherten Daten wird eine Lastschrift erstellt. Durch seine Unterschrift an der Kasse erteilt der Kunde eine Einzugsermächtigung.

Lösung zu Fall 35   15 Punkte

a) **Cap:** Zinssicherungsinstrument, das dem Kreditnehmer mit variabler Finanzierungsbasis eine gesicherte Kalkulationsgrundlage zu Maximalkosten schafft. Gegen Zahlung einer Prämie erhält der Kreditnehmer Ausgleichszahlungen, wenn der Zinssatz über die vereinbarte Obergrenze (Strike) steigt. Damit werden die Finanzierungskosten auf die vereinbarte Zinsobergrenze begrenzt. Man ist somit gegen steigende Zinsen abgesichert, profitiert aber weiterhin von niedrigen bzw. fallenden Zinsen.

Swap: Hierbei werden Festsatzzinsen gegen variable Zinsen getauscht. Bank A kommt beispielsweise günstig an kurzfristige, Bank B günstig an langfristige Mittel, und beide benötigen jeweils das Gegenteil. Jeder Partner beschafft sich jeweils, was er günstig bekommen kann. Anschließend wird ein Swap vereinbart. Als Konsequenz erhält jeder die benötigten Mittel zu einem günstigeren Zinssatz, als er selbst am Markt hätte bekommen können.

b) Es bietet sich ein **Floor** an. Dies ist ein Zinssicherungsinstrument, das dem Investor, der eine variable Verzinsung hat, ein Mindestzinsniveau absichert. Ein Ertragsausfall wird somit ausgeschlossen. Gegen Zahlung einer Prämie werden Ausgleichszahlungen geleistet, wenn die Zinsen unter eine vereinbarte Untergrenze sinken. Damit wird ein Ertragsminimum in Höhe der Untergrenze abgesichert.

LÖSUNG

Lösung zu Fall 36   20 Punkte

a) Anschaffungspreis: 32.000 €
   − Anschaffungspreisminderung: 3.200 €

   Anschaffungskosten: 28.800 €

b) Leasing

   Leasingraten: 48 · 550 =   26.400 €
   Sonderzahlung: 6.400 €

   Gesamtkosten Leasing: 32.800 €

   Bankkredit

   Anschaffungskosten (siehe a):   28.800 €
   Disagio: 3 % von 28.800 =   864 €
   Zinsen: 6,5 % von 28.800 =   1.872 €
   Abschreibungen (linear):   7.200 €

                                                                            38.736 €
   − Liquidationserlös: 8.000 €

   Gesamtkosten Fremdfinanzierung: 30.736 €

   Ergebnis: Es ist Fremdfinanzierung zu empfehlen.

c) Kreditbedarf: 32.000 €

   Disagio: 3 % von 32.000 =   960 €

   Zinsen: 6,5 % von 32.000 =   2.080 €

   Abschreibungen: 8.000 €

   Gesamtkosten Fremdfinanzierung   43.040€

   − Liquidationserlös: 8.000 €

   Gesamtkosten Fremdfinanzierung: 35.040 €

   Leasing (unverändert):   32.800 €

   Ergebnis: Bei Abnahme von 5 Fahrzeugen wäre Leasing zu empfehlen.

LÖSUNG

Lösung zu Fall 37   20 Punkte

a) **EURIBOR:** European Interbank Offered Rate; Referenzzinssatz; gilt innerhalb der Europäischen Währungsunion seit dem 1.1.1999; löste die nationalen, an den jeweiligen Bankplät-
   zen gehandelten Zinssätze ab (z. B. FIBOR). Es ist der Zinssatz für Termingelder in € im Inter-

bankengeschäft. Der EURIBOR wird dadurch ermittelt, dass Banken zu einer bestimmten Uhrzeit (z. Zt. 11.00 Uhr Brüsseler Zeit) Angebotssätze (Briefsätze) für Ein- bis Zwölfmonatsgelder an einen Informationsanbieter melden, der daraus Durchschnittszinssätze errechnet.

b) **Cap:** Zinsobergrenze; Käufer des Cap erhält für den Fall, dass ein bestimmter Zinssatz (Strike) überschritten wird, eine Ausgleichszahlung.

   Floor: Zinsuntergrenze; analog zum Cap (siehe oben).

   Collar: Kombination aus Cap und Floor. Es bildet sich somit für den Kunden ein Zinskorridor.

c) Da der Zins 1,5 % über dem Strike liegt, erhält die Maschinenbau AG für 3 Monate (da 3-Monats-EURIBOR) folgende Ausgleichszahlung:

$$Z = \frac{3.000.000 \cdot 1,5 \cdot 3}{100 \cdot 12} = 11.250 \text{ €}$$

d) Normalerweise müsste die Maschinenbau AG für 3 Monate bezahlen:

$$Z = \frac{3.000.000 \cdot 6,5 \cdot 3}{100 \cdot 12} = 48.750 \text{ €}$$

   Sie bezahlt jedoch nur: 48.750,00 − 11.250,00 = 37.500 €

$$p = \frac{37.500 \cdot 100 \cdot 12}{3.000.000 \cdot 3} = 5 \%$$

   Effektivzinssatz = 5 % + 1 % Marge = 6 %

LÖSUNG

Lösung zu Fall 38   25 Punkte

a) Beim Scheck-Wechsel-Verfahren (auch Scheck-Wechsel-Tauschverfahren oder Umkehrwechsel genannt) bezahlt der Käufer einer Ware unter Ausnutzung von Skonto mit einem Scheck oder durch Überweisung und lässt gleichzeitig einen Wechsel auf sich ziehen, den er akzeptiert. Das Akzept reicht nun der Käufer bei seinem Kreditinstitut zum Diskont ein.

   Der Vorteil besteht für den Käufer darin, dass er Skonto nutzen kann und zur Finanzierung einen Diskontkredit in Anspruch nimmt, der in der Regel günstiger ist als ein Kontokorrentkredit.

b) Berechnung des Überweisungsbetrages:

Rechnungsbetrag:	50.000 €
− 2 % Skonto:	1.000 €
Überweisungsbetrag (Scheckbetrag):	49.000 €

Berechnung der Wechselsumme:

Der Barwert (Auszahlungsbetrag) muss so hoch sein, um damit den Kontokorrentkredit in Höhe von 49.000 € ablösen zu können:

360 Tage $\geq$ 5 %

90 Tage $\geq$ $\dfrac{5 \cdot 90}{360}$ = 1,25 %

Daraus folgt: Der Barwert in Höhe von 49.000 € entspricht:

100 % − 1,25 % = 98,75 %

Die Wechselsumme ist dann:

$\dfrac{49.000 \cdot 100}{98,75}$ = 49.620,25 €

Der zu bezahlende Diskont ist dann:

49.620,25 − 49.000 = 620,25 €

Berechnung der Kreditzinsen für 10 Tage:

$Z = \dfrac{49.000 \cdot 8 \cdot 10}{100 \cdot 360}$ = 108,89 €

Skonto:	1.000,00 €
− Diskont:	620,25 €
− Spesen/Auslagen:	30,00 €
− Kreditzinsen:	108,89 €
Finanzierungsgewinn:	240,86 €

LÖSUNG

Lösung zu Fall 39   20 Punkte

a) Finanzplan (alle Angaben in T€)

Wochen	01	02	03	04	05	06
Ausgaben	80	25	20	15	80	25
kumulierte Ausgaben	80	105	125	140	220	245
Einnahmen	0	0	0	0	0	0
kumulierte Einnahmen	0	0	0	0	0	0
Kapitalbedarf	80	105	125	140	220	245

Wochen	07	08	09	10	11	12
Ausgaben	20	15	80	25	20	15
kumulierte Ausgaben	265	280	360	385	405	420
Einnahmen	0	210	0	0	0	210
kumulierte Einnahmen	0	210	210	210	210	420
Kapitalbedarf	265	70	150	175	195	0

b) Kapitalbedarf:

01. bis 07. Woche: 265 T€

08. bis 11. Woche: 195 T€

c) kurzfristige Finanzierungsmöglichkeiten zur Deckung des Kapitalbedarfs, z. B.

▶ Kontokorrentkredit,

▶ Lombardkredit (in Form des Effektenlombards).

LÖSUNG

Lösung zu Fall 40   15 Punkte

a) Basel II umfasst die Gesamtheit der Eigenkapitalvorschriften, die vom Baseler Ausschuss für Bankenaufsicht (Basel Committee on Bank Supervision) in den letzten Jahen vorgeschlagen wurden. Die Umsetzung in deutsches Recht erfolgt durch die „Mindestanforderungen an das Risikomanagement" (MaRisk) und die „Solvabilitätsverordnung" (SolvV; Solvabilität = angemessene Eigenmmittelausstattung). Danach sind ab 2007 Kredite durch haftendes Eigenkapital des Kreditinstituts zu unterlegen. In Abhängigkeit von der Bonität des Kunden. Das bedeutet für den Kreditnehmer: ist die Bonität gut, dann muss die Bank weniger Eigenkapital vorhalten und der Kredit kann für den Kreditnehmer günstiger werden. Ist die Bonität schlecht, muss der Kreditnehmer mit schlechteren Konditionen rechnen oder der Kreditantrag wird abgelehnt.

b) Rating hat zum Ziel, die Bonität des Kreditnehmers zu erfassen und in einer Gesamtbeurteilung, in Form von Buchstabenkombinationen oder anderen Bewertungssystemen, auszudrücken. Hierbei werden nicht nur wirtschaftliche sondern auch andere Kriterien berücksichtigt. Fragen bei Kreditverhandlungen könnten beispielsweise sein:

▶ Wie steht es um die Zukunfts- und Wettbewerbsfähigkeit des Unternehmens?

▶ Ist das Management in der Lage, das Unternehmen sicher und erfolgreich zu führen?

▶ Wie krisensicher bzw. entwicklungsfähig ist die Branche?

▶ Hat das Unternehmen ein ausreichendes Risikomanagement?

▶ Hat das Unternehmen Umwelt- und Ökologieprobleme im Griff?

LÖSUNG

Lösung zu Fall 41   12 Punkte

Die alte Maschine ist dann zu ersetzen, wenn die Kosten der neuen Maschine niedriger sind.

	Maschine (alt)	Maschine (neu)
Abschreibungen	25.000	31.250
kalkulatorische Zinsen (10 % von $^A/_2$)	10.000	12.500
sonstige fixe Kosten	40.000	30.000
fixe Kosten insgesamt	75.000	73.750
variable Kosten insges.	17.500	16.250
Gesamtkosten	92.500	90.000

Ergebnis: Der Ersatz der alten Maschine durch die neue lohnt sich.

LÖSUNG

Lösung zu Fall 42   30 Punkte

a) **Goldene Bilanzregel, enge Fassung:** Anlagevermögen soll voll mit Eigenkapital finanziert werden:

AV <= EK.

Eigenkapital: 760 Mio. € (der Bilanzgewinn zählt zum kurzfristigen Fremdkapital, da er ausgeschüttet wurde).

Anlagevermögen: 1.230 Mio. €

Daraus ergibt sich, dass die goldene Finanzregel in der engen Fassung nicht eingehalten wurde.

Goldene Bilanzregel, weite Fassung: Anlagevermögen soll mit Eigenkapital und langfristigem Fremdkapital gedeckt werden:

AV <= EK + FK$_{lang}$

Eigenkapital:	760 Mio. €
Pensionsrückstellungen:	100 Mio. €
übriges langfr. FK:	830 Mio. €
EK + FK$_{lang}$:	1.690 Mio. €
Anlagevermögen:	1.230 Mio. €

Ergebnis: Die goldene Bilanzregel in der weiten Fassung wurde eingehalten.

b) Offene Selbstfinanzierung (offen, da aus der Bilanz zu ersehen): Gewinne (Jahresüberschüsse) werden vollständig oder teilweise nicht ausgeschüttet, sondern verbleiben im Unternehmen (Gewinnthesaurierung oder kurz Thesaurierung). Dadurch erhöht sich das Eigenkapital. Bei Kapitalgesellschaften werden die thesaurierten Gewinne den Gewinnrücklagen zugewiesen.

Die Gewinnrücklagen betragen bei der Maschinenbau AG 140 Mio. €. Das entspricht der offenen Selbstfinanzierung.

c) Stille Selbstfinanzierung ist im Gegensatz zur offenen Selbstfinanzierung aus der Bilanz nicht zu ersehen. Stille Selbstfinanzierung erfolgt durch Bildung stiller Reserven. Diese entstehen durch Unterbewertung von Vermögensteilen (z. B. tatsächliche Wertminderung der Sachanlagen ist niedriger als die Abschreibungen) und/oder der Überbewertung von Schulden (z. B. Bildung überhöhter Rückstellungen).

Somit kann stille Selbstfinanzierung in den Bilanzpositionen Anlagevermögen und Rückstellungen vermutet werden.

d) EK-Rentabilität = (Jahresüberschuss · 100) : Eigenkapital

r_{EK} = (160 · 100) : 760 ~ **21,05 %**

GK-Rentabilität = ((Jahresüberschuss + FK-Zinsen) · 100) : Gesamtkapital

r_{GK} = ((160 + 11) · 100) : 1.900 = **9,0 %**

e) EK-Quote = (EK · 100) : Gesamtkapital

EK-Quote = (760 · 100) : 1.900 = **40,0 %**

Die EK-Quote ist mit 40 % überdurchschnittlich hoch.

Vorteile (z. B.):

► geringe Liquiditätsbelastung durch Zins und Tilgung;

► Wahrung der finanziellen Flexibilität (bei Bedarf kann problemlos zusätzliches FK aufgenommen werden);

► Wahrung der wirtschaftlichen Unabhängigkeit (kein Einfluss auf die Unternehmenspolitik durch FK-Geber).

Nachteil:

► Sinkende EK-Rentabilität (vgl. Leverage-Effekt).

f) Die Rücklagen können nicht zur Finanzierung der geplanten Investition herangezogen werden. Die Passivseite ist das abstrakte Spiegelbild der Aktivseite, d. h. die Rücklagen sind in Positionen der Aktivseite enthalten. Insofern können nur liquide Mittel zur Finanzierung herangezogen werden.

Sollten die gesamten liquiden Mittel in Höhe von 114 Mio. € zur Finanzierung herangezogen werden, droht dem Unternehmen ein erhebliches Liquiditätsproblem. Welcher Teil der liquiden Mittel zur Finanzierung der Investition herangezogen werden kann, müsste durch eine detaillierte Finanzplanung geprüft werden.

g) Bei der Kapitalerhöhung aus Gesellschaftsmitteln handelt es sich um eine Kapitalerhöhung ohne Geldmittelzufluss. Es werden freie Rücklagen in gezeichnetes Kapital umgewandelt. Insofern handelt es sich lediglich um einen Passivtausch. Die Altaktionäre haben Anspruch auf den Bezug von Gratisaktien (Berichtigungsaktien). Da sich die Anzahl der Aktien erhöht, wird der Kurswert der Aktien sinken. Dadurch kann eine breitere Streuung der Aktien erreicht werden.

Lösung zu Fall 43   24 Punkte

a) **Ordentliche Kapitalerhöhung:**

- ▶ Normalform der Kapitalerhöhung;
- ▶ konkreter Finanzierungsanlass;
- ▶ Ausgabe junger Aktien;
- ▶ Altaktionären steht Bezugsrecht zu;
- ▶ Drei-Viertel-Mehrheitsbeschluss des bei der Abstimmung anwesenden Kapitals;
- ▶ notarielle Beurkundung;
- ▶ Anmeldung des Beschlusses zur Eintragung im Handelsregister;
- ▶ Eintragung der Durchführung der Kapitalerhöhung im Handelsregister.

Genehmigtes Kapital:

- ▶ kein aktueller Finanzierungsanlass;
- ▶ Vorstand erhält die Genehmigung, die Kapitalerhöhung zu einem von ihm frei wählbaren Zeitpunkt durchzuführen; kann dadurch günstige Kapitalmarktsituation ausnutzen;
- ▶ Genehmigung für längstens 5 Jahre;
- ▶ auf maximal 50 % des bisherigen Grundkapitals beschränkt;
- ▶ ansonsten siehe ordentliche Kapitalerhöhung.

b) $B = (Ka-Kn) : (a:n +1)$

$B \rightarrow$ rechnerischer Wert des Bezugsrechts;

$Ka \rightarrow$ Kurswert der Altaktien;

$Kn \rightarrow$ Kurswert der neuen (jungen) Aktien;

$a:n \rightarrow$ Bezugsverhältnis.

$B= (58-43) : (2:1 +1)$

$B= 15 : 3 = 5,00 €$

c) **Bedeutung des Bezugsrechts:**

Altaktionär soll keine Stimmrechtsnachteile haben (i. d. R. pro Aktie eine Stimme; Stimmen verteilen sich auf eine größere Aktienanzahl);

Altaktionär soll keine Vermögensnachteile haben (durch Ausgabe neuer Aktien sinkt üblicherweise der Kurs der Altaktien)

Lösung zu Fall 44   24 Punkte

a) **Zession:** Der Kreditnehmer (Zedent) tritt Forderungen an den Kreditgeber (Zessionar) ab (vgl. §§ 398 ff. BGB).

b) Der Vorteil der stillen Zession besteht darin, dass die Kunden der Abraham OHG nichts von der Forderungsabtretung erfahren. Somit sind Imageprobleme ausgeschlossen.

c) Bei der offenen Zession werden die Kunden über die Forderungsabtretung informiert. Sie können mit befreiender Wirkung nur noch an die Bank bezahlen. Die Bank erhält somit Informationen über die Zahlungsfähigkeit der Kunden. Die offene Zession ist für die Bank sicherer.

d) **Mantelzession:** Der Kreditnehmer verpflichtet sich laufend Forderungen in einer bestimmten Gesamthöhe abzutreten, wobei Rechungskopien und Debitorenlisten einzureichen sind, um die Höhe ermitteln zu können.

   Globalzession: Abtretung der Forderungen eines genau bestimmten Kundenkreises (z. B.: Kunden bestimmter Buchstabengruppen; Kunden in bestimmten Regionen, Kunden bestimmter Branchen).

Lösung zu Fall 45   15 Punkte

Es handelt sich um Außenfinanzierung in Form der Beteiligungsfinanzierung.

Es liegt eine atypische stille Gesellschaft vor. Sie unterscheidet sich von der typischen stillen Gesellschaft dadurch, dass der stille Gesellschafter an den stillen Reserven des Unternehmens beteiligt ist und er im Innenverhältnis Leitungsfunktionen übernehmen kann. Ansonsten tritt der stille Gesellschafter, wie bei der typischen stillen Gesellschaft, nach außen hin nicht in Erscheinung.

Lösung zu Fall 46   15 Punkte

a) **Devisentermingeschäft:**

   Die Maschinenbau AG verkauft die US-Dollar per Termin an eine Bank, sofort bei Entstehen der Forderung an den Kunden. Bei Abschluss des Termingeschäfts werden Betrag, Erfüllungszeitpunkt und Kurs bindend vereinbart. Die Maschinenbau AG hat dadurch eine feste Kalkulationsbasis, da sie weiß, wie viel Euro sie für die US-Dollar bekommt.

Devisenoptionsgeschäft:

Die Maschinenbau AG erwirbt durch den Kauf einer Devisenverkaufsoption das Recht, die US-Dollar zu einem festgelegten Basispreis zu verkaufen. Am Fälligkeitstermin der Forderung kann die Maschinebau AG entscheiden, ob sie die Option ausübt, d. h. die US-Dollar verkauft oder darauf verzichtet.

b) **AKA Ausfuhr-Kreditgesellschaft mbH:**

Spezialbank für die Exportfinanzierung mit Sitz in Frankfurt am Main. Ihre Aufgabe ist die Unterstützung der deutschen und europäischen Exportwirtschaft durch die Finanzierung von kurz-, mittel-, und langfristigen Exportgeschäften.

AKA-Kredite:

Es stehen verschiedene Kreditformen zur Verfügung. Diese sind eingeteilt in so genannte Plafonds (Plafond A, C, D, E). Kredite aus dem Plafond A stehen speziell für die Refinanzierung von anfallenden Kosten während der Produktionszeit bzw. für Forderungen aus den vom Exporteur eingeräumten Zahlungszielen (Lieferantenkredit), mit mindestens zwölfmonatiger Laufzeit, zur Verfügung. Allerdings muss bei Krediten aus dem Planfond A der Kreditnehmer 10 % bis 20 % selbst finanzieren. Über die Plafonds C, D und E werden Bestellerkredite finanziert.

Für die Maschinenbau AG kommt somit der Plafond A in Frage. Vorteil: Verbesserung der Liquidität, da das Unternehmen die Produktion nicht vollständig selbst finanzieren und nicht auf den Zahlungseingang warten muss.

LÖSUNG

Lösung zu Fall 47   15 Punkte

a) **Berechnung des Cashflows:**

	Jahresüberschuss	16.200,00 T€
+	Abschreibungen	5.200,00 T€
-	Verminderung der langfristigen Rückst.	1.400,00 T€
	Cashflow	20.000,00 T€

b) **Nettokreditaufnahme:**

	Einzahlungen aus Aufnahme v. Anleihen und Krediten:	2.500,00 T€
-	Auszahlungen für Anleihen und Kredite:	400,00 T€
	Nettokreditaufnahme:	2.100,00 T€

c) **Zahlungsmittelzufluss und Verwendung:**

Zahlungsmittelzufluss laut Kapitalflussrechnung

Zahlungsmittelzufluss aus laufender Geschäftstätigkeit:	10.300,00 T€
Einzahlung aus Sachanlagenabgang:	800,00 T€
Einzahlung aus Abgang immaterielles Anlagevermögen:	500,00 T€
Einzahlungen aus Eigenkapitalzuführung:	6.000,00 T€
Netto-Kreditaufnahme:	2.100,00 T€
Finanzierung insgesamt:	19.700,00 T€

Verwendung der finanziellen Mittel:

Investitionen in Sachanlagen	− 7.800,00 T€
Investitionen in Finanzanlagen:	− 700,00 T€
Investitionen in Tochterunternehmen:	− 8.000,00 T€
Investitionen insgesamt:	− 16.500,00 T€
Auszahlung an Unternehmenseigner:	− 1.000,00 T€
Zunahme der liquiden Mittel:	− 2.200,00 T€
Verwendung insgesamt:	− 19.700,00 T€

LÖSUNG

Lösung zu Fall 48   10 Punkte

SEPA (Single Euro Payments Area)

► SEPA steht für den einheitlichen Euro-Zahlungsraum,

► alle Zahlungen sollen wie inländische Zahlungen behandelt werden,

► Start Januar 2008: keine Unterscheidung mehr zwischen nationalen und grenzüberschreitenden Zahlungen,

► Nutzer können bargeldlose Euro-Zahlungen von einem einzigen Konto innerhalb Europas vornehmen,

► Ziel: einheitlicher Binnenmarkt im bargeldlosen Zahlungsverkehr,

► betrifft nicht nur den grenzüberschreitenden Zahlungsverkehr, sondern soll zur vollständigen Integration der nationalen Zahlungsverkehrsmärkte führen,

► Einführung einheitlicher Verfahren und Standards für Überweisungen, Lastschriften, Kartenzahlungen bis 2011,

► ab Januar 2008: SEPA-Überweisungen sind möglich,

► ab November 2009: SEPA-Lastschriften sind möglich.

Vorteile für die Maschinenbau AG:

► gesamter Euro-Zahlungsverkehr kann zukünftig über ein Konto bei einer beliebigen Bank in ganz Europa abgewickelt werden,

► dadurch: Konzentration der Zahlungsverkehrsabwicklung

► und Straffung von Bankverbindungen

► sowie Vereinfachung des Liquiditätsmanagements und Kostensenkungen,

► Verkürzung der Überweisungslaufzeiten,

► bessere Verzahnung von Zahlungsvorgängen und internem Rechnungswesen.

LÖSUNG

Lösung zu Fall 49   20 Punkte

a) **INCOTERMS**

Die International Commercial Terms wurden erstmals 1936 von der Internationalen Handelskammer in Paris (ICC) herausgegeben und seit dem immer wieder an den sich ändernden internationalen Handel angepasst. Die INCOTERMS regeln die wesentlichen Pflichten und Rechte zwischen Verkäufer und Käufer, wie

► Kostenübernahme,

► Gefahrenübergang,

► Pflichten während des Transports.

FAS

Steht für Free Alongside Ship, d. h. „Frei Längsseite Seeschiff … benannter Verschiffungshafen". Die Lieferpflicht des Verkäufers ist erfüllt, wenn sich die Ware längsseits des Schiffes befindet. Von da an trägt der Käufer Kosten und Gefahren.

b) **Dokumenteninkasso**

Im Kaufvertrag kann als Zahlungsbedingung vereinbart werden entweder

a. Dokumente gegen Zahlung (documents against payment, Abkürzung: d/p) oder

b. Dokumente gegen Akzept (documents against acceptance, Abkürzung: d/a).

Dokumente gegen Zahlung (d/p)

Hier wird dem Käufer kein Zahlungsziel eingeräumt. Der Importeur erhält die Dokumente (mit denen er über die gekaufte Ware verfügen kann) erst dann ausgehändigt, wenn er die Zahlung geleistet hat (Zug-um-Zug-Abwicklung). Da der Käufer aber ein Zahlungsziel als unabdingbaren Vertragsinhalt verlangt (vgl. Fall 46) scheidet d/p als Zahlungsbedingung aus.

Dokumente gegen Akzept (d/a)

Der Käufer erhält ein Zahlungsziel in Höhe der Laufzeit des Wechsels/der Wechsel eingeräumt. Der Importeur erhält die Dokumente, wenn der den Wechsel akzeptiert hat (Zug-um-Zug-Abwicklung). Hierin besteht allerdings für den Exporteur (Maschinenbau AG) ein erhebliches Risiko: Der Importeur kann über die Ware verfügen, ohne Zahlung geleistet zu haben (er hat nur den Wechsel akzeptiert). Die Zahlung erfolgt nach Einlösung des Wechsels am Ende der Laufzeit und ob er dann tatsächlich zahlt, ist offen.

Risiken für den Exporteur (Maschinenbau AG):

▶ Abnahmerisiko: Der Importeur nimmt die Dokumente nicht auf und leistet keine Zahlung bzw. kein Akzept.

▶ wirtschaftliches Risiko: Der Importeur ist zahlungsunfähig oder zahlungsunwillig.

▶ politisches Risiko: Es handelt sich um Risiken, die – vor allem nach Versendung der Ware – im Importland liegen. Hierzu gehören Zahlungsausfall oder Verlust der Ware infolge Krieg, kriegerischen Handlungen, Revolution oder Zahlungsverbot seitens der ausländischen Regierung oder Zentralbank.

Grundlage für die Abwicklung von Dokumenteninkassi bilden die von der Internationalen Handelskammer (ICC) erarbeiteten „Einheitlichen Richtlinien für Inkassi (ERI)". Diese sind von den Banken in den meisten Ländern der Erde angenommen.

c) **Clean-Payment**

Zahlung gegen offene Rechnung; findet nur Anwendung, wenn zwischen den Vertragspartnern langjährige Geschäftsbeziehungen bestehen und die Bonität des Importeurs zweifelsfrei ist. Das Risiko für den Exporteur ist hier am höchsten, da der Importeur ohne die Stellung von Sicherheiten erst nach erhalt der Ware bezahlt. Schon allein aufgrund des Auftragswertes von 12.000.000 € dürfte diese Zahlungsform als Zahlungsbedingung ausscheiden.

d) **Dokumentenakkreditiv** (lettter of credit; L/C)

Es handelt sich um die vertragliche Verpflichtung (abstraktes Schuldversprechen) eines Kreditinstituts, im Auftrag, für Rechnung und Weisung eines Kunden gegen Übergabe der im Akkreditiv festgelegten Dokumente eine bestimmte Geldzahlung oder eine andere finanzielle Leistung (z. B. Akzeptierung von Wechseln) zu erbringen.

Im vorliegenden Fall heißt das, dass der Importeur seiner Bank die Anweisung erteilt, die Zahlung des Kaufpreises, bei Vorlage vorher festgelegter Dokumente, an den Exporteur (Maschinenbau AG) vorzunehmen. Der Exporteur erhält damit die Gewissheit, dass er nach Lieferung der Ware und nach Vorlage ordnungsgemäßer Dokumente den Verkaufspreis erhält. Neben dem Zahlungsversprechen des Importeurs besteht daneben auch noch das Zahlungsversprechen der Bank des Importeurs. Für die Maschinenbau AG ist das Dokumentenakkreditiv eine sehr sichere Zahlungsform und kommt damit für die Zahlung des Kaufpreises (oder eines Teils davon) in Frage.

Für die Abwicklung der Zahlung mittels Akkreditiv gibt es keine gesetzliche Regelungen. Ähnlich wie beim Dokumenteninkasso (siehe oben), hat die Internationale Handelskammer (ICC) in Paris Grundlagen für die Abwicklung von Dokumentenakkreditiven veröffentlicht („Einheitliche Richtlinien und Gebräuche für Dokumentenakkreditive, ERA). Diese werden bei Akkreditivgeschäften zugrunde gelegt.

e) **Dokumente**

Von besonderer Bedeutung sind die Traditionspapiere (lat. tradere = übergeben, überliefern), da sie die Ware repräsentieren. Ohne deren Vorlage ist eine Verfügung über die Ware nicht möglich. Einigung und Übergabe des Dokuments führen dazu, dass der Erwerber Eigentümer der Ware wird. Traditionspapiere sind Konnossement, Ladeschein und Orderlagerschein.

▶ **Konnossement** (Bill of Lading, B/L): Transportdokument des Seefrachtverkehrs; beinhaltet neben dem Anspruch auf Beförderung auch einen selbstständigen schuldrechtlichen Anspruch auf Auslieferung der Ware im Bestimmungshafen. Das Konnossement eignet sich als **Inkasso- und Akkreditivpapier**, da es den Auslieferungsanspruch im Bestimmungshafen verkörpert. Darüber hinaus kann es als **Kreditsicherheit** dienen, weil damit schwimmende Ware sicherungsübereignet oder verpfändet werden kann.

▶ **Ladeschein** (Fluss-Konnossement): Ist das Transportdokument der Binnenschifffahrt; es gilt im Wesentlichen das Gleiche wie für das See-Konnossement.

▶ **Orderlagerschein:** Wird von staatlich konzessionierten Lagerhaltern (Lagerhausgesellschaften) ausgestellt. Die eingelagerte Ware wird nur gegen Vorlage des Lagerscheins ausgeliefert. Die Weitergabe erfolgt wie beim Konnossement, dem Ladeschein und anderen Namenspapieren (z. B. Wechsel) durch Indossament (Übertragungsvermerk).

LÖSUNG

Lösung zu Fall 50   10 Punkte

a) **Geldwäsche**

Unter Geldwäsche versteht man, illegal erworbenes Geld (z. B. durch Drogenhandel, Schutzgelderpressung, Waffenhandel) in den legalen Wirtschaftskreislauf einzuschleusen.

b) **Zweck der Geldwäsche**

Durch die Geldwäsche soll die Herkunft des illegal erworbenen Geldes verschleiert werden, um den Zugriff von Strafverfolgungsbehörden und Finanzbehörden zu verhindern.

c) **Bekämpfung der Geldwäsche**

Gesetzlich geregelt ist die Bekämpfung der Geldwäsche im „Gesetz über die Aufspürung von Gewinnen aus schweren Straftaten (Geldwäschegesetz). Wichtige Pfeiler des Gesetzes sind

▶ Know-Your-Customer-Prinzip,

▶ Überwachung von Konten und Transaktionen,

▶ Meldepflicht.

Know-Your-Customer-Prinzip

Banken, Versicherungen und Sonstige im Geldgeschäft Tätige sind verpflichtet, die Identität von Kunden vor Aufnahme von Geschäftsbeziehungen festzustellen und sich über den Grund der Aufnahme von Geschäftsbeziehungen zu informieren (Legitimationsprüfung). Anonyme finanzielle Transaktionen sollen dadurch verhindert werden.

Überwachung von Konten und Transaktionen

Banken und andere Finanzdienstleister sind verpflichtet, Konten und finanzielle Transaktionen jeglicher Art auf Verdacht von Geldwäsche zu überwachen. Hierzu ist ein Geldwäschebeauftragter einzusetzen.

Meldepflicht

Im Verdachtsfall besteht die Verpflichtung, eine Verdachtsanzeige zu erstatten. Unabhängig davon besteht die Pflicht, ab einem Betrag von 15.000,00 € den Einzahler zu identifizieren und die Transaktion aufzuzeichnen.

LÖSUNG

Lösung zu Fall 51   **20 Punkte**

a) Ausgehend von der Bilanz ist **Liquidität die Eigenschaft von Vermögensteilen, als Zahlungsmittel verwendet oder in Zahlungsmittel umgewandelt zu werden.**

Wird davon ausgegangen, dass Illiquidität ein Insolvenzgrund ist (vgl. §§ 17, 18 InsO), dann ergibt sich die folgende Definition:

Liquidität ist die Fähigkeit eines Unternehmens, seine Verbindlichkeiten fristgerecht und uneingeschränkt erfüllen zu können.

b) Bei der Lösung ist zu beachten, dass die Aktivseite und die Passivseite einer Bilanz zahlenmäßig identisch sind. Demnach entspricht das Gesamtvermögen dem Gesamtkapital.

Lösungsschritt 1: Berechnung des Eigenkapitals (EK)

Die Formel für die Berechnung des Deckungsgrades I lautet

$DI = EK/AV \cdot 100$

Durch Umstellung der Formel ergibt sich:

$EK = (120 \cdot 4.100)/100 = 4.920$ T€

Lösungsschritt 2: Berechnung des Gesamtkapitals (GK)

Die EK-Quote gibt den prozentualen Anteil des EKs am GK an. Daraus ergibt sich:

$GK = 4.920/30 \cdot 100 = 16.400$ T€

Lösungsschritt 3: Berechnung der liquiden Mittel, der kurzfristigen Forderungen, der kurzfristigen Verbindlichkeiten und des Umlaufvermögens

liquide Mittel	= 5 % von 16.400 T€	= 820 T€
kurzfristige Forderungen	= 15 % von 16.400 T€	= 2.460 T€
kurzfristige Verbindlichkeiten	= 18 % von 16.400 T€	= 2.952 T€
Umlaufvermögen	= Gesamtvermögen − Anlagevermögen	
Umlaufvermögen	= 16.400 − 4.100	= 12.300 T€

Lösungsschritt 4: Berechnung der Liquiditätsgrade

Liquidität I   = liquide Mittel/kurzfristige Verbindlichkeiten · 100

Liquidität I   = 820/2.952 · 100 ~ 27,8 %

Liquidität II   = (liquide Mittel + kurzfristige Forderungen)/kurzfr. Verbindlichkeiten · 100

Liquidität II   = (820 + 2.460)/2.952 · 100 ~ 111,1 %

Liquidität III   = Umlaufvermögen/kurzfristige Verbindlichkeiten · 100

Liquidität III   = 12.300/2.952 · 100 ~ 416,7 %

c)   Der Aussagewert der Kennzahlen ist aus folgenden Gründen eingeschränkt:

1.) Die Fälligkeitszeitpunkte der kurzfristigen Forderungen und Verbindlichkeiten gehen aus der Bilanz nicht hervor;

2.) Die Bilanz gibt keine Auskunft über das konkrete Ausfallrisiko, das mit den kurzfristigen Forderungen verbunden ist;

3.) Die in der Bilanz ausgewiesenen kurzfristigen Forderungen und Verbindlichkeiten beinhalten nicht alle zu leistenden Ein- und Auszahlungen;

4.) Eine Unterbewertung von Positionen des Umlaufvermögens führt zu schlechteren Liquiditätskennzahlen;

5.) Inwieweit Vermögenspositionen mit fremden Rechten belegt sind, ist aus der Bilanz nicht zu ersehen (Eigentumsvorbehalt, Sicherheitsübereignung, Verpfändung, Abtretung);

6.) Die Möglichkeiten des Betriebes zur Beschaffung oder Verlängerung kurzfristiger Kredite sind nicht erkennbar.

Lösung zu Fall 52   15 Punkte

a) Berichtsjahr: 3.000 T€

Vorjahr: 2.500 T€

Erhöhung in T€ = 3.000 − 2.500 = **500 T€**

Erhöhung in % = 100/2.500 · 500 = **20 %**

b) Die Selbstfinanzierung hat u. a. die folgenden Vorteile:

► Beschaffung der finanziellen Mittel verursacht keine Finanzierungskosten, wie Gebühren, Zinsen u. Ä.,

► keine Liquiditätsbelastung durch Zins- und Tilgungszahlungen,

► Sicherheiten müssen nicht gestellt werden,

► Unternehmen ist bei der Verwendung der finanziellen Mittel nicht an Vorgaben der Kreditgeber gebunden,

► Kreditfähigkeit wird durch die Erhöhung des Eigenkapitals verbessert,

► Zinsgewinne sind durch Steuerverschiebungen möglich,

► Herrschaftsverhältnisse ändern sich nicht.

c) Stille Selbstfinanzierung wird ermöglicht durch

► Unterbewertung von Vermögensteilen (Aktiva), z. B.

   − durch überhöhte Abschreibungen,

   − durch das Niederstwertprinzip,

► Überbewertung von Schulden (Passiva), z. B.

   − durch den Ansatz überhöhter Rückstellungen.

d) Stille Selbstfinanzierung kann sich in der vorliegenden Bilanz in folgenden Positionen befinden:

► Anlagevermögen,

► Vorräte,

► Rückstellungen.

Lösung zu Fall 53   20 Punkte

a) Bei der offenen Selbstfinanzierung wird der erwirtschaftete Gewinn in der Bilanz ausgewiesen und versteuert. Er verbleibt somit vollständig oder teilweise in der Unternehmung (Gewinnthesaurierung oder kurz: Thesaurierung). Der Gegenwert des einbehaltenen Gewinns findet sich auf der Aktivseite der Bilanz in unterschiedlichsten Posten. Die Möglichkeiten der

Thesaurierung sind bei den verschiedenen Unternehmungsformen (Einzelunternehmung, OHG, KG KGaA, GmbH, AG) unterschiedlich.

b) Die Möglichkeiten der Selbstfinanzierung sind bei der **Aktiengesellschaft** am besten. Sie kann offene Selbstfinanzierung durch die Bildung von Gewinnrücklagen betreiben, wobei unterschieden wird zwischen

1. Gesetzlichen Rücklagen,

2. Rücklagen für eigene Anteile,

3. Satzungsmäßige Rücklagen,

4. Andere Gewinnrücklagen.

(vgl. § 266 HGB)

Rücklagen:

Im Gegensatz zur Kapitalrücklage, die der AG von außen zugeführt wird (z. B. Agio bei der Ausgabe von Anteilen), werden Gewinnrücklagen aus dem Jahresüberschuss gebildet.

Nach § 150 AktG muss jede AG gesetzliche Rücklagen bilden. In diese gesetzliche Rücklage sind 5 % des Jahresüberschusses, der um einen Verlustvortrag des Vorjahres zu mindern ist, einzustellen. Diese Einstellung hat solange zu erfolgen, bis die Kapitalrücklage und die gesetzliche Rücklage zusammen 10 % des Grundkapitals erreichen, es sei denn, in der Satzung ist ein höherer Betrag vorgesehen.

Liegt der Betrag über 10 % des Grundkapitals (oder dem satzungsmäßig höheren Teil), dann darf er nach § 150 Abs. 4 AktG wie folgt verwendet werden:

1. zum Ausgleich eines Jahresfehlbetrages, soweit er nicht durch einen Gewinnvortrag aus dem Vorjahr gedeckt ist;

2. zum Ausgleich eines Verlustvortrags aus dem Vorjahr, soweit er nicht durch einen Jahresüberschuss gedeckt ist;

3. zur Kapitalerhöhung aus Gesellschaftsmitteln.

Für den Fall, dass der Betrag nicht über 10 % des Grundkapitals oder dem satzungsmäßig höheren Teil liegt, wird auf § 150 Abs. 3 AktG verwiesen.

LÖSUNG

Lösung zu Fall 54   **15 Punkte**

Ausgangsdaten:

Jahresüberschuss	20.000.000,00
Verlustvortrag	8.000.000,00
Gewinnvortrag	0,00
Grundkapital	60.000.000,00
gesetzliche Rücklage	1.000.000,00

Kapitalrücklage	3.000.000,00
andere Gewinnrücklagen	500.000,00

1. Gesetzliche Rücklage (§ 150 AktG)

§ 150 AktG: „Jahresüberschuss ist um Verlustvortrag des Vorjahres zu mindern"

Jahresüberschuss	20.000.000,00
- Verlustvortrag	8.000.000,00
Restbetrag	12.000.000,00

§ 150 AktG: „5 % des Jahresüberschusses bis 10 % des Grundkapitals erreicht sind"

10 % des Grundkapitals =	6.000.000,00
bisher gebildete gesetzliche Rücklage	1.000.000,00
Kapitalrücklage	3.000.000,00
Rücklagen	4.000.000,00

10 % des Grundkapitals sind noch nicht erreicht!

Es sind demnach noch einzustellen:

5 % von 12.000,00 € =	**600.000,00**	gesetzliche Rückl.

2. Andere Gewinnrücklagen (§ 58 Abs. 2 AktG)

„Vorstand kann maximal 50 % einstellen"

Jahresüberschuss	20.000.000,00
- gesetzliche Rücklage	600.000,00
- Verlustvortrag	8.000.000,00
Restbetrag	11.400.000,00
davon 50 % =	**5.700.000,00** and. Gewinnrücklage

3. Bilanzgewinn

Jahresüberschuss	20.000.000,00
- gesetzliche Rücklage	600.000,00
- andere Gewinnrücklage	5.700.000,00
+ Gewinnvortrag	0,00
= **Bilanzgewinn**	**13.700.000,00**

4. Gebildete offene Selbstfinanzierung   600.000 + 5.700.000 = **6.300.000 €**

Lösung zu Fall 55   15 Punkte

a) Alle Berechnungen 1 bis 4 beziehen sich auf die Maschine A

1. **Berechnung der Anschaffungsauszahlung:**

50 % des Kaufpreises in t_0 + Montage usw. in t_0 50 % des Kaufpreises abgezinst auf t_0

$A_0 = 160.000 + 10.000 + 160.000 \cdot AbF(t_1)$

$AbF = 1/q^n$

$AbF = 1/(1 + i)^1$

$AbF = 1/1,1^1$

$AbF = 0,90909091$

$A_0 = 160.000 + 10.000 + 160.000 \cdot 0,90909091$

$A_0 = 160.000 + 10.000 + 145.454,55$

$A_0 = 315.454,55 \, €$

2. **Berechnung der Barwerte:**

Einnahmeüberschüsse auf t_0 abzinsen mit dem Diskontierungssummenfaktor (DSF)

$DSF = ((1 + i)^n - 1) \, / \, i(1+i)^n$

$i = p/100 = 10/100 = 0,1$

$n = 8$

$DSF = ((1 + 0,1)^8 - 1) \, / \, (0,1(1 + 0,1)^8$

$DSF = 5,334926$

Barwert $= 150.000 \cdot 5,334926 = 800.238,90 \, €$

Barwert Liquidationserlös (Schrottwert)	$= 30.000 \cdot AbF(t_8)$
	$= 30.000 \cdot 1/(1+i)^8$
	$= 30.000 \cdot 0,466507$
	$= 13.995,21 \, €$

Summe der Barwerte $= 800.238,90 + 13.995,21 = 814.234,11 \, €$

3. **Berechnung des Kapitalwertes (C_0):**

Barwerte:	814.234,11
- A_0	315.454,55
C_0	**498.779,56**

4. **Berechnung der Annuität:**

Annuität = $C_0 \cdot$ Kapitalwiedergewinnungsfaktor (KWF)

KWF = $(i(1 + i)^n) / ((1 + i)^n - 1)$

$i = 0,1$

$n = 8$

KWF = 0,187444

Annuität = 498.779,56 $\cdot$ 0,18744

Annuität = 93.491,24 €

b) Beide Investitionsalternativen sind vorteilhaft, da ihre Annuitäten positiv sind.

c) Das Unternehmen sollte sich für Maschine A entscheiden, da deren Annuität wesentlich höher ist, als die von Maschine B.

d) Da sich die Annuität durch Multiplikation von C_0 mit dem KWF ergibt, muss die Annuität durch den KWF geteilt werden, um C_0 zu erhalten (siehe oben 4.):

    C_{0B} = 25.000 / 0,18744 = **133.376,01 €**

e) Je höher der Kalkulationszinsfuß, desto niedriger (ggf. negativ) werden die Kapitalwerte und damit auch die Annuitäten. Dadurch können durchaus lohnende Investitionen unterbleiben.

LÖSUNG

Lösung zu Fall 56   20 Punkte

a) **Wahl des finanzmathematischen Faktors:**

Es können sowohl der Aufzinsungsfaktor als auch der Abzinsungsfaktor gewählt werden. Wird der Aufzinsungsfaktor gewählt, dann ist der Überschuss durch den Faktor zu teilen: 100.000 : 1,12 = 982.142,86

Wird mit dem Abzinsungsfaktor gerechnet, dann ist der Überschuss mit dem Faktor zu multiplizieren: 100.000 $\cdot$ 0,892857143 = 982.142,86

Best Case: Auszahlungssteigerung um jährlich 5 %:

Jahr	Einzahlungen (€)	Auszahlungen (€)	Überschuss (€)	Abzinsungs- faktor	Barwerte (€)
1	3.000.000,00	1.900.000,00	1.100.000,00	0,892857	982.142,70
2	3.000.000,00	1.995.000,00	1.005.000,00	0,797194	801.179,97
3	3.000.000,00	2.094.750,00	905.250,00	0,711780	644.338,85
4	3.000.000,00	2.199.487,50	800.512,50	0,635518	508.740,10
5	3.000.000,00	2.309.461,88	690.538,13	0,567427	391.829,98
5	-	10.000,00	-10.000,00	0,567427	-5.674,27

Summe der Barwerte:				3.322.557,32
- Anschaffungsauszahlungen	Maschinen (3 · 450.000)			1.350.000,00
	Fracht usw.			25.000,00
Kapitalwert C₀				**1.947.557,32**

Ergebnis: Der Kapitalwert ist positiv. Die Investitionsmaßnahme ist durchzuführen.

Worst Case: Auszahlungssteigerung um jährlich 20 %:

Jahr	Einzahlungen (€)	Auszahlungen (€)	Überschuss (€)	Abzinsungs-faktor	Barwerte (€)
1	3.000.000,00	1.900.000,00	1.100.000,00	0,892857	982.142,70
2	3.000.000,00	2.280.000,00	720.000,00	0,797194	573.979,68
3	3.000.000,00	2.736.000,00	264.000,00	0,711780	187.909,92
4	3.000.000,00	3.283.200,00	-283.200,00	0,635518	-179.978,70
5	3.000.000,00	3.939.840,00	-939.840,00	0,567427	-533.290,59
5	-	10.000,00	-10.000,00	0,567427	-5.674,27
Summe der Barwerte:					1.025.088,74
- Anschaffungsauszahlungen		Maschinen (3 · 450.000)			1.350.000,00
		Fracht usw.			25.000,00
Kapitalwert C₀					**-349.911,26**

Ergebnis: Der Kapitalwert ist negativ. Die Investition ist nicht durchzuführen.

b) Die Mindestverzinsung (Kalkulationszinsfuß 12 %) sollte gesenkt werden. Ein geringerer Kalkulationszinsfuß führt zu einer Erhöhung der Barwerte. Um herauszufinden, welche tatsächliche Verzinsung erreicht wird, müsste die interne Zinsfußmethode angewandt werden (siehe Lösung zu Fall 23).

c) **Kritik hinsichtlich der Einzahlungen:**

Diese können geringer als angenommen sein, z. B. durch

▶ Anlaufschwierigkeiten der Maschinen, der Produkteinführung usw.,

▶ Produktionsausfälle,

▶ Marktveränderungen.

Kritik hinsichtlich der Auszahlungen:

Diese können höher als angenommen sein, z. B. durch

▶ Kostensteigerungen (höhere Löhne usw.),

▶ unerwartete Reparaturkosten,

▶ Umweltauflagen.

Generelle Probleme:

► Der Kalkulationszinsfuß ist am allgemeinen Zinsniveau ausgerichtet. Dieses kann sich jedoch verändern (beispielsweise durch wirtschaftspolitische Maßnahmen).

► Der Planungshorizont ist begrenzt, was die Beurteilung langfristiger Investitionen erschwert bzw. kaum möglich macht.

LÖSUNG

Lösung zu Fall 57 15 Punkte

a) **Wahl des finanzmathematischen Faktors:**

Da bei dieser Aufgabe die Überschüsse gleich hoch sind, ist hier der Diskontierungssummenfaktor (DSF) für 3 Jahre anzuwenden. Der Liquidationserlös (L) von 2.000,00 € ist abzuzinsen (AbF).

Die Überschüsse ergeben sich aus den jährlichen Gesamterlösen (E) reduziert um die jährlichen Kosten (K). Die Gesamterlöse E bekommt man indem die Stückerlöse (e) mit der Menge multipliziert werden. Die Kosten sind die variablen Gesamtkosten und die Fixkosten (K_f). Die variablen Gesamtkosten erhält man durch Multiplikation der variablen Stückkosten (k_v) mit der Menge.

Wird die Absatzmenge mit x bezeichnet, dann ergibt sich für C_0:

$$C_0 = ((e \cdot x - k_v \cdot x - K_f) \cdot DSF + L \cdot AbF) - A_0$$

Somit ist C_0:

$$C_0 = ((10 \cdot 10.000 - 5 \cdot 10.000 - 20.000) \cdot 2,486852 + 2.000 \cdot 0,751315) - 50.000$$

$$C_0 = 26.108,19 \, €$$

Ergebnis: Der Kapitalwert ist positiv und die Investition damit lohnend.

b) Der Stückdeckungsbeitrag ist e − a, also 10 − 5 = 5; reduziert um 10 % = 4,50 €.

Der Kapitalwert ist dann:

$$C_0 = ((4,5 \cdot 10.000 - 20.000) \cdot 2,486852 + 2.000 \cdot 0,751315) - 50.000$$

$$C_0 = 13.673,93 \, €$$

Die Reduzierung ist dann:

$$C_0 = 26.108,19 - 13.673,93 = 12.434,26 \, €$$

Ergebnis: Bei einer Verminderung des Stückdeckungsbeitrags um 10 % reduziert sich der Kapitalwert um 12.434,26 € oder 47,63 %.

Lösung zu Fall 58   15 Punkte

a) **Berechnung des Cashflow:**

Jahresüberschuss	590 T€
+ Abschreibungen	60 T€
+ Erhöhung der langfr. Rückstellungen	0 T€
- Verminderung der langfr. Rückstellungen	50 T€
Cashflow	600 T€

Ergebnis. Der Cashflow reicht zur Finanzierung der Investitionen nicht aus. Das Unternehmen hat einen Finanzierungsbedarf von 1.000 − 600 = 400 T€

b) Wie festgestellt hat das Unternehmen einen Finanzierungsbedarf von 400 T€. Da das Disagio von der Kreditsumme abgezogen wird, muss der Kredit höher sein als 400 T€ nämlich: 400.000 € = 97 %, Kreditsumme = 100 % = 412.371,13 €

Ergebnis: Das Bankdarlehen muss über 412.371,13 € lauten.

c) Eigenkapitalquote = EK : Gesamtkapital · 100 = 3.000 : 15.000 · 100 = 20 %

Verschuldungsgrad = FK : EK · 100 = 11.000 : 3.000 · 100 ~ 366,67 %

d) Durch die teilweise Fremdfinanzierung der Investition steigt das Fremdkapital um 400 T€, während das Eigenkapital unverändert bleibt. Dadurch würde der Verschuldungsgrad steigen und die Eigenkapitalquote sinken. (Das Disagio wird auf der Aktivseite ausgewiesen vgl. § 250 Abs. 3 HGB).

e) EK-Rentabilität

r_{EK} = JÜ : EK · 100 = 590 : 3.000 · 100 ~ 19,67 %

Gesamtkapitalrentabilität

r_{GK} = (Jahresüberschuss + Fremdkapitalzinsen) : Gesamtkapital · 100

r_{GK} =(590 + 80) : 15.000 · 100 ~ 4,47 %

f) Durch die Aufnahme weiteren Fremdkapitals würde die Eigenkapitalrentabilität sinken, da die Gesamtkapitalrentabilität niedriger ist als die Fremdkapitalzinsen (negativer Leverage-Effekt)

g) Durch das Disagio ist der Auszahlungsbetrag niedriger als der Rückzahlungsbetrag. Die Effektivverzinsung ist deshalb höher als der Nominalzinssatz.

h) Die Wertpapiere könnten als Effektenlombard genutzt werden. Die Wertpapiere werden dabei an die Bank verpfändet.

LÖSUNG

Lösung zu Fall 59   10 Punkte

a) **Wechsel:**

Ein Wechsel ist eine Urkunde, in dem sich der Bezogene verpflichtet, an den Aussteller oder einen Dritten zu einem bestimmten Zeitpunkt (Verfalltag) an einem bestimmten Ort eine im Wechsel aufgeführte Geldsumme zu bezahlen.

Der Wechsel ist ein Orderpapier (Namenspapier), d. h. der im Wechsel Begünstigte hat die Rechte aus dem Papier. Orderpapiere werden übertragen durch Einigung, Übergabe und Indossament (Übertragungsvermerk).

Die am Wechselgeschäft Beteiligten sind:

► Aussteller,

► Bezogener,

► Wechselnehmer (Remittent).

Der Aussteller ist derjenige, der den Wechsel ausfüllt und an den Bezogenen schickt.

Der Bezogene verpflichtet sich durch seine Unterschrift (quer auf dem Wechselformular), die im Wechsel aufgeführten Bedingungen zu erfüllen, vor allem am Verfalltag die Wechselsumme zu bezahlen. Er hat durch die Unterschrift den Wechsel akzeptiert. Der vom Bezogenen noch nicht unterschriebene Wechsel heißt Tratte. Der unterschriebene Wechsel heißt Akzept.

Soll die im Wechsel genannte Geldsumme nicht an den Aussteller, sondern an einen Dritten bezahlt werden, dann ist dieser der Wechselnehmer.

b) **Akzeptkredit:**

Beim Akzeptkredit wird ein Wechsel durch eine Bank akzeptiert. Dadurch wird der Wechsel besonders sicher, da sich durch das Akzept die Bank verpflichtet, den Wechsel einzulösen. Es handelt sich um einen Kredit, weil der Bankkunde die Wechselsumme erst einen Tag vor Fälligkeit des Wechsels bereitstellen muss. Er erhält somit einen Kredit in Höhe der Laufzeit des Wechsels.

Der Akzeptkredit spielt beim Rembourskredit eine wesentliche Rolle (siehe Fall 60).

LÖSUNG

Lösung zu Fall 60   15 Punkte

Rembourskredit:

Der Rembourskredit ist besonders geeignet, um bei Import- und Exportgeschäften den Kaufpreis zu sichern. Dem Rembourskredit liegt ein Akzeptkredit zu Grunde (vgl. Fall 59). Im Außenhandelsgeschäft ist die Bonität des jeweiligen Geschäftspartners nicht bekannt bzw. schwer einzuschätzen. Wird die Bezahlung mittels Wechsel vereinbart, dann besteht das Risiko, dass der

Wechsel nicht eingelöst wird. Aus diesem Grunde wird z. B. der Exporteur verlangen, dass der Importeur, von einer dem Exporteur bekannten Bank, einen Wechsel akzeptieren lässt. Der Exporteur bekommt den Wechsel ausgehändigt, nachdem der Bank die vereinbarten Dokumente vorgelegt wurden. Der Exporteur erhält sein Geld, indem er den Wechsel diskontiert.

Beim Rembourskredit wird in der Praxis häufig ein Dokumentenakkreditiv mit dem Akzeptkredit gekoppelt. Der Exporteur verlangt vom Importeur, dass zu seinen Gunsten ein Akkreditiv eröffnet wird. Statt sofortiger Zahlung bei Vorlage der Dokumente erfolgt die Aushändigung des Akzepts an den Exporteur.

Die Vorteile bestehen darin, dass der Exporteur schnell an sein Geld kommt und der Importeuer ein Zahlungsziel, in Höhe der Laufzeit des Wechsels, erhält.

Negoziationskredit:

Beim Negoziationskredit werden Exportgeschäfte gegen die Einreichung von Dokumenten in der Form bevorschusst, dass von Dokumenten begleitete Tratten (dokumentäre Tratten) von einer Bank angekauft werden.

Die Bank des Importeurs erteilt der Bank des Exporteurs den Auftrag, die auf die Bank des Importeurs gezogene und von Dokumenten begleitete Tratten anzukaufen oder zu bevorschussen, d. h. dies erfolgt bevor der Wechsel vom Importeur, oder seiner Bank, akzeptiert wurde.

Der Vorteil für den Exporteur besteht darin, dass er bereits bei Vorlage der Versanddokumente über den Gegenwert verfügen kann.

Forfaitierung:

Hierbei handelt es sich um den Ankauf einzelner Forderungen unter Verzicht auf einen Rückgriff gegen den Verkäufer bei Zahlungsausfall (echte Forfaitierung). Ist ein Rückgriff nicht ausgeschlossen, dann ist es eine unechte Forfaitierung. Rechtlich liegt ein Kaufvertrag zwischen dem Exporteur (Forfaitist) und einer Bank (Forfaiteur) vor.

LÖSUNG

Lösung zu Fall 61   **10 Punkte**

Der Zusammenbruch der US-amerikanischen Großbank Lehman Brothers war der Höhepunkt der sich ab 2007 abzeichnenden Banken- und Finanzkrise. Die Krise führte dazu, dass mehrere Staaten große Finanzdienstleister durch immense staatliche Kapitalspritzen zu retten versuchten.

Als Konsequenz beschlossen die wirtschaftlich stärksten Staaten die Banken zu verpflichten, für die durch sie eingegangen Risiken selbst Vorsorge zu tragen.

Der Baseler Ausschuss der Bank für Internationalen Zahlungsausgleich (BIZ) hat deshalb im Jahr 2010 strengere Regeln für das Eigenkapital der Banken aufgestellt. Aufbauend auf Basel II (siehe Fall 40) wird das beschlossene Reformpaket als Basel III bezeichnet.

Die Maßnahmen zur Stabilisierung des Bankensektors setzen vor allem bei der Eigenkapitalbasis und den Liquiditätsvorschriften an.

Beim **Eigenkapital** ist die Stärkung des Kernkapitals gefordert. Es besteht bei Aktiengesellschaften hauptsächlich aus dem einbezahlten Gesellschaftskapital und den Gewinnrücklagen.

Liquiditätsanforderungen: Die Finanzkrise zeigte, dass die Liquidität der Banken unzureichend war, was zu einer Destabilisierung des Bankensektors und der Finanzmärkte führte. Deshalb beinhaltet Basel III grundlegende Regelungen für das Liquiditätsmanagement und die Liquiditätsüberwachung.

LÖSUNG

Lösung zu Fall 62 — **15 Punkte**

Derivate sind vereinfacht gesprochen Termingeschäfte. Diese werden an Terminbörsen oder außerbörslich (OTC[1]- Handel) gehandelt. Am bedeutsamsten sind in der Praxis Optionen und Futures (siehe Fall 63).

Bei den **Off-Balancesheet[2]-Geschäften** handelt es sich um Finanzierungsinstrumente, die bilanzneutral sind, d. h. sie tauchen nicht in der Bilanz auf und verändern deshalb auch die Bilanz und deren Struktur nicht.

Das **Forward Rate Agreement** (FRA) ist ein außerbörsliches Zinstermingeschäft mit dem Ziel, einen Zinssatz für eine in der Zukunft liegende Mittelaufnahme oder -anlage zu sichern. Dazu wird für die zukünftige Aufnahme oder Anlage finanzieller Mittel ein bestimmter Zinssatz (Forward Rate) vereinbart. Vertragsparteien sind Käufer des FRA (z. B. ein Industriebetrieb) und Verkäufer des FRA (z. B. eine Bank).

Ist zum Zeitpunkt der Finanzmittelaufnahme oder -anlage der aktuelle Geldmarktzinssatz (Referenzzinssatz) über die Forward Rate gestiegen, so muss der Verkäufer des FRA eine Ausgleichszahlung an den Käufer des FRA leisten. Umgekehrt erhält der Verkäufer des FRA vom Käufer des FRA eine Ausgleichszahlung, wenn der Referenzzinssatz unter die Forward Rate gesunken ist. Mit der Ausgleichszahlung des FRA sichert sich der Käufer (Kreditnehmer) gegen steigende Zinsen ab. Der Verkäufer (Kreditgeber) hingegen ist gegen sinkende Zinsen abgesichert.

[1] OTC-Handel: Finanztransaktionen, die nicht über die Börse abgewickelt werden; OTC (engl.): Over The Counter = über den Verkaufstresen.

[2] Balancesheet (engl.) = Bilanz.

Hinweis: Siehe auch Fall 46.

LÖSUNG

Lösung zu Fall 63   10 Punkte

Ein Future ist ein börsengehandelter Kontrakt eines verbindlichen Termingeschäfts. Die nicht an der Börse gehandelte Form wird als Forward bezeichnet.

Wesentliche Punkte im Kontrakt sind:

► genau bestimmter Vertragsgegenstand (Basiswert),

► Menge und Qualität des Basiswerts,

► Kaufpreis,

► fester zukünftiger Erfüllungszeitpunkt.

Je nach Art des Vertragsgegenstandes werden unterschieden

► Terminkontrakte auf Waren (Commodity Futures) und

► Terminkontrakte auf Wertpapiere oder Währungen (Financial Futures).

Der Käufer des Kontrakts verpflichtet sich eine bestimme Menge und Qualität des Basiswerts zum festgelegten Preis und zu einem in der Zukunft liegenden Zeitpunkt zu kaufen. Umgekehrt besteht die Pflicht des Verkäufers darin, den Basiswert – nach den gleichen Kriterien – zu verkaufen.

LÖSUNG

Lösung zu Fall 64   25 Punkte

a) Lösungsweg:

   ► Berechnung der Einzahlungen aus Umsatzerlösen pro Monat,

   ► Berechnung der Einzahlungen insgesamt (Umsatzerlöse + sonstige Einzahlungen pro Monat),

   ► Berechnung der Summe der Auszahlungen pro Monat,

   ► Berechnung von Überschuss/Fehlbetrag pro Monat,

   ► Übernahme von Überschuss/Fehlbetrag in den nächsten Monat.

   <u>Berechnung der Einzahlungen aus Umsatzerlösen:</u>

   Einzahlungen im Juli:

   600.150,00 € aus Monat Mai (75 % von 800.200,00 €)

   Einzahlungen im August:
   690.000,00 € aus Monat Juni (75 % von 920.000,00 €)

   Einzahlungen im September:
   607.500,00 € aus Monat Juli (75 % von 810.000,00 €)

Weitere Umsatzerlöse:

Juli:
25 % von 810.000 € − 2 % Skonto = 202.500 € − 4.050 € = **198.450,00 €**

August:
25 % von 660.000 € − 2 % Skonto = 165.000 € − 3.300 € = **161.700,00 €**

September:
25 % von 940.000 € − 2 % Skonto = 235.000 € − 4.700 € = **230.300,00 €**

Umsatzerlöse insgesamt:

Juli:
600.150 + 198.450 = **798.600,00 €**

August:
690.000 + 161.700 = **851.700,00 €**

September:
607.500 + 230.300 = **837.800,00 €**

Finanzplan 3. Quartal in €			
	Juli	August	September
Übertrag aus Vormonat	270.000,00	282.800,00	253.200,00
geplante Einzahlungen			
Umsatzerlöse	798.600,00	851.700,00	837.800,00
Miete/Pacht	40.200,00	40.200,00	40.200,00
Abgang Vermögensgegenstände	60.000,00	0,00	0,00
Summe der Einzahlungen	**898.800,00**	**891.900,00**	**878.000,00**
geplante Auszahlungen			
Fertigungsmaterial	220.000,00	220.000,00	237.600,00
Personalkosten	410.000,00	430.500,00	430.500,00
Steuern	30.000,00	20.000,00	20.000,00
Auszahlung bebaute Grundstücke	16.000,00	21.000,00	0,00
sonstige Auszahlungen	30.000,00	30.000,00	30.000,00
Auszahlungen für Investitionen	180.000,00	200.000,00	0,00
Summe der Auszahlungen	**886.000,00**	**921.500,00**	**718.100,00**
Überschuss (+)/Fehlbetrag (-)	282.800,00	253.200,00	480.600,00

b) Liquidität 1. Grades = (liquide Mittel · 100)/kurzfristiges Fremdkapital

= (812.500 · 100)/1.250.000 = **65 %**

Die Klammersetzung ist nicht erforderlich. Sie dient der Verdeutlichung.

c) Liquidität 2. Grades (einzugsbedingte Liquidität)

= (liquide Mittel + Forderungen) · 100/kurzfristiges Fremdkapital

Für die Berechnung fehlen somit die Forderungen.

Liquidität 3. Grades (umsatzbedingte Liquidität)

= (Umlaufvermögen · 100)/kurzfristiges Fremdkapital

Für die Berechnung fehlt somit das Umlaufvermögen.

d) Es handelt sich um eine **Stichtagsbetrachtung**. Die Berechnung der Liquiditätsgrade bezieht sich auf den Bilanzstichtag.

Wesentliche Zahlen gehen aus der Bilanz nicht hervor, die jedoch für die Liquidität bedeutsam sein können, wie z. B. Fälligkeiten der Forderungen und Verbindlichkeiten, Kreditzusagen, laufende Ausgaben für Personal, Steuern, Versicherungen etc.

Außerdem ist zu bedenken, dass die Bilanzen in der Praxis häufig erst einige Monate nach dem Abschlussstichtag aufgestellt werden. Auch aus diesem Grunde können Liquiditätsgrade nicht für die Sicherung der Liquidität herangezogen werden.

LÖSUNG

Lösung zu Fall 65   **20 Punkte**

a) Berechnung des Kapitalbedarfs für Anlage- und Umlaufvermögen

<u>1. Kapitalbedarf Anlagevermögen</u>

Es gilt:

	Anschaffungspreis	
-	Anschaffungspreisminderungen	
+	Anschaffungsnebenkosten	
=	Anschaffungskosten	

	Anschaffungspreis		15.000.000 €
-	Anschaffungspreisminderung: 5 % =		750.000 €
+	Anschaffungsnebenkosten		
	Montage	16.000 €	
	Versicherung	7.500 €	
	Fracht	4.000 €	27.500 €
=	Anschaffungskosten		**14.277.500 €**

Ergebnis: Der Kapitalbedarf für das Anlagevermögen beträgt 14.277.500 €.

2. Kapitalbedarf Umlaufvermögen:

Fertigungsmaterial

4 − 30 + 5 + 3 + 20 = 2 Tage · 60.000 = **120.000 €**

Materialgemeinkosten

10 + 4 + 5 + 3 + 20 = 42 Tage · (60.000 · 0,16) = **403.200 €**

Fertigungslöhne

5 + 3 + 20 = 28 Tage · 80.000 = **2.240.000 €**

Fertigungsgemeinkosten

4 + 5 + 3 + 20 = 32 Tage · (80.000 · 1,2) =**3.072.000 €**

Verwaltungs- und Vertriebsgemeinkosten

16 + 4 + 5 + 3 + 20 = 48 Tage

Sie werden von den Herstellungskosten der Produktion berechnet (vgl. Kalkulationsschema für die Zuschlagskalkulation).

	Fertigungsmaterial	
+	Materialgemeinkosten	
=	Materialkosten (I)	
	Fertigungslöhne	
+	Fertigungsgemeinkosten	
=	Fertigungskosten (II)	

I + II = Herstellungskosten der Produktion

	Fertigungsmaterial	60.000 €
+	16 % Materialgemeinkosten	9.600 €
=	Materialkosten (I)	69.600 €
	Fertigungslöhne	80.000 €
+	120 % Fertigungsgemeinkosten	96.000 €
=	Fertigungskosten (II)	176.000 €

I + II = Herstellungskosten der Produktion

= 69.600 + 176.000 = 245.600 €

48 Tage · 245.600 € = **11.788.800 €**

Kapitalbedarf Umlaufvermögen:

=	120.000 € + 403.200 € + 2.240.000 € + 3.072.000 € + 788.800 €
=	**17.624.000 €**

Ergebnis: Der Kapitalbedarf für das Umlaufvermögen beträgt 17.624.000 €.

Gesamtkapitalbedarf:

	Kapitalbedarf Anlagevermögen	1.427.750 €
+	Kapitalbedarf Umlaufvermögen	17.624.000 €
=	**Gesamtkapitalbedarf**	**19.051.700 €**

b) Die finanziellen Mittel über insgesamt 20.000.000 € reichen aus. Der zugesagte Kredit muss nicht voll in Anspruch genommen werden.

STICHWORTVERZEICHNIS

Hier wird auf die Fälle verwiesen.

A

Abbuchungsauftrag   E 14

Ablauforganisation   B 32

Abschreibungsgegenwert   E 2

Abschreibungsquote des Sachanlagevermögens   B 37

Absolutes Net Working Capital   B 36

Abstraktionsprinzip   C 9, C 10, C 11

Abteilung   B 31, B 32

Abweichungsanalyse   D 32, D 33

Abzinsungsfaktor   E 3, E 7

AKA-Kredit   E 46

Akkreditiv   E 16

Akzept   E 59

Allgemeine Geschäftsbedingungen   C 40

Anfechtung   C 7, C 8

Anlagenabnutzungsgrad des Sachanlagevermögens   B 37

Anlagendeckungsgrad   B 34, B 36, B 38, B 42

Anlagenintensität   B 34, B 42

Anleihe   E 5, E 24

Annuitätendarlehen   E 4, E 21

Annuitätenmethode   E 55

Anschaffungskosten   E 38

Äquivalenzziffernkalkulation   D 12, D 13, D 14

Arbeitsintensität   B 34

Arbeitskampf   B 23

Arbeitslosigkeit   B 21

Arbeitsteilung   B 3

Aufbauorganisation   B 31, B 32

Aufrechnung   C 15, C 16

Aufsichtsrat   B 24

Auftrag   C 5

Aufzinsungsfaktor   E 7

Auslandszahlungsverkehr   E 49

Außenbeitrag   B 6

Avalkredit   E 32

B

Barscheck   E 14

Barwertfaktor   E 7

Basel II   B 43, E 40

Basel III   E 61

Bedarf   B 1

Bedürfnisse   B 1

Beschäftigungsabweichung   D 26, D 32, D 33

Beschäftigungsgrad   D 6, D 30

Beteiligungsfinanzierung   E 45

Betriebsabrechnungsbogen   D 5, D 40

Betriebsergebnis   B 37, B 38

Betriebsoptimum   D 24

Bewegungsbilanz   B 35, B 37

Bezugspreis   D 18

Bezugsrecht   E 43

Bilanzregel, goldene   E 42

Break-Even-Menge   D 20

Bruttoinlandsprodukt   B 7, B 8, B 9

Bruttonationaleinkommen   B 6, B 7, B 9

Budget   E 15

Budgetierung   E 15

Bürgschaft   C 36

C

Caps   E 35

Cashflow   B 35, B 37, B 39, B 42, E 30

Clean Payment   E 49

Collar   E 37

D

Darlehen   E 4, E 8, E 13, E 19, E 21

Dauerauftrag   E 14

Debitorenumschlag   B 37

Debitorenziel   B 37, B 42

Deckungsbeitrag   D 19, D 21

Deckungsbeitragsrechnung   D 23, D 25

Deflation   B 16

Derivate   E 62

Deutsche Bundesbank   B 15

Devisenoptionsgeschäft   E 46

Devisentermingeschäft   E 46

Dienstvertrag   C 32

Diskontierungssummenfaktor   E 25

Disposition   B 32

Divisionskalkulation   D 10, D 11, D 14

Dokumentenakkreditiv   E 49

Dokumenteninkasso   E 49

Dynamischer Verschuldungsgrad   B 37

E

Effektivzinssatz   E 13

Eigenfertigung   D 22

Eigenkapitalquote   B 34, B 37, B 42, E 42

Eigenkapitalrentabilität   B 34, B 37, B 38, E 42

Eigenkapitalrichtlinie   B 43, B 45

Eigentumsvorbehalt   C 38, C 39

Einstandspreis   D 18

Einzahlungsüberschüsse   E 27

Einzelkosten   D 9

Einzugsermächtigung   E 14

Ergebnis der gewöhnlichen Geschäftstätigkeit   B 38

Ergebnistabelle   D 1

Ersatzinvestition   E 41

Erwerbslosenquote   B 21

Erwerbsquote   B 21

EURIBOR   E 37

Europäische Union   B 26

Europäische Zentralbank   B 15, B 27

F

Factoring   C 20, E 1, E 6

Fazilitäten   B 15

Festdarlehen   E 13

Finanzierungsarten   E 42

Finanzierungsentscheidung   E 25

Finanzierungsregeln   E 28

Finanzplan   E 39, E 64

Fiskalpolitik   B 22

Fixe Gemeinkosten   D 19

Floor   E 37

Forfaitierung   E 60

Forward Rate Agreement   E 62

Freie Marktwirtschaft   B 4

Fremdbezug   D 22

Fremdkapitalquote   B 36

Futures   E 63

G

Geld   B 14

Geldpolitik   B 15

Geldwäschegesetz   E 50

Gemeinkosten   D 9

Gesamtabweichung   D 26, D 32, D 33

Gesamtkapitalrentabilität   B 34, E 42

Geschäftsfähigkeit   C 1, C 2

Geschäftsführer   C 43

Geschäftsführung   B 30

Geschäftsführung ohne Auftrag   C 35

Gesellschaft, stille   E 45

Gewinnanteil   B 30

Gewinnmaximale Ausbringungsmenge   D 24

Gewinnvergleichsmethode   E 9

Gewinnvergleichsrechnung   E 5

Gewinnverwendungsbeschluss   E 8

Globalzession   E 14, E 43

Grenzplankostenrechnung   D 29

Grundpfandrechte   E 29, E 33

Grundschuld   E 29, E 33

Guter Glaube   C 39

H

Haftung   B 30

Handelskalkulation   D 18

Handelsregister   C 5, C 42, C 44

Handlungsvollmacht   C 4

Harmonisierter Verbraucherpreisindex   B 17

Hauptversammlung   E 26

Hypothek   E 29, E 33

I

Immobilienfonds   E 11

Improvisation   B 32

INCOTERMS   E 49

Inflation   B 16

Inhaberaktie   E 26

Inhaberscheck   E 14, E 34

Innenfinanzierung   E 8

Interne Zinsfußmethode   E 23

Investitionsentscheidung   E 3, E 10, E 17, E 22, E 23

Investitionsquote des Sachanlagevermögens   B 37

J

Jahreslaufzeit   D 17

K

Kalkulationszuschlag   D 18

Kalkulatorische Abschreibung   D 2

Kalkulatorische Zinsen   D 3

Kapazitätserweiterungseffekt   E 22

Kapazitätserweiterungsfaktor   E 2

Kapazitätsmultiplikator   E 2

Kapital, bedingtes   E 43

Kapitalbedarfsrechnung   E 18, E 20, E 39, E 65

Kapitalerhöhung   E 26

Kapitalerhöhung aus Gesellschaftsmitteln   E 42

Kapitalerhöhung, ordentliche   E 43

Kapitalflussrechnung   B 39, E 47

Kapitalfreisetzungseffekt   E 22

Kapitalwertmethode   E 9

Kapitalwiedergewinnungsfaktor   E 25

Kartell   B 12

Kaufkraft   B 17

Kaufmännische Bestätigung   C 13, C 14

Kaufvertrag   C 26, C 27, C 28, C 29, C 30, C 31

Kennzahlen   B 34, B 36, B 37, B 38, B 42

Knappheit   B 2

Komparativer Kostenvorteil   B 3

Konjunktur   B 19

Konjunkturzyklus   B 19

Konnossement   E 49

Kontokorrentkredit   E 32, E 33

Konzern   B 12

Kostenanalyse   D 30

Kostenmanagement   D 37

Kostenrechnungsverfahren   D 38, D 39

Kostenremanenz   D 30

Kostenträgerzeitrechnung   D 6

Kostenvergleichsrechnung   E 31

Kritische Menge   E 31

Kundenziel   B 37, B 42

Kündigung   C 6

Kuppelkalkulation   D 15, D 16

Kurssicherung   E 46

Kurzfristige Erfolgsrechnung   D 31

Kurzfristige Preisuntergrenze   D 24

L

Ladeschein   E 49

Leasing   C 31, E 4

Leerkosten   D 32

Leistungsbilanz   B 18

Leverage-Effekt   E 12

Lieferantenkredit   E 6

Liquidität   B 29, E 51

Liquidität 2. Grades   B 34, B 36, B 37, B 38, B 42

Lohmann-Ruchti-Effekt   E 14, E 22

Lohnquote   B 6

Lombardkredit   E 58

M

Magisches Viereck   B 20

Mantelzession   E 14, E 43

Markt und Preis   B 10, B 11

Marktformen   B 10

Marx-Engels-Effekt   E 22

Maschinenstundensatz   D 17

Matrixorganisation   B 31

Mindestpreis   B 11

Mischkosten   D 30

Mitbestimmung   B 24

N

Nachfrage   B 1

Namensaktie   E 26

Negoziationskredit   E 60

Nettoinlandsprodukt   B 8

Nettonationaleinkommen   B 6, B 9

Normalgemeinkosten   D 26

Normalkostenrechnung   D 26

Nutzenschwelle   D 22

Nutzkosten   D 32

O

Off-Balancesheet-Geschäfte   E 62

Offenmarktgeschäfte   B 15

Ökonomisches Prinzip   B 2

Operative Planung   E 14, E 15

Optionsanleihe   E 14, E 26

Orderlagerschein   E 49

Orderscheck   E 14, E 34

Organe der Europäischen Union   B 26

Organigramm   B 31

Organisation   B 31, B 32, B 33

OTC-Handel   E 62

P

Personalaufwandsquote   B 38

Pfandrecht   E 14

Plankosten   D 33

Plankostenrechnung   D 27

Positive Vertragsverletzung   C 21, C 22

POS-System   E 34

POZ-System   E 34

Preisindex   B 17

Preisuntergrenze   D 20

Produktionsfaktoren   B 28

Produktivität   B 29

Prognose   E 14, E 15

Prokura   C 4, C 5

Prozesskostenrechnung   D 34

Prozesskostensatz   D 34

R

Rating   B 44, B 45, E 40

Referenzzinssatz   B 15, E 40

Rembourskredit   E 60

Remittent   E 59

Relatives Net Working Capital   B 36

Rentabilität   B 29

Restwertverteilungsfaktor   E 13

Return On Investment   E 12

Risikostrukturanalyse   E 9

Rohergebnis   B 38

ROI   B 38

Rücklagen   E 42, E 54

S

Sale and lease back   E 4

Schadensersatz   C 24, C 25

Scheck-Wechsel-Verfahren   E 38

Selbstfinanzierung, offene   E 42, E 52, E 53

Selbstfinanzierung, stille   E 42

SEPA   E 48

Sicherungsübereignung   C 37, E 14

Skonto   E 32

Soll-Ist-Vergleich   B 40

Sollkosten   D 33

Sondereinzelkosten der Fertigung   D 9

Sondereinzelkosten des Vertriebs   D 9

Sortimentsgestaltung   D 21

Soziale Marktwirtschaft   B 4

Sozialversicherung   B 25

Stabilitätsgesetz   B 20, B 21

Stabstelle   B 31

Stelle   B 32

Stellenbeschreibung   B 33

Stellvertretung   C 3, C 4, C 5

Strategische Planung   E 14

Strukturbilanz   B 34, B 36, B 37, B 38

Stückzinsen   E 5

Swaps   E 35

T

Tarifautonomie   B 23

Tarifpolitik   B 23

Täuschung   C 10

Teilkostenrechnung   D 19

Traditionspapiere   E 49

Tratte   E 59

U

Umlaufintensität   B 34

Umkehrwechsel   E 38

Umsatzrentabilität   B 38

Umschlaghäufigkeit der Forderungen   B 37

Umweltanalyse   E 15

Unmöglichkeit   C 19, C 20

Unternehmenskonzentration   B 13

Unternehmensmitbestimmung   B 24

Unternehmensplanung   E 14, E 15

Unternehmensübernahme   E 7

Unternehmensvergleich   B 40

V

Variable Gemeinkosten   D 19

Variator   D 28, D 33

Verbrauchsabweichung   D 26, D 32, D 33

Verfügungsgeschäft   C 11

Vergleichrechnungen   B 40

Verpflichtungsgeschäft   C 11

Verrechnungsscheck   E 14

Verschuldungsgrad   B 34, B 36

Vertretung   B 30

Vertretungsmacht   C 5

Verzug   C 17, C 18

Volkseinkommen   B 6, B 7, B 8, B 9

Volkswirtschaftliche Gesamtrechnung   B 6, B 7

Vollkommener Markt   B 11

Vollkostenrechnung   D 21

Vollmacht   C 5

Vorratsintensität   B 36

W

Wandelanleihen   E 14, E 26

Wechsel   E 59

Werkvertrag   C 33, C 34

Wettbewerb   B 12, B 13

Willenserklärung   C 6

Wirtschaften   B 2

Wirtschaftlichkeit   B 29

Wirtschaftskreislauf   B 5

Z

Zahlungsbilanz   B 18

Zahlungsverkehr   E 34

Zedent   E 44

Zeitvergleich   B 40

Zentralverwaltungswirtschaft   B 4

Zession   E 44

Zession, offene   E 44

Zession, stille   E 44

Zessionar   E 44

Zielkostenrechnung   D 36

Zinsfußmethode, interne   E 23

Zinssicherung   E 35

Zuschlagskalkulation   D 9, D 14

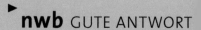